ALEXA

Das astrologische Lu … lung

GOLDMANN
Lesen erleben

Alexander
Graf von Schlieffen

DAS ASTROLOGISCHE LUFTZEITALTER – EINE NEUE ÄRA DER VERBINDUNG

GOLDMANN

Dies ist ein Buch zum Thema »Astrologie«. Zur Veranschaulichung des Inhalts werden Verhaltensweisen berühmter Persönlichkeiten beispielhaft eingeordnet. Es handelt sich hierbei um Meinungsäußerungen des Autors ohne Anspruch auf Faktizität. Das gilt auch für die den Protagonisten zugeschriebenen Motive und Erkenntnisse. Auch diese beruhen auf Mutmaßungen des Autors, die er aufgrund seiner langjährigen Erfahrung bei der Erstellung von Horoskopen trifft.

MIX
Papier aus verantwortungsvollen Quellen
FSC® C083411

Penguin Random House Verlagsgruppe FSC® N001967

1. Auflage
Originalausgabe Oktober 2021

Neumarkter Str. 28, 81673 München
Umschlaggestaltung: UNO Werbeagentur, München
Umschlagmotiv: © FinePic®, München
Lektorat: Eckard Schuster, München
JG · Herstellung: cb
Satz: Satzwerk Huber, Germering
Druck und Bindung: CPI books GmbH, Leck
Printed in Germany
ISBN 978-3-442-22340-4

www.goldmann-verlag.de

Inhalt

Vorwort – die Krönung

An einem zauberhaften, wolkenfreien Tag im April 2020 lag ich, wie so oft, auf dem Tempelhofer Feld in Berlin, um Horoskope vorzubereiten. Das Tempelhofer Feld ist ein ehemaliger Flughafen, der zu einem öffentlichen Park umfunktioniert wurde – eine riesige Fläche mit einzelnen Baumgruppen.

Gedankenverloren und glückselig starrte ich in das tiefe Blau des Himmels über mir, als ich dort wie in einer Projektion ein riesiges Gemälde »sah«, das ich 30 Jahre zuvor im Louvre studiert hatte: »Die Krönung Napoleons I. und der Kaiserin Joséphine« von Jacques-Louis David. Es wurde 1807 fertiggestellt, die dargestellte Krönung fand 1804 statt, zwei Jahre nach Beginn des zweihundertjährigen Erdkönigreichs!

Astrologisch gesehen befanden wir uns 2020 in einem einzigartigen Epochenwandel. Ein etwa zweihundert Jahre andauernder Erd-Zyklus kam zum Ende, und ein neuer Luftzyklus begann. Dieser Zyklus wird von den beiden Planeten Jupiter und Saturn gebildet. Eine Begegnung dieser beiden Himmelskörper, eine sogenannte Konjunktion, nennt man seit Ewigkeiten »Der alte König geht, der neue König kommt«.

In dem nun bald zu Ende gehenden »Königreich der Erde« basierte die Wirklichkeit auf den messbaren Zahlenwerten der exakten Naturwissenschaften und einem linearen Entwicklungsbegriff. Mit der Zahl war die Quantität der Qualitätsmaßstab aller Dinge. Das zeigte sich auch im quantitativen Besitzstreben des Kapitalismus. Diese Zeit war für Mystik und Spiritualität ein finsteres Mittelalter.

In dem am 21.12.2020 begonnenen »Königreich der Luft« wird das zyklische Zeitverständnis wiederkehren. Wirklichkeit und Erfolg werden nicht mehr nur an Zahlenwerten bemessen, und die Kooperation wird das Konkurrenzdenken ersetzen.

Die Atmosphäre an jenem Tag im April war eine ganz besondere: Es herrschte eine eigenartige Stille, als ob die Welt in Watte gehüllt wäre. Man hörte fast keine Autos und sah keine Flugzeuge. Ich konnte mich nicht daran erinnern, nördlich der Alpen jemals zuvor in einen so kristallklaren Himmel geschaut zu haben.

Auf einmal fiel es mir wie Schuppen von den Augen: Wenn ein neuer König den Thron betritt, dann gibt es ein Krönungszeremoniell. Auf Französisch und auf Englisch heißt Krönung *coronation.* Das Corona-Virus, das die meisten Menschen zu dieser Zeit für die Ursache einer Krise hielten, die mit den Mitteln des Erdreichs zu besiegen sei, war in Wirklichkeit die Einleitung des kommenden Luftkönigreichs. Das Virus setzt sich auf die Lunge und nimmt dem Menschen die Luft zum Atmen. Die Flugzeuge fliegen nicht, damit die Luft für das neue Königreich »rein« ist. Dazu passt auch, dass der Tod des Amerikaners George Floyd, der den Rassismus als ungelöstes Problem des territorialen Denkens und Empfindens des Erdzeitalters sichtbar gemacht hat, untrennbar mit dem Satz verbunden ist: »I can't breathe.«

Aus diesen Erkenntnissen ergab sich für mich auf einmal eine völlig neue Perspektive auf das Geschehen der Gegenwart. Sie ist der Grund, warum dieses Buch entstanden ist.

I. Einführung

Was ist ein Zyklus?

Die Astrologie ist die Lehre der kosmischen Zyklen. Alles Leben basiert auf der Drehung und der Bewegung, verläuft also nicht linear, wie es bisweilen in den vergangenen zweihundert Jahren vermittelt wurde. Unsere Lebensrhythmen werden ausschließlich durch die Bewegungen der Planeten bestimmt: Der Tag ist die Drehung der Erde um die eigene Achse, der Monat die Kreisbahn des Mondes um die Erde und das Jahr die Umrundung der Sonne durch diese beiden sich umeinander drehenden Himmelskörper. Zeit ist also keine gerade Linie, sondern ein runder Kreis, ein Zyklus.

Viele Menschen wissen gar nicht, dass die Wochentage nach den sieben alten, damals bekannten Planeten unseres Sonnensystems beziehungsweise dem Mond benannt wurden. In der italienischen Sprache ist das noch unmittelbar sichtbar:

- Montag = *lunedi* = Tag des Mondes (*luna*)
- Dienstag = *martedi* = Tag des Mars (*marte*)
- Mittwoch = *mercoledi* = Tag des Merkur (*mercurio*)
- Donnerstag = *giovedi* = Tag des Jupiters (*giove*)
- Freitag = *venerdi* = Tag der Venus (*venere*)
- Samstag = *sabato* = Tag des Saturns (*saturno*)
- Sonntag = *domenica* = Tag des Herrn, der Sonne (*sole*)

Unsere Zeiteinteilung beruht also auf dem Zyklus. Zeit bringt Inhalt. Jede Jahreszeit bringt bestimmte Früchte aus der Erde und bestimmte, auch atmosphärische Qualitäten mit sich. Die wiederum bestimmen unser Verhalten. In dem nun zu Ende gegangenen Königreich der Erde haben wir die Zeit vom Inhalt getrennt.

Ein Zyklus ist ein abgeschlossener Lebenskreislauf. Die Frauen wissen das, denn ihre Menstruation verläuft analog zum Umlauf des Mondes. Der Mond ist nicht die Ursache für den Rhythmus, sondern seine Analogie in der Bewegung.

Früher wussten die Menschen um die Beziehungen zwischen den großen und den kleinen Zyklen und hatten Respekt und Ehrfurcht davor. In der Nachaufklärung haben wir diese Demut gegenüber den großen Verbindungen zugunsten einer intellektuellen Arroganz fast vollständig verlernt. Diese Arroganz ist die Konsequenz der Vorherrschaft des Verstandes über das Leben.

Das zyklische Denken bedeutet nicht, dass sich alles immer nur wiederholt. Aus jedem Zyklus nimmt man eine Erfahrung in den nächsten mit. Das Bild einer Spirale versinnbildlicht die Verknüpfung von Kreislauf und Entwicklung. Es kann nach oben wie nach unten gehen. Wenn man einmal unten war, muss man erst wieder in die Gegenwart gelangen, um weiter in die Zukunft zu kommen.

Ein Zyklus hat einen Anfang, er entfaltet sich, erreicht einen Höhepunkt, schließt sich allmählich und kommt wieder zu einem Ende, das auch als Vorbereitung für die nächste Runde dient. Jede Phase ist eine notwendige Komponente im Gesamtgeschehen, man kann und sollte sie nicht übersehen oder gar verdrängen.

Vom kleinen zum großen Zyklus

Die Zyklen der langsam laufenden Planeten unseres Sonnensystems markieren sehr große Zeiträume. Das Tierkreiszeichen, in dem sie ihren Anfang nehmen, symbolisiert die Themen, die im Laufe der Entfaltung eines gegebenen Zyklus zur Geltung kommen sollen.

Ein Zyklus beginnt, wenn sich vom Standpunkt der Erde aus gesehen zwei oder mehrere Planeten unseres Sonnensystems an einem Punkt der Ekliptik treffen. Die Ekliptik, die Ebene der Umlaufbahnen, ist sozusagen das Maßband von Astronomie und Astrologie. Die Gradzahl des Tierkreiszeichens, auf der die Konjunktion, also die »Vereinigung« der beiden Planeten stattfindet, symbolisiert das Thema des nun beginnenden Zyklus. Jeder Planet hat in der Astrologie eine bestimmte Bedeutung, die das Produkt jahrtausendelanger Anschauung des Himmels und der Beobachtung des Lebens auf der Erde ist. Sie ist kein intellektuelles Konstrukt einer neuzeitlichen Theorie. Daher ist und muss sie auch nicht mit den kausal-logischen Methoden der exakten Naturwissenschaften beweisbar sein. Darauf kommen wir später zurück, wenn es um die Dominanz des Denkens im Hinblick auf Ursache und Wirkung im gerade hinter uns liegenden Erdreich geht.

Im Folgenden sei kurz die astrologische Symbolik der Planeten skizziert:

- Die SONNE symbolisiert das Herz des Lebenszentrums, das Ich, das Ego oder das bewusste Selbst. Sie zeigt das Grundverhalten einer Person und ihre natürliche Autorität.
- Der MOND symbolisiert das Gemüt und das Empfinden von Verbundenheit sowie die Bindung an die Vergangenheit.
- MERKUR symbolisiert die körperliche und geistige Beweglichkeit, das Begriffsvermögen und die Art und Weise, wie man sich sprachlich vermittelt.
- VENUS symbolisiert das Beziehungsverhalten sowie die Art und Weise, Zuneigung auszudrücken und zu verführen.
- MARS symbolisiert die Willenskraft, den Kampfgeist und das emotionale, geistige und körperliche Durchsetzungsvermögen.
- PLUTO symbolisiert das Bindungsbewirkende und die Risikobereitschaft, also entweder die Hingabe oder die Kontrolle.

- JUPITER symbolisiert den Drang zur Weiterentwicklung und Ausweitung der eigenen Möglichkeiten.
- SATURN symbolisiert die Fähigkeit zur Struktur. Dazu gehören Erfahrung und Ausdauer.
- URANUS symbolisiert das Veränderungen bewirkende innovative Experiment.
- NEPTUN symbolisiert das Bewusstsein der Verbundenheit allen Lebens sowie die bewusste oder unbewusste Täuschung.

Nachdem sich also zwei Planeten an einem Punkt zur Konjunktion, dem Anfang, getroffen haben, laufen sie mit unterschiedlicher Geschwindigkeit auf ihren Bahnen weiter. Die erste Phase des Zyklus dient der Orientierung in der neuen Zeit. Dinge werden gesucht und ausprobiert.

Ab dem Zeitpunkt, zu dem sie in einen 90°-Winkel zueinandergelangt sind, beginnt die Phase der Verankerung der neuen Impulse in dem, was man aus der Vorgeschichte mitgenommen hat. Wenn sie sich dann gegenüberstehen – das nennt man eine Opposition –, ist die Mitte des Zyklus erreicht. Man weiß, worum es nun gehen soll, und es zeigen sich alle Vor- und Nachteile der Entscheidungen. Diese Konstellation entspricht dem Vollmond. Im weiteren Verlauf des Zyklus nehmen die Verantwortung und die Integration des Erreichten in der Welt zu.

Besonders wichtig für das Verständnis eines Zyklus ist seine Endphase. In dieser geht es darum, die Kräfte neu aufzustellen und das System zu reinigen, um dann in aller Frische erneut an den Start und in die nächste Runde gehen zu können. Die Analogie dazu im Jahresverlauf ist auf der nördlichen Erdhalbkugel die zweite Hälfte des Winters, die nach dem Karneval mit der Fastenzeit zusammenfällt.

Gerade die balsamische Phase der Reinigung ist so enorm wichtig, um das Alte, das nicht mehr gebraucht wird, loszulassen. So schafft man überhaupt erst den erforderlichen Raum, in dem das

Neue im kommenden Kreislauf entstehen möchte. Wir haben in der Vergangenheit die Verarbeitung und die Auflösung, also auch die Reinigung des zu Ende Gehenden verdrängt – immer nur ging es darum, sofort weiterzumachen, damit ja kein Produktionsleerlauf entsteht.

Die großen Zyklen der langsam laufenden Planeten sind unterschiedlich lang; manche dauern zwölf Jahre, andere 38 Jahre, wiederum andere mehrere hundert Jahre. Ein besonders großer Zyklus umspannt sogar einen Zeitraum von etwa 700 Jahren. Die Planeten laufen dabei nicht mit gleichbleibender Geschwindigkeit. Planeten sind eben keine Maschinen, sondern selbst Organismen im großen System der Sonne. In der Natur gibt es eben immer Abweichungen.

Alle paar Jahre nimmt ein solcher Zyklus seinen Anfang. Das geschieht nicht so oft, da die Planeten sehr lange auf ihren Umlaufbahnen unterwegs sind. Wir können aber jedes Jahr unterschiedliche Winkelbeziehungen zwischen den langsam laufenden Planeten beobachten. So gab es etwa 1989 die Wiederkehr von drei Planeten im Zeichen Steinbock, die sich etwa alle 700 Jahre in einem engen Bereich des Himmels treffen. Davor trafen sie sich das letzte Mal in den Jahren 1306/1307.

So ein großer Zyklus markiert einen Zeitraum, in dem es um bestimmte Themen geht. So wie der Frühling Erdbeeren und Spargel bringt und der Herbst Äpfel und Birnen, so werden aus dieser Sicht jeder astrologischen Ära bestimmte Inhalte zugeordnet.

1989 fiel aus astrologischer Sicht nicht nur eine Mauer auf Erden, sondern dieses Jahr markiert auch den Übergang von einer etwa 700-jährigen Epoche der Menschheitsgeschichte zur nächsten. Das ist ein wirklich großer Zeitrahmen. Doch die Bedeutung dieses Zyklus ist nicht das Thema des Buches, daher wollen wir nur ein paar Anregungen dazu geben. Die Konstellation von 1989 fand im Zeichen Steinbock statt; Steinbock ist das Finale, das Resultat langer Auseinandersetzungen um ein Thema.

Die Themen, die ab diesem Zeitpunkt um eine Synthese ringen, beziehen sich auf drei vorherige Zyklen: Der erste begann 56 v. Chr. (Römisches Reich), der zweite 623 (Beginn des Mittelalters und Entstehung des Islam) und der dritte 1306/1307 (Beginn des Spätmittelalters, »Schwarzer Tod«). Ganz grob kann man für diesen Zyklus von einem sich immer mehr verstärkenden Kampf zwischen den zunächst dominierenden hierarchisch und religiös motivierten Gesinnungen und immer stärker aufkommenden demokratischen und humanistischen Bewegungen sprechen. In dem damals beginnenden 700-Jahre-Zyklus sollten über diese Grundhaltungen strukturelle Entscheidungen getroffen werden. Daher haben die Konflikte seit dieser Zeit einen wesentlich komplexeren Ursprung, als man zunächst annehmen möchte.

Kommen wir zur Gegenwart. Was ist das Besondere am Jahr 2020? In diesem Jahr enden drei bis vier große astrologische Zyklen, und das bedeutet auch, dass drei bis vier große astrologische Zyklen einen Neuanfang nehmen. Der dritte und der vierte Zyklus sind ein Doppelzyklus, daher »drei bis vier« (was später noch genauer erläutert wird). Eine solche Zusammenballung von Zyklenübergängen gibt es nur alle paar hundert Jahre!

Wenn ein Zyklus zu einem Ende kommt, ist das vergleichbar mit der Phase der Menstruation im weiblichen Kreislauf. Das System reinigt sich und bereitet sich für den nächsten Kreislauf vor. So kann man durchaus sagen, dass die Welt etwa seit dem Jahr 2018 angefangen hat, auszubluten und sich selbst zu reinigen.

Der erste Zyklus des Jahres 2020 begann am 12. Januar, der zweite am 4. April und am 12. November und der dritte beziehungsweise vierte am 21. Dezember. Während der erste Zyklus schon im Januar durch das Auftauchen des Corona-Virus mit einem Paukenschlag eingesetzt hatte, »bluteten« die anderen Zyklen noch aus. Auch nachdem der zweite Zyklus begonnen hatte, war der dritte respektive der vierte noch mitten in der Reinigungsphase. Anfang und Ende haben sich in diesem Jahr immer wieder überlappt. Daher lässt es sich nachvollziehen, dass es Mitte des Jahres, trotz vieler Impulse zum Neuanfang, allgemein nach wie vor eine Stimmung großer Verunsicherung gab. Das entsprach der Phase der Übergänge. Obwohl manches bereits auf dem Weg in die neue Zeit war, musste anderes noch final geklärt werden. In einer solchen Situation muss und kann man noch nicht wirklich wissen, wohin die Reise langfristig gehen soll. Das erklärt die Verwirrung. Der Nebel des Übergangs bewirkt, dass man, bewusst oder unbewusst, damit anfängt, sich vom Alten zu verabschieden.

Der dritte Zyklus, ein doppelter Zyklus, ist der bedeutsamste in diesem Jahr. Man geht davon aus, dass der Stern von Bethlehem eine Version dieser Konstellation gewesen ist. Über Jahrtausende waren unter diesen astrologischen Phänomenen immer wieder relevante Führungswechsel in Politik und Religion zu beobachten. Deshalb also auch: »Der alte König geht, der neue König kommt.« Die Astrologie ist im Unterschied zur modernen Naturwissenschaft eine Erfahrungswissenschaft, oder besser, auch um eventuellen Missverständnissen vorzubeugen: eine Deutungskunst auf der Basis von jahrtausendealter Beobachtung und Erfahrung.

Konkret handelt es sich um die beiden Planeten Jupiter und Saturn. Sie treffen sich etwa alle 20 Jahre an einem Punkt der Ekliptik. Das Besondere an diesem Zyklus ist, dass er für rund zweihundert Jahre in einem der vier astrologischen Elemente stattfindet, das heißt, Jupiter und Saturn begegnen sich während dieser Zeit etwa zehnmal hintereinander in diesem Element.

Diese vier Elemente sind: Feuer, Erde, Luft, Wasser.

- Feuer steht für den Lebensschwung, die Lebendigkeit und die Initiative.
- Erde steht für die Welt der Materie, der Energieressourcen und der sich stabilisierenden Strukturen.
- Luft steht für Vernetzung und Kooperation.
- Wasser steht für die innere Verbundenheit des Lebens.

Von 1802 bis 2020 fanden die Konjunktionen von Jupiter und Saturn mit einer Ausnahme (1981) im Element Erde statt. Deshalb spricht man von einem zweihundertjährigen Erdkönigreich, weil, wie oben erwähnt, Jupiter und Saturn als sogenannte Königskonstellation bezeichnet werden. Die Themen der Erde bestimmen das, was die jeweiligen Könige wollten oder sollten, sie gaben dieser Epoche ihren besonderen Charakter. Am 21.12.2020 – man beachte das Datum, in dem viermal die Zwei und jeweils zweimal die Eins und die Null vorkommen – begann ein circa zweihundert Jahre andauerndes Königreich der Lüfte. Und was dies alles bedeutet, soll das Thema der nun folgenden Kapitel sein.

II. Das Königreich der Erde: Wie es zu dem kam, was gerade ist

Der Aufbruch in die Materie – die Welt des zweihundertjährigen Erdzeitalters

Am 21.12.2020 ging ein spektakuläres Zeitalter zu Ende, das Königreich der Erde. Es war eine Zeit vorher kaum vorstellbarer Erfindungen, durch die eine rasante Entwicklung der Technik, der Mobilität, der Produktionsbedingungen und des Welthandels begann. Auch auf dem Gebiet der Medizin wurden bahnbrechende Erkenntnisse zum Wohl der Menschheit gemacht. Es dampfte überall: aus den Schornsteinen der Lokomotiven, den Schloten der Fabriken, der Raffinerien und der Kraftwerke sowie den Auspuffen der Lastwagen und anderer Vier-, Drei- und Zweiräder. Flugzeuge flogen auf der ganzen Welt grafische Muster an den Himmel. Der Computer wurde erfunden, und das Internet entstand. Die Luft wurde verschmutzt und die Erde ausgebeutet. Der materielle Wohlstand und die medizinische Versorgung waren in der westlichen Welt so hoch entwickelt wie vermutlich nie zuvor in der Menschheitsgeschichte.

Die Bevölkerungsdichte war noch nie so groß wie in dieser Zeit, gleichzeitig jedoch starben noch nie so viele Menschen wie in dieser Ära. Wir vermochten sehr viele Menschenleben zu retten, hatten aber auch das Potenzial erlangt, das gesamte Leben auf der Erde zu zerstören. Es gab zwei Weltkriege, und immer noch ist die Gefahr eines Atomkrieges nicht gebannt. Wir sind auf den Mond geflogen und haben in der Tiefsee energiereiche Schwefelquellen entdeckt, die auf dem Grund des Atlantiks eine unerwartete Artenvielfalt ermöglichen.

Es gab ein neues Ziel: den Fortschritt. Er wurde zum wichtigsten Kriterium dieser Epoche. Er bemaß sich an den technischen Innovationen und den wirtschaftlichen Zahlen. Dieser Gedanke des Fortschritts in der Welt der Zahlen und Fakten konnte natürlich nur linear gedacht sein. Die Quantität begann die Qualität zu überholen. Qualität galt nur, wenn sie quantitativ darstellbar war. In der Phase der sogenannten Moderne ergriff der Fortschrittsgedanke sogar die Kultur: allein das Neue, die bloße Innovation wurde zu einem Kriterium der Wertigkeit. So etwas hatte es in der Kulturgeschichte zuvor nicht gegeben.

Die eigentliche Essenz von Kultur ist mit dieser Vorstellung von einer linearen Weiterentwicklung in ihrem Wesenskern jedoch überhaupt nicht zu erfassen. Der Komponist Béla Bartók schrieb Anfang des 20. Jahrhunderts: »Der Wettbewerb ist nicht für Künstler, sondern für Pferderennen.« Somit wurden olympische Leistungsmaßstäbe an die Kultur angelegt. Die Unterwerfung darunter half aber wiederum bei der Vermarktbarkeit von Kultur. Es gab etwas Zählbares, anhand dessen man den Wert des Geschaffenen überprüfen konnte.

Die numerische Messbarkeit der Welt diente also nicht nur der Erkenntnis der materiellen Dinge, um sie (be)nutzen zu können, sondern vor allem der Produktvermarktung. Wissenschaft und Wirtschaft waren die zwei Beine, auf denen diese Epoche zu stehen versuchte. Was seinen Anteil an der Wirklichkeit verdiente, darüber entschieden die Wissenschaft mittels ihrer Forschungsmethodik sowie die Wirtschaft auf Basis der Rentabilität.

Jedes Prinzip führt, wenn es zu dominant wird, zu unvermeidbaren Einseitigkeiten. Wenn eine Epoche von einem der vier Elemente »beherrscht« wird, dann werden dessen Themen natürlich wichtiger als die der anderen Elemente. Das hat dann zur Folge, dass gegen

Ende einer Epoche bestimmte Bereiche aus dem Lot und in eine Unverhältnismäßigkeit geraten. Daraus wiederum entsteht aber auch die Spannkraft für die Geburt der Folgeepoche, in der man ja etwas besser zu machen hat. Die negativen Spätfolgen einer Ära können somit zum Grund für den Beginn der folgenden werden.

So lief die Beziehung zwischen der Erde und den Menschen, angetrieben von einer unersättlichen materiellen Gier nach Besitz und Kontrolle, in einem der letzten Unterzyklen des großen »Königszyklus« komplett aus dem Ruder. Dieser Zyklus der Planeten Saturn und Pluto dauerte von 1982 bis 2020. Die desaströsen Folgen dieser Zeit wurden ab 2020 zum Antrieb für einen grundsätzlichen Wandel am Übergang zwischen zwei Epochen.

Die Bedeutung der Erdzeichen

Das Königreich der Erde begann am 17.7.1802 mit einer Konjunktion der beiden Planeten Jupiter und Saturn im Zeichen Jungfrau. In der Jungfrau geht es um die Verwertung der Substanz, die durch das Zeichen Stier symbolisiert wird. Die organische Entsprechung der Jungfrau ist der Darm. In ihm werden die Substanzen verdaut. Verdauung heißt Auseinanderdividieren der Substanzen und Unterscheiden zwischen Nährstoffen. Die Nährstoffe werden vom Körper (Stier) aufgenommen, die Ballaststoffe ausgeschieden. Die Ballaststoffe dienen der aktiven Beweglichkeit des Verdauungsorgans.

Der Körper (Stier) wird durch die Arbeit des Darms am Leben gehalten. Der Darm gilt als eines der lebenswichtigsten Organe im menschlichen Körper. Wenn man Verdauungsprobleme hat, so betrifft das nicht nur die physische Gesundheit, sondern auch das Gemütsleben und den Geist. »Etwas nicht verdauen können« hat auch die Bedeutung, dass man geistig oder emotional mit einer Situation überfordert ist. Man kann es entweder nicht verarbeiten und aufnehmen, oder man hält an etwas fest, das man nicht loslassen möchte. Das wirkt sich schädigend auf den Körper (Stier) aus.

Der Stier symbolisiert nicht nur den einzelnen Körper, der erhalten bleiben will, sondern auch den großen Körper, unsere Erde. Im Erdreich sind wir analog zum Zeichen Jungfrau analytisch auf die Erde eingegangen. Wir haben sie untersucht und erforscht, was es alles in ihr gibt und was sich damit anstellen lässt. Wir wollten sie materiell verstehen und herausbekommen, wie wir uns ihre Ressourcen (Stier) nutzbar machen können (Jungfrau).

So wie der Stier unseren Körper und seine Beschaffenheit symbolisiert, so steht er auch für die Substanz des Körpers Erde mit seinen Ressourcen. Da es beim Element Erde um das Praktische geht und wir uns damals außerdem im Erdkönigreich befanden, zählte der materielle und nicht der ideelle, emotionale oder spirituelle Wert. Man kann daher von einem radikalen Materialismus dieser Epoche sprechen.

Wenn die Verwertung (Jungfrau) der Substanz (Stier) über den Einzelnen hinausgeht, also viele Menschen betrifft, dann braucht es ein gemeinsames Dach, also eine Struktur, durch welche die Abläufe auf einer größeren Ebene organisiert werden können. Dann haben wir eine Fabrik. Und schon sind wir beim Steinbock, dem dritten Erdzeichen, angelangt. Die materielle Verarbeitung (Jungfrau) der lebensnotwendigen Substanzen (Stier) wird zu einer industriellen Produktion (Steinbock). Beim Steinbock geht es nie um den Einzelnen, sondern um das Kollektiv. Jeder Einzelne hat seinen Anteil daran und kann durch entsprechende »Aufnahmeprüfungen« ein Mitglied des soziokulturellen Verbandes werden.

Wären die anderen Elemente mit im Spiel gewesen, was so nicht möglich ist, dann wäre die Industrielle Revolution umsichtiger im Hinblick auf ihre Konsequenzen erfolgt. Da es aber nur um das Element Erde ging, konnte eine Entwicklung lediglich auf der materiellen Ebene stattfinden. Die vier Jahreszeiten finden auch nicht gleichzeitig, sondern nacheinander statt. Jede Zeit hat ihre Früchte, und die sollen in der Folgesaison weiterverarbeitet werden.

So könnte man argumentieren, dass die absolute materialistische Einseitigkeit der Erdära notwendig war, damit in dieser Epoche Dinge und ein Bewusstsein entwickelt werden konnten, die vielleicht erst später ihren wahren Nutzen für die Menschheit zeigen würden. Genauso verhält es sich mit Fehlern oder mit machtverliebten Politikern: Es bedarf ab und zu einer Erfahrung des Falschen, in diesem Fall des Lebensfeindlichen, um das Richtige, das heißt das Lebensförderliche, verankern zu können.

Die Lufthoheit der Zahl – das Prinzip von Ursache und Wirkung als Grundlage des Weltverständnisses

Im soeben vorgestellten Erdzeitalter wurde die Zahl zum Maßstab für jegliche Wirklichkeit. Das Denken, das Fühlen und das Handeln konnten in den vergangenen zweihundert Jahren gar nicht anders als sehr irdisch, also greifbar und pragmatisch, sein.

Man orientierte sich dabei in erster Linie an den Fakten. Fakten werden nicht qualitativ, sondern quantitativ bewertet, die Menge entscheidet. Es wurde gemessen, gezählt, Statistiken wurden erstellt und verglichen. Naturwissenschaft und Wirtschaft gaben sich bei der grundsätzlichen Bewertung des Lebens die Hand.

Die Welt wurde mit den Methoden der exakten Naturwissenschaften vermessen, durchleuchtet und untersucht. Forschung entspricht auch außerhalb des Erdreichs einem Urbedürfnis des Menschen, das Leben zu begreifen und zu verstehen.

Die Vertiefung in die Materie führte zwangsläufig zu einer immer größeren Spezialisierung. Das hatte zwar den Vorteil, dass man in den diversen Teilgebieten immer präziser untersuchen konnte, hatte aber auch den zunächst noch nicht so auffallenden Nachteil des langsamen Auseinanderdriftens der unterschiedlichen Disziplinen. So untersuchten die Menschen das Leben in vielen parallelen Forschungswelten, jeder für sich allein. Das ging auch gar nicht anders, man hätte gar nicht die Zeit dafür gehabt, sich auf die anderen Gebiete einzulassen oder sich auszutauschen. Somit verloren die verschiedenen Wissensgebiete langsam den Kontakt zueinander.

Das lag nun einmal daran, was die Grundlage dieser Zeit war, weil die erste »Königskonstellation« dieser Epoche im Zeichen Jungfrau stattgefunden hatte. Die Jungfrau ist, wie oben erwähnt, für das Sezieren der Materie im Dienst der Verdauung zuständig. Da wird ständig sortiert und getrennt. Diese fortgesetzte Trennung der Bereiche und Disziplinen führte zu einem seltsamen Symptom, nämlich der Auflösung der Sinnzusammenhänge. Man analysierte zwar die Materie, trennte aber den Sinn. Das Thema des Sinns war auch nicht mit den analytischen Methoden der Naturwissenschaften erfassbar.

Sinn hat immer etwas mit Verbundensein zu tun. Der Sinn verbindet, der Verstand trennt. Selbstverständlich könnten beide kooperieren, aber nicht im Erdreich – da war der Verstand wichtiger als der Sinn. Sinn wurde ein Luxus, der nichts zur wesentlichen materiellen Substanz des Unterbaus beitrug. Mit Sinn konnte man weder die Materie analysieren noch konnte man ihn verkaufen. Die Spezialisierung führte also zu einer phänomenalen Vertiefung des faktischen Wissens bei einem gleichzeitigen Verlust der Verbundenheit, welche die Grundlage des Sinns ist.

So wurden wir zu kleineren und größeren Denk- und Analysemaschinen. Der Verstand jubilierte, und die Seele hatte wenig Mitspracherecht. Sie hatte keinen Hafen mehr in der Wirklichkeit. Die Seele findet man nicht mittels eines analytischen Instrumentariums; sie wurde also daher erst einmal aus dem System Leben isoliert und, wie der Sinn, zur Privatsache gemacht. Da waren sie schon zu zweit allein, der Sinn und die Seele.

Die Vereinzelung ging in ihre nächste Phase. Die Deutungshoheit des naturwissenschaftlichen Ansatzes war die Konsequenz der Isolation der Lebensbereiche voneinander, deshalb musste sie sich in ihrer isolierten Wirklichkeit gar nicht erst mit anderen Erkenntnismöglichkeiten messen. In dieser Zeit war derjenige eine Art König, der innerhalb seines Fachgebiets am meisten Fachwissen angesammelt hatte.

Die Spiritualität ist ein Urbedürfnis der Menschheit. Sie bezieht sich auf Fragen, die mit den Methoden der modernen Naturwissenschaften nicht zu beantworten sind. Spiritualität muss nichts mit Religion zu tun haben; sie betrifft die Frage des Einzelnen an das Leben und seinen Ursprung. Spiritualität bedeutet, mit dem Fragezeichen zu leben; dabei ist die Frage vielleicht sogar wichtiger als die Antwort. In der Astrologie wird das Spirituelle oder auch das Empfinden der universellen Verbundenheit durch den Planeten Neptun symbolisiert.

Die kausalanalytische Wirklichkeitsauffassung des Erdreichs beschäftigte sich natürlich in erster Linie mit den Fragen, auf die es im Rahmen ihrer Erkenntnismethoden Antworten geben konnte. Das gab ihr irdische Sicherheit. Sie mochte keine Fragen, die nicht mit ihrer Methodik zu beantworten waren, und diffamierte sie bisweilen als nicht beweisbare Spekulation.

Die analytische Erklärung der Welt braucht ein System der Zuordnung. Die Inhalte werden wie bei einem Setzkastensystem bestimmten Kategorien zugeordnet. Diese werden in der Folge als »Boxen« des Denkens und Zuordnens bezeichnet.

Die spirituellen Fragen bezogen sich nicht auf das, was man innerhalb der Boxen analysieren konnte, sondern vielmehr auf das, was *zwischen* den Boxen war, aber nicht zur Realität des Erdreichs gehörte. Die Spiritualität passte einfach nicht in eine materialistische Leistungs- und Erfolgsgesellschaft. Spiritualität darf hier aber nicht mit Religion verwechselt werden. Das sind zwei unterschiedliche

Dinge. Religion ist meist an eine Konfession, an ein Glaubenssystem gebunden und wird durch eine Institution wie etwa die Kirche repräsentiert. Kirchen sind politisch und wirtschaftlich stark in das säkulare Leben eingebunden, somit hatten sie schon gewisse Wirklichkeitsanteile erworben. Deshalb respektierte man im Erdreich auch den Glauben aus einer manifesten Tradition heraus, wenngleich er sich nicht optimal mit dem naturwissenschaftlichen Weltbild oder der Welt von Wirtschaft und Handel vereinbaren ließ.

Der Glaube ist an ein System gekoppelt, die Spiritualität hingegen entspringt den persönlichen Fragen des Einzelnen an das Leben, die nicht durch eine Institution beantwortet werden können. Der Glaube kann dem Menschen eine persönliche Fragestellung abnehmen, die spirituelle Frage kann man nur selbst beantworten.

Auch die Astrologie galt dem Erdzeitalter als eine »Scheinwissenschaft«, als eine Disziplin, die mit den konkreten, auf wissenschaftlichen Berechnungen basierenden Positionen der Planeten arbeitet, ohne die kausale Wirkung der Planeten auf das Leben der Erde beweisen zu können. Das Prinzip der analogen Wirksamkeit gehört jedoch nicht zur Versuchsanordnung der kausalanalytischen Methode. Wenn etwas nicht zugeordnet werden kann, dann bleibt es eine »verborgene Wirklichkeit«.

Sinn ergibt sich erst durch eine räumliche und zeitliche Vernetzung verschiedener Themen. Würde man die verschiedenen Boxen wieder miteinander in Bezug setzen, so könnte man aus den verschiedenen Herangehensweisen und ihren Erkenntnissen sinnvolle Brücken bauen. Für Sinn und Sinnhaftigkeit sind in der astrologischen Sprache der Planet Jupiter und das Zeichen Schütze zuständig.

In der zyklischen Wahrnehmung von Zeit verschwinden die Themen und Erfahrungen nicht im Schlund der Zeit, sondern sie kehren wieder. Das eröffnet die Möglichkeit, sie weiterzuspinnen. Somit werden Erlebnisse und Erfahrungen sinnvoll, denn sie sind Teil einer größeren Geschichte.

Die Unterteilung in unterschiedliche, separate Boxen des Erdreichs bezog sich nicht nur auf Forschung und Kultur, sondern auch im einzelnen Menschen wurden die Lebensbereiche voneinander getrennt betrachtet. Man näherte sich einem Thema nicht aus einer ganzheitlichen Perspektive heraus an, sondern es musste in eine der Kategorien passen.

Ein berufliches Problem musste auf der beruflichen Ebene, ein gesundheitliches Problem auf der gesundheitlichen Ebene, ein Problem mit der Partnerschaft auf der partnerschaftlichen Ebene gelöst werden. Dass die Probleme ihren Ursprung nicht auf der Ebene haben müssen, auf der sie sich darstellen, war mit diesem Zeitgeist nicht vereinbar.

Interessanterweise spiegelt sich diese Tendenz der Trennung auch in der psychologischen Vereinsamung der Menschen. Wenn das ganze Leben in Boxen aufgeteilt ist, dann betrifft das irgendwann auch die Menschen. Eine Folge davon war, dass es bei einem so großen materiellen Wohlstand noch nie so viele einsame Menschen gegeben hat.

Die Zahl beherrschte besonders im 20. Jahrhundert das Wertedenken der Menschen. Alles, was nicht durch sie darstellbar war, existierte nicht wirklich. Jede Wirklichkeit ist wie ein Netz, durch dessen Löcher das fällt, was innerhalb des Systems – in unserem Fall die naturwissenschaftliche Methode – nicht darstellbar ist. Das bedeutet: Seelische, mystische oder gar spirituelle Themen, die sich mittels dieser Wahrnehmungsweise nicht abbilden lassen, fielen durch die Löcher der Netze des Erdreichs.

Die Befindlichkeiten der menschlichen Psyche lassen sich ebenfalls schwer in Zahlenwerten darstellen. Die Bedeutung von Kultur für die Seele und eine Gesellschaft lässt sich auch nicht auf diesem Wege ermitteln. Man kann zwar feststellen, welcher Künstler wie viel für seine Werke verdient, über den substanziellen Wert seiner Schöpfungen sagt das dennoch herzlich wenig aus.

In der letzten Phase dieser Epoche (1982 bis 2020) wurde jeder Lebensbereich durchökonomisiert. Selbst in der Kultur wurden Inhalte brachial ihrer Vermarktbarkeit untergeordnet. Das Verhalten wurde nicht mehr inhaltlich, sondern von marktstrategischen Entscheidungen gesteuert. Das soll im Abschnitt »Die Ökonomisierung aller Lebensbereiche« noch ausführlicher erläutert werden. Man »erwarb« sich seine Anteile an der Wirklichkeit durch zählbare Werte, so wie man Aktien an der Börse ersteht.

Im Luftkönigreich wird und soll die Zahl natürlich nicht verschwinden, genauso wenig wie die Wissenschaft. Aber sie wird nicht mehr das alleinige Kriterium bei der Bewertung von Dingen sein. Die Wissenschaft wird weiterhin enorm wichtig sein, aber vermutlich in einer komplett anderen Beziehung zur wirtschaftlichen Verwertbarkeit ihrer Erkenntnisse stehen.

Sinn ergab im Erdzeitalter das, was ständig nach oben wächst. Da es sich um Zahlen handelte, sollten die Zahlenwerte überall wachsen. Der Wunsch, immer mehr haben zu wollen, kommt nicht nur aus einem Gefühl des Mangels – er *ist* ein Gefühl des Mangels. Ein plastisches Beispiel hierfür ist Dagobert Duck, dem selbst der bis unters Dach gefüllte Dukatenspeicher nicht reicht. Er wird von einer wirklichkeitsenthobenen materiellen Sucht nach einer »überirdischen« Sicherheit im Erdreich getrieben. Auf dieser materiellen Ebene wird er aber sein Gefühl des Mangels nie sättigen können. Also muss er immer weitermachen.

Auch die ökologischen Probleme am Ende des Erdzeitalters sind eine kausallogische Konsequenz des linearen Wachstumsbegriffs mit dem Titel »schneller, höher, weiter«. Man dachte hinsichtlich der Ressourcen der Erde nicht weitsichtig und zyklisch, sondern kurzfristig und linear. Lange Zeit interessierte es fast niemanden, welche Folgen und welcher Müll daraus für die Umwelt und die folgenden Generationen erwuchsen. Das ökologische Bewusstsein ist ein zyklisches und kein lineares.

Das lineare Kontrolldenken ist ausgesprochen männlich und somit eine Folge eines sich seinem Ende nähernden Patriarchats. Männer erleben den Zyklus körperlich nicht so wie Frauen. Die Kombination von (materialistischem) Erdreich und (linear denkendem) Patriarchat mündete in Größenwahn, in dem man(n) glaubte, sich über alles Zyklische im Leben hinwegsetzen zu können.

Was geschieht, wenn man die ganze Zeit wie eine Maschine (Erfindung des Erdzeitalters) arbeitet und konsumiert und nicht auf die Zyklen achtet? Die Herren des Erdreichs waren der Meinung, sich darüber hinwegsetzen zu können. Es tritt ein Symptom auf, welches selbst zur Ursache erklärt wurde: Burn-out. Dieser ist jedoch keine Ursache, sondern die Folge des Nichtrespektierens der natürlichen Lebenszyklen. Es gibt kein Zuviel im Richtigen.

Der jetzige Epochenübergang bedeutet nun keinen Übergang von einem Patriarchat zu einem Matriarchat. Das wäre nur ein Umschwenken auf die andere Seite der Polarität und insofern in seiner Geradlinigkeit die Fortsetzung des linearen Denkens. Das Luftzeitalter lädt zu einem neuen, einander ergänzenden Miteinander der Geschlechter ein. Das Gegeneinander können wir getrost im Reich der Zahlen lassen.

Was geschieht, wenn ein Element im Bewusstsein überdominant ist? Alle anderen Elemente, also das Handeln (Feuer), das Fühlen (Wasser) und das Denken (Luft), können sich nur im Materiellen ausdrücken. Das bedeutet, sie beziehen ihre Bedeutung nur aus ihrer materiellen Verwertbarkeit. Der materialistische Wertekanon bestimmt die Bedeutung.

- Das Wollen (Feuer) bezieht sich auf das Habenwollen.
- Das Fühlen (Wasser) bezieht sich auf die Sicherheit.
- Das Denken (Luft) bezieht sich auf die Kontrolle im Dienst der Sicherheit.
- Die Materie (Erde) wird verzehrt.

Am Ende des Erdzeitalters ging es allein aufgrund der stündlich aktualisierten Statistiken über Neuinfektionen und Todesfälle nur noch um Zahlen. Die Zahl sollte eine Wirklichkeit abbilden, von der keiner wusste, wie wirklich sie eigentlich war.

Wie funktioniert ein Zyklus?

Es gibt spannende Analogien zwischen den verschiedenen Phasen der unterschiedlich großen Zyklen. Das heißt, ein Zyklus läuft vom Prinzip her immer gleich ab, aber jeder Zyklus ist auf seinen eigenen, durch ihn markierten Zeitraum bezogen. Die Phasen des kleinen Zyklus lassen sich auf die Phasen der großen übertragen. Zyklen stehen miteinander nicht in einem kausalen, sondern einem analogen Verhältnis. Der kleinen Tagesdrehung der Erde entspricht die große Bewegung der Erde um die Sonne. Der kleinen Reise des Mondes um die Erde, circa 28 Tage, analog zum weiblichen Menstruationszyklus, entspricht der große Weg des Saturns mit etwa 28 Jahren. Eine Entsprechung ist eine Analogie, der Bezug stellt sich über den gleichen Zeitrhythmus in unterschiedlicher Dimension dar, nämlich Tag zu Jahr. Wie im Großen, so im Kleinen.

Das Jahr hat vier Jahreszeiten, der Mondumlauf vier Hauptphasen. Die Phasen der ersten sieben Tage eines Mondumlaufs sind analog zum Frühling im Jahresverlauf und zu den ersten sieben Jahren eines großen Reifezyklus von 28 Jahren.

Zuvor möchten wir die Analogien darstellen:

1. Viertel – erste Woche – Frühling – 0 bis 7 Jahre
2. Viertel – zweite Woche – Sommer – 7 bis 14 Jahre
3. Viertel – dritte Woche – Herbst – 14 bis 21 Jahre
4. Viertel – vierte Woche – Winter – 21 bis 28 Jahre

Das erste Viertel dient der Neuorientierung in Bezug auf ein neues Thema und den ersten Gehversuchen darin. Man muss sich noch nicht festlegen oder sich innerlich damit identifizieren, weil es um ein Ausprobieren und ein erstes Herantasten an das Neue geht. Das Zeichen, in dem ein Zyklus seinen Anfang nimmt, bestimmt das Thema dessen, wonach man nun suchen sollte.

Die zweite Phase eines Zyklus dient der inneren Aufnahme des nun Gefundenen. Das Neue wird mit dem, was man vorher erlebt und gestaltet hat, in Zusammenhang gebracht. Das neu Gefundene soll authentisch zum Alten passen und es sinnvoll weiterführen. Die neuen Themen werden mit den Errungenschaften des vorherigen Zyklus synchronisiert. Das wird zum Teil schon in der ersten Phase geschehen sein, aber jetzt erst ist der Punkt erreicht, an dem das richtig funktionieren kann.

Die dritte Phase ist dem Vollmond vergleichbar. Sie stellt zunächst den Höhepunkt des Zyklus dar, denn nun wird sichtbar, worum es geht, wie weit man gekommen ist, wie die Umwelt es aufnimmt, wie es weitergehen soll und was es noch braucht, damit er zur Vollendung gebracht werden kann.

In der vierten Phase wird sichtbar, was das bleibende Resultat der Unternehmung sein wird und wie sich das nun Präsentierte mit der soziokulturellen Umwelt verträgt. Gleichzeitig ist das Werk vollendet, und es gilt, es loszulassen und es der Welt zu übergeben. Man nimmt Abstand und kann so über das Gewordene, seinen Entstehungsprozess und die erste Resonanz reflektieren.

Nicht ohne Grund sagt man, dass es 30 (astrologisch 28 bis 29) Jahre brauche, bis man ein Thema richtig verinnerlicht hat. Das passt natürlich nicht zur Hochgeschwindigkeit einer Marktgesellschaft, wo alles schnell verarbeitet und verkauft sein muss, damit die nächsten Geschäfte gemacht werden können. Aber wo bleibt da die Substanz und vor allem die seelische Befriedigung? So stößt man nicht in die Tiefe der Beziehung vor und lernt dort nicht die wirklichen Reichtümer kennen. Wer aber die Erfahrung machen durfte, sich durch ein Thema hindurch 30 Jahre lang entwickeln zu können, der weiß um die Schönheit, welche die Erfahrung als Belohnung bereithält.

Die Zyklen sind natürlich auch in Partnerschaften sichtbar; man kann feststellen, in welcher Phase man sich miteinander befindet. Alle sieben Jahre gibt es eine Überprüfung des Vorherigen, die, manchmal mit ein wenig Kraftanstrengung, dann zu einer Nachstabilisierung für die nächste Zeit führen soll. Wenn man das Gefühl hat, nicht mehr in einer Beziehung, ob zu einem Menschen, einem Thema oder der Arbeit, sein zu wollen, können diese Zeitpunkte auch Krisen oder Momente des Ausstiegs sein. Im Sinne der sieben Jahre andauernden Phasen sollte man sich allerdings kritisch fragen, ob ein Ausstieg eine echte Erkenntnis ist oder ob man nur den Weg des geringsten Widerstands gehen möchte, weil man die Arbeit an der Beziehung scheut. Das Durchstehen einer sogenannten schwierigen Phase kann auch zu einer Läuterung der Persönlichkeit führen.

Am Ende des vierten Viertels lässt man langsam los, nachdem man begonnen hat, Abstand zur Erfahrung zu nehmen. Dieses Loslassen von den zu Ende kommenden Bedingungen ist auch eine Reinigung. Man entlässt das Alte, um schwanger mit dem Neuen gehen zu können. Das Neue braucht Platz für seinen »Embryo«.

Die Zeit der Fische im Jahresverlauf (21. Februar bis 21. März) entspricht in der nördlichen Hemisphäre dieser Reinigungsphase. So passt es, dass die Fastenzeit in diese Wochen vor dem Frühlingsanfang fällt. Die gesamte Natur, somit auch der einzelne Körper, ist auf das Loslassen eingestellt.

Wenn man sich nicht von den Schlacken des Alten löst, nimmt man sie in den Folgezyklus mit, was dessen Entfaltung behindert oder beschmutzt. Durch den alten Müll gibt es viel weniger Platz für die Ankunft des Neuen. Wenn man sich nicht reinigt, wird der Müllberg irgendwann so groß, dass man daran zu ersticken droht.

Diese letzte, so unfassbar wichtige Reinigungsphase eines Zyklus wurde in der Vergangenheit vom Erdzeitgeist annulliert, denn man musste, wie bereits erwähnt, sieben Tage die Woche 24 Stunden lang funktionieren und möglichst auch konsumieren. Es gab kein Bewusstsein für die natürlichen Rhythmen der körperlichen und seelischen Kraft und der wirklichen Belastbarkeit. Aus dieser Perspektive passt das Burn-out-Syndrom in diese Zeit. Menschen, die versuchen, wie Maschinen zu funktionieren, sind ein Zeichen dafür, dass einiges geändert werden musste.

Wenn wir mit den Zyklen leben, können wir mit unserer Kraft organischer und folglich unendlich viel effektiver umgehen. Es wird dann eine Renaissance der Pausen geben. Es gibt bereits Unternehmen, die es den weiblichen Mitarbeiterinnen gestatten, während der Menstruation selbst zu entscheiden, ob sie im Büro erscheinen wollen oder nicht. Wie einfach, fortschrittlich, respektvoll und innovativ das ist.

Nach jedem abgeschlossenen Zeitzyklus, wie zum Beispiel einem Jahr, steht man wieder am Anfang des Kreislaufs. Aber man hat in dieser Zeit neue Erfahrungen machen können. Insofern ist diese Wiederkehr nur eine relative. Hier begegnen sich die Wiederholung und der Fortschritt. In der linearen Zeit musste viel verdrängt werden, weil es immer nur nach vorn ging. Das Vergangene verschwand im geradlinigen Schlund der hinter uns verschwindenden Zeit. Das Bewusstsein des Zyklischen ist hingegen spirituell, da es auf der Verbundenheit der Kreisläufe des Lebens mit denen des Sonnensystems basiert.

Im Zyklischen gibt es eine regelmäßige Wiederkehr an einen ähnlichen oder sogar gleichen Ort, um das Zukünftige, das Gegenwärtige und das Vergangene neu zu synchronisieren. Wer kennt das nicht aus seinem eigenen Leben? Man kommt immer wieder an Punkte, an denen man schon einmal war, und hat jedes Mal die Möglichkeit, seine Sicht, sein Empfinden oder auch sein Verhalten weiterzuentwickeln. Der geradlinig Vorausschreitende hingegen schaut sich nicht um, er wandert schnurstracks von einem Höhepunkt zum nächsten. In diesem Diskurs soll es jedoch nicht um einen polarisierenden Wettkampf zwischen dem zyklischen und dem linearen Zeitkonzept gehen, sondern um eine Verbindung von beiden, symbolisiert durch die Spirale.

Im Übergang der beiden großen Epochen lässt sich feststellen, dass das Bedürfnis der Menschen nach einem größeren Sinnzusammenhang immer stärker wird, daher wächst das natürliche Verlangen nach Spiritualität enorm. Im Erdreich passte die Spiritualität nicht in das lineare Fortschrittsdenken. Sie war eine Flucht aus der irdischen Wirklichkeit, die nach dem Prinzip von Ursache und Wirkung beurteilt wurde.

In der letzten Phase des Erdzeitalters, dem 38 Jahre dauernden Unterzyklus der beiden Planeten Saturn und Pluto von 1982 bis 2020, wurde in der westlichen Welt jeder Lebensbereich dem Diktat der Ökonomie unterworfen. Folglich veränderten sich der Umgang mit und die Einstellung zu den verschiedenen Lebensthemen; es ging nicht mehr um die Sache, sondern um deren Vermarktbarkeit. Ich nenne diese Phase gerne das PR-Zeitalter. Das zeigt sich auch in der Selfie-Kultur in den sozialen Medien, mit der das Ich beworben wird.

Kultur, Psychologie, Spiritualität, Wissenschaft und Technik waren jahrtausendelang miteinander in Verbindung, befruchteten oder bedingten einander sogar. Nun waren sie sich fremd geworden, und das bedeutete auch, dass es keine gegenseitige Inspiration und Zusammenarbeit beim Thema »Mensch« mehr geben konnte. Eine Kultur ohne Psychologie und Seele ist sinnentfremdet. Sie spiegelt die mangelnden Beziehungen der Menschen innerhalb der gesellschaftlichen Strukturen. Wenn sie sich um sich selbst dreht, kann sie auch keine konstruktiven Gegenangebote für das Miteinander entwickeln.

Der Schlüssel zum neuen Luftreich heißt Kooperation statt Konkurrenz. Das bezieht sich nicht nur auf das politische und wirtschaftliche Vorgehen, sondern auch auf die Art und Weise, wie wir Menschen miteinander interagieren. Stand im Erdreich das Trennende im Vordergrund, ist es nun das Verbindende. Das bedeutet nicht, dass die naturwissenschaftliche Methode ausgedient hätte, ganz und gar nicht, vielleicht sogar im Gegenteil: In dem Augenblick, in dem sie vom Absolutheitsanspruch der einzig möglichen Realitätsdefinition befreit ist, kann sie sich, vielleicht reduziert auf technische Innovation, noch besser weiterentwickeln.

Gegenwärtig ist bereits zu beobachten, dass die Menschen, die ab dem Jahr 1989 auf die Welt gekommen sind, gegenüber den Themen Spiritualität und Ganzheitlichkeit eine neue, frische und unvoreingenommene Einstellung haben. Sie sind diejenigen, die am Beginn des Luftzeitalters astrologisch gesehen gerade erwachsen geworden sind, weil sie mit 28 oder 29 Jahren ihre erste Saturnwiederkehr hinter sich haben. Sie wollen Verantwortung in der und für die Gesellschaft übernehmen. Ihr persönliches Erwachsenwerden findet zum Zeitpunkt eines epochalen Bewusstseinswandels statt.

Die Ökonomisierung aller Lebensbereiche

Jeder Hauptzyklus hat diverse Unterzyklen. Nun wollen wir einen für das Erdzeitalter besonders relevanten Unterzyklus ins Auge fassen: Saturn und Pluto – die Struktur der Macht. Saturn symbolisiert die Strukturen und Regeln der in einer Zeit gemachten Erfahrung. Es sind die kollektiven Wertmaßstäbe, die für das gelten, was gesellschaftlich akzeptiert und infolgedessen relevant ist.

Saturn symbolisiert das, was sich im Laufe der Zeit an Beständigkeit herauskristallisiert hat. Er steht für das, was im Leben Halt geben kann.

Manchmal halten wir an alten Gewohnheiten oder Strukturen fest, obwohl das Leben bereits in eine andere Richtung weitergeschritten ist. In diesem Fall symbolisiert Saturn den verknöcherten Traditionalisten, der die Regel um ihrer selbst willen zum Prinzip erhebt und sich somit einer lebendigen Auseinandersetzung im Augenblick verschließt. Saturn kann also die lebendige Struktur, aber auch das bleierne Gerüst sein.

Pluto symbolisiert die Geschäftsbedingungen einer Zeit. Was ist man bereit zu geben, wenn man etwas bekommen möchte? Die Risikobereitschaft bemisst sich im Erdreich am zu erwartenden materiellen Erfolg. Manchmal weiß man aber vorher gar nicht, was dabei herauskommt, und dann geht es darum, dem Augenblick und der eigenen Motivation zu vertrauen, oder alles auf eine Karte zu setzen. Pluto symbolisiert die Risikobereitschaft beim Geschäft oder die Hingabefähigkeit in der Leidenschaft.

Die Sache mit dem Risiko ist eine knifflige Angelegenheit. Die Fähigkeit zu vertrauen bestimmt die Einsatzbereitschaft. Was sagt es über meine eigene Vertrauenswürdigkeit aus, wenn ich meinem Gegenüber nicht traue? Wenn ich einen Geschäftsabschluss mit einem Menschen oder einem Unternehmen vorher genau kontrollieren können möchte, dann natürlich zum Zwecke der Sicherheit, damit sich meine Investitionen auf jeden Fall auszahlen mögen.

Im persönlichen Bereich symbolisiert Pluto den Wunsch, die Kontrolle über eine Situation und ihre Bedingungen zu haben. Der Schlüssel zu den Bedingungen ist immer das Vertrauen. Wenn man immer nur einen Vertrauensvorschuss vom anderen erwartet, dann lässt man sich nicht wirklich auf sein eigenes Vermögen zu vertrauen ein. Je vertrauensunwürdiger ich mich selbst finde, desto mehr Vertrauensvorschuss muss ich natürlich von meinem Gegenüber erwarten. Hier geht es nicht um die Frage nach Naivität bei der Investition, sondern um die Frage nach der Echtheit der Intention. Pluto kann man sich vorstellen wie einen Tentakel, mit dem man in das System seines Gegenübers eindringt, um dort entweder eine Kraft freizusetzen oder etwas lahmzulegen beziehungsweise zu zerstören. Wollen wir etwas Lebendiges in unserem Gegenüber freisetzen, oder wollen wir sein Wollen und sein Empfinden kontrollieren?

Menschen mit der größten Intensitätsbegabung haben einen starken Pluto in ihrem Horoskop. Durch ihre Hingabefähigkeit können sie andere Menschen mitreißen, begeistern und dazu bringen, das eigene schöpferische Potenzial freizusetzen. Pluto ist Licht und Schatten zugleich. An die Fähigkeit, Intensität ins Leben zu bringen, ist auch die Fähigkeit zu zerstören gebunden. Kaum ein anderer Himmelskörper symbolisiert die Gleichzeitigkeit von Licht und Schatten so sehr wie Pluto.

Die Bedingung für die Intensität ist nämlich, dass sie zwei extreme Pole hat. Daher kann die positive, lebenszugewandte Intensität nur dann zur Wirkung kommen, wenn man seine dunkelsten Schattenseiten kennt. Wenn man weiß, zu welcher Grausamkeit und zu welcher Vernichtungswut man selbst in der Lage ist für den Fall, dass jemand bei uns eine existenzielle Grenze überschreitet. Diese Grenze kann materieller, aber auch emotionaler Natur sein. Deshalb ist es nicht verkehrt, wenn man weiß, wie eifersüchtig man sein kann. Nun geht es nicht darum, sich auf dieser Ebene der Empfindungen zu verstricken und dort zu verweilen. Es ist immer eine Frage der Entscheidung, was man mit der Energie macht. Es kostet einen hohen Preis, einen Menschen zu hassen, denn durch den Hass entsteht eine starke Bindung an diese Person. Daher kann man sich fragen, ob man das überhaupt will. Was ist der Grund des Hasses? Warum möchte man sich rächen?

Manche Menschen, die Erfahrungen mit Übergriffen oder Gewalt gemacht haben, unterdrücken die daraus entstandene Wut und lassen sie später an Schwächeren aus. Dann geben sie die Energie weiter in den nächsten Kreislauf. Mit der Kraft des Pluto kann man aber auch die Schwächeren vor Übergriffen schützen. Ein Beispiel für eine gelungene »plutonische Transformation« ist die Arbeit von Therapeuten mit Straftätern, die mit Kettensägen und anderem Werkzeug Geräte für Kinderspielplätze bauen. Somit können die vormals Gewalttätigen am eigenen Leib spüren, wie befreiend es sein kann, mit ihrer eigenen aggressiven Energie nicht zu zerstören, sondern etwas Lebensförderliches zu schaffen.

Saturn und Pluto treffen sich etwa alle 38 Jahre zu einer Konjunktion auf dem gleichen Grad der Ekliptik. Das Tierkreiszeichen, in dem diese Konjunktion stattfindet, symbolisiert so etwas wie den Schlüssel zur Macht in Gesellschaft, Politik, Wirtschaft und Kultur für die kommenden 38 Jahre.

1982 trafen sich die beiden Himmelskörper im Zeichen Waage. Die Waage symbolisiert auf der einen Seite die Notwendigkeit des Brückenbaus zwischen eher inkompatiblen Welten, andererseits aber auch das Werbungsverhalten, wenn es um Paarungen auf verschiedensten Ebenen gehen soll. Die Waage steht also für die schöne Verpackung, ob bei Menschen oder in der Welt der Waren. Die Verpackung soll zum Vernaschen oder zum Kauf oder bestenfalls zu beidem verführen.

Was geschah nun ab diesem Zeitpunkt 1982? Es begann eine Zeit, in der, vielleicht das erste Mal in der Menschheitsgeschichte, nach und nach alle Lebensbereiche durchökonomisiert wurden. Das mag aus der heutigen Sicht völlig normal klingen, ist es aber aus einer ganzheitlichen kulturellen Betrachtung nicht. Ökonomisierung aller Lebensbereiche meint, dass es bei jeder Tätigkeit, sei es beruflich oder privat, vorwiegend darum geht, Umsätze durch Verkauf oder kommerzielle Dienstleistungen zu generieren. Der Mensch ist nicht mehr Mensch, sondern in jeder Situation und in jedem Bereich Produzent oder Konsument, der auf dem Markt mit anderen Käufern und Verkäufern konkurrieren muss. Dabei könnte beispielsweise eine von Marktmechanismen befreite Forschung in Technik und Medizin bessere und sinnvollere Erkenntnisse zum Wohle des Menschen erzielen, als wenn die Resultate von Forschung und Entwicklung unbedingt Rendite erbringen müssen.

Diese radikale Ökonomisierung veränderte das Verhalten der Menschen, es wurde in den meisten Belangen strategisch, denn es ging nicht um das Ausloten von Möglichkeiten, sondern um die Vermarktung von Produkten, deren Qualität und inhaltliche Bedeutung weitaus weniger wichtig waren als ihre Vermarktbarkeit. Daher erlaube ich es mir, diesen Unterzyklus von 1982 bis zum 12.1.2020 »PR-Gesellschaft« zu nennen.

Diese Zeit markiert auch eine Art finalen Höhepunkt des Erdreichs mit seinen Boxen und Zahlen. In dieser Phase, vom Zeichen Waage bestimmt, geriet so vieles durch den Materialismus Geprägte aus dem von der Waage symbolisierten Gleichgewicht. Dieses Ungleichgewicht zeigte sich auch in der psychischen Verfassung der Menschen am Ende des Erdzeitalters. Viele Menschen waren gelangweilt, leer, deprimiert, manche wurden aggressiv und politisch radikal. Aber wie bereits erwähnt: Der Anfang einer neuen Epoche gestaltet sich dynamischer, wenn er aus dem Müll der vorhergehenden Epoche Kraft für neue Visionen ziehen kann.

Das Zeichen Waage, in dem der Saturn-Pluto-Zyklus stattgefunden hat, birgt noch eine weitere Dimension der Symbolik in sich: Es geht nicht nur um den Brückenbau und die Vermittlung zwischen unterschiedlichen, fremden oder miteinander verfeindeten Welten. Waage symbolisiert auch das Beuteschema! Dieses ist eine Art Bilderreservoir in unserem Kopf. Es bestimmt, wonach wir suchen und was wir wollen oder begehren. Auch Tiere haben Beuteschemata, wenn sie auf der Jagd sind. Vermutlich ist das »Universum der inneren Bilder«, wie der Neurobiologe Gerald Hüther es einmal so schön genannt hat, bei uns Menschen jedoch wesentlich komplexer als beim Tier.

Woher stammen diese Bilder? Ihr Ursprung ist vermutlich überaus komplex. Zum Teil werden sie von Generation zu Generation unbewusst übertragen, teils sind sie das Produkt der Prägung durch die soziokulturelle Umwelt und die in deren Rahmen erlebten Erfahrungen. Das Vorstellungsbild ist auch ein Filter, um aus der unendlichen Vielfalt an Möglichkeiten selektieren zu können, was zu einem passt.

Der tschechisch-brasilianische Medienphilosoph Vilém Flusser erklärte bereits zur Jahrtausendwende, dass wir Menschen heutzutage einen Baum, den wir in der Natur sehen, nicht mehr so wahrnehmen können wie ein Mensch in der vorfotografischen Gesellschaft. Unser Unterbewusstsein gleicht den realen Baum mit den Bildern ab, die wir aus der digitalen Welt auf unseren inneren Festplattenspeicher geladen haben. Erst nach diesem Vergleich zertifiziert unser Unterbewusstes dem vor uns stehenden Baum seinen Anteil an der Wirklichkeit.

Viele Menschen reisen um die Welt, um sich vor ein bekanntes Denkmal oder ein Bauwerk zu stellen und sich selbst zu fotografieren. Das Foto wird mittlerweile in Echtzeit in die sozialen Medien hochgeladen, erst dadurch wird das Objekt des Fotos zu einer Wirklichkeit. Geht es dabei um das Erleben dieses Denkmals oder Bauwerks, oder geht es um die Vorstellung, es gesehen zu haben, dokumentiert im Bild?

Die Werbung liefert Bilder, auf denen zu sehen ist, was wir brauchen würden, um erfolgreich und glücklich zu sein. In diesen Bildern sind wir selbst auch als eine positive Erscheinung enthalten. Wenn wir eine konkrete Vorstellung vom bestmöglichen Partner haben, dann sind auch wir in diesem Bild enthalten, denn wir sind das Gegenüber ebendieses Partners. Diese Idealvorstellung bezieht sich also nicht nur auf unser Gegenüber, sondern auch genauso auf uns selbst.

Es gibt oft eine Diskrepanz zwischen der Vorstellung und dem Empfinden, astrologisch symbolisiert durch die Beziehung der Zeichen Waage und Krebs zueinander. Wir meinen, glücklich zu sein, wenn wir das Bild einer Vorstellung in unserem Leben verwirklichen. Oft laufen wir jedoch Bildern hinterher, die mit unserem Empfinden gar nichts zu tun haben.

So kann es auch bei der Partnerwahl geschehen, dass wir unsere Vorstellungen auf einen Menschen projizieren, der von der Erscheinung her unserem Idealbild ähnlich sieht. Wir stülpen dieser Person dann unsere Idee über, unabhängig davon, ob sie in der Wirklichkeit etwas damit zu tun hat oder nicht. Wenn diese Person mitmacht, dann hat sie natürlich schon etwas damit zu tun, zumindest in dem Rahmen, in dem sie gern die Erfüllungsgehilfin einer Fremdvorstellung sein möchte. So kann man einander begegnen, ohne zueinanderzukommen; man wickelt ein Schauspiel der Bestätigungen der gegenseitigen Vorstellungen ab und nennt das Ganze dann »Liebe«. Dann kommt irgendwann aus der astrologischen Perspektive der kosmische Quirl, genannt Uranus, und bricht die routinierten Abläufe der gegenseitigen Vorstellungsbestätigung auf. Das geschieht meistens um das 42. Lebensjahr und wird die »astrologische Midlife-Crisis« genannt.

Man wird dabei in Unruhe aus dem Geschehen gezogen und beginnt sich zu fragen, ob man ein eigenes oder ein fremdbestimmtes Leben führt. Mitunter beginnt man dann, sich auf den Weg der Selbstfindung zu begeben, nimmt an Selbstreflexionskursen teil und beginnt vielleicht eine Affäre mit der Kursleiterin. Auf einmal wird der ehemals aus einer fixen Vorstellung gewählte Partner zum Feind, der kein Verständnis für die eigene innere Wirklichkeit zu haben scheint.

Eine Variante des Umgangs mit dieser Midlife-Crisis besteht in einer Projektion: Man beginnt den eigenen Anteil an der Entscheidung für diese Partnerschaft im Gegenüber zu verachten. Weil man nun selbst auf einem bewussten Weg ist, wertet man den ehemals geliebten Menschen ab und will mit ihm nichts mehr gemein haben. Diese unbewusste zynische Ablehnung der Eigenverantwortlichkeit wird durch den unbedingten Glauben an die eigene, neu entdeckte Bewusstheit anästhesiert.

Dieser Moment eines potenziellen neuen Erwachens der Persönlichkeit birgt eine große Chance, wenn er zu einem Kampf zwischen Vorstellung und Empfinden wird. Dieser Kampf kann dann zu einer Relativierung vergangener Entscheidungen führen.

Das Thema der Vorstellungen spiegelt sich natürlich am drastischsten in der Liebesbeziehung, ist aber genauso gut auf alle anderen Lebensbereiche wie Beruf, Freundschaft, Kultur, Politik und Wirtschaft übertragbar. Die Politik arbeitet seit jeher mit suggestiven Vorstellungsbildern und den dazugehörigen Identifikationsmöglichkeiten. Selbstverständlich ist dieser Bereich auch das zentrale Aufgabenfeld der Werbung. Im PR-Zeitalter wurden die Werbung und ihre subtile Psychologie zunehmend komplexer, auch dank der zunehmenden Komplexität der technischen Darstellungsmöglichkeiten.

Die Werbung wurde wichtiger als das Produkt. Marketing sollte sich eigentlich auf einen Inhalt beziehen, zielte aber in diesen Jahrzehnten immer mehr auf die Vorstellungsbilder. Daher gab es am Ende dieses Zeitalters den paradoxen Begriff »Content Marketing«. Das ist eigentlich eine Tautologie, worin sich aber auch zeigt, dass selbst die Beziehung zum Inhalt ein Bestandteil der Vermarktung geworden war.

Wir sind seit langer Zeit gewohnt, in der Werbung mit Bildern und simulierten Empfindungen überschwemmt zu werden. Sie sollen ein Lebensgefühl suggerieren, haben aber mit dem eigentlichen Produkt oft wenig zu tun. Je mehr der Einzelne in seinem Bewusstsein in dieser Bilderwelt verhaftet ist, desto stärker empfindet er die Notwendigkeit des Konsums. Daher kann man sagen, dass eine gewisse Empfindungsarmut eine gute Voraussetzung für ein opulentes Konsumverhalten ist. Die Erfüllung der Vorstellung ist ein simuliertes Gefühl und nicht zwangsläufig ein echtes. Wenn man sich eine Vorstellung erfüllt, so muss das nicht zwangsläufig glücklich machen. Die Frage dabei ist, wo der Ursprung der Vorstellung liegt und ob sie wirklich dem Wesenskern entspricht. Das echte Empfinden ist immer ein Korrektiv gegen die Dominanz der suggestiven Vorstellungswelten.

Alles wurde zur Werbung. Besonders empfindlich traf das die Kultur, die von ihrem Wesen her Freiraum zum Erforschen schöpferischer Möglichkeiten braucht. Wenn die schöpferische Freiheit jedoch ein Teil der Vermarktungsstrategie oder ein Marketingkick wird, so ist sie nicht mehr frei und verliert ihren Ursprung. Dann ist die Kultur kein Ort der Auseinandersetzung mehr, sondern eine Art Zoo, in dem Kreativität in Vorstellungskäfigen simuliert wird – und das wird wiederum ausgestellt.

Gibt es noch eine Instanz der Korrektur, wenn die Vermarktung derartig übermächtig wird? Wer übernimmt dafür die Verantwortung? Das wäre ein Risiko, weil eine Kritik der Vermarktung nur bedingt vermarktbar ist. Vielleicht kann man sogar von einem (scheinbar harmlosen) Diktat der Vermarktung sprechen? Wir wollen gespannt darauf schauen, wie sich die Kultur in der nun beginnenden Epoche neu definieren wird, um verbindlichere und somit kritische oder zumindest relativierende Positionen einnehmen zu können.

Das Bild der Frau – von der Anorexie zu Botox

Das Bild von Mann und Frau ist sehr aussagekräftig für eine Gesellschaft und eine Zeit. Es beinhaltet auch immer das Bild des Gegengeschlechtes, beides sind Archetypen. Bei dieser Betrachtung dürfen wir nicht vergessen, dass das zu Ende gegangene Erdreich noch in eine Zeit fiel, die von patriarchalen Strukturen und Gedanken geprägt war.

Die Unterdrückung des weiblichen Geschlechts ist letztlich nichts anderes als ein Ausdruck der puren Ohnmacht des Patriarchats gegenüber der Urgewalt der Weiblichkeit. In der Ursymbolik verkörpert der weibliche Archetypus, genannt Anima, die Erde. Und die wurde in dieser Epoche ordentlich ausgebeutet.

Mitte der 70er-Jahre setzte ein Phänomen ein, das auf strenger Selbstbeobachtung fußte: die Anorexie, auch Magersucht genannt. Das Diktat von *Size zero* begann, schlank sein galt als oberste Prämisse dafür, begehrt zu werden. Frauen fanden sich nicht schön genug, ihnen wurde suggeriert, dass sie aussehen müssen wie eine Barbie-Puppe, jedes Gramm Fett war zu viel und entsprach nicht dem Schönheitsideal. In den 80er-Jahren wurde aus der Magersucht eine Epidemie.

Wenn jemand eine zerstörte Beziehung zu seinem eigenen Körper hat, und das auch aufgrund eines idealen Vorstellungsbilds, das in den Medien propagiert wurde, dann kann er auch keine lebendige Beziehung zu jemand anderem haben. Die Beziehung zum eigenen Körper ist die erste Beziehung überhaupt. Wenn sie nicht stimmt, dann funktioniert die Beziehung zum Gemüt und natürlich die Beziehung zum Partner auch nicht. Die Männer haben die Frauen zur Beziehungslosigkeit erzogen, indem sie sie unter die Kontrolle eines abstrakten und unweiblichen Schönheitsideals gezwungen haben.

Viele Frauen wollten ihren Körper unter Kontrolle haben und verloren dabei jegliches Selbstbewusstsein. Üppige Frauen hatten das Gefühl, hässlich und es nicht wert zu sein, begehrt zu werden. Eine derartige Denunzierung der Komplexität der Weiblichkeit wirkt natürlich auch auf die kollektive Psyche.

Am Ende des Marketing-Zeitalters steht die plastische Chirurgie und Botox. Nun muss man nicht mehr hungern, sondern kann sich permanent glattspritzen und umbauen lassen. Das Skurrile an diesem unwürdigen Trend ist, dass die umoperierten Damen am Ende fast alle gleich aussehen. Dazu kommt ein weiteres aufschlussreiches Phänomen: Wenn durch Gesichtsstraffungen oder Botox die Ausdrucksmöglichkeiten reduziert werden, führt das irgendwann zu einer Rückwirkung auf das Gemüt. Botox anästhesiert jetzt nicht nur die Oberfläche, sondern auch das, was sich dahinter in der Persönlichkeit verbirgt, das heißt, es wirkt lähmend auf das Empfindungsvermögen.

In der Kommunikation gibt es Mikrobewegungen im Gesicht, die ein Indikator für das Bewegtsein sind. Fallen sie weg, dann ist das Gegenüber irritiert darüber, ob sein Gesprächspartner überhaupt wahrgenommen hat, was man ihm vermitteln wollte. Die Regungen verschwinden, der Ausdruck bekommt etwas Roboterhaftes. Daher hat man, wenn man sich mit den geglätteten Damen oder Herren unterhält, oft das Gefühl, dass man mit einer regungslosen Person spricht. Zur Lebendigkeit des Ausdrucks gehören nun einmal auch Bewegungen im Antlitz. Doch die vorherrschende Meinung ist: Was die Natur uns gegeben hat, ist falsch und hässlich, daher müssen Körper und Gesicht nach einem strengen Idealbild umgebaut werden. Das ist symbolisch für Saturn und Pluto in der Waage.

Auf diesem Wege werden beide Archetypen in ihrem Naturell geschwächt – eine weitere Konsequenz des Zynismus der PR-Gesellschaft. Gegen Ende derselben kamen Strömungen auf, die sich für ein gesundes Selbstverständnis der individuellen Körperlichkeit stark machten. Begriffe wie *bodyshaming*, also die Diskriminierung aufgrund körperlicher Merkmale, drücken aus, wohin es mit dem Respekt vor dem Körper am Ende des Erdzeitalters gekommen ist. Frauen organisierten sich, um mit *body positivity* ihr natürliches Selbstwertgefühl zurückzuerobern – das wird im Königreich der Luft nämlich dringend gebraucht.

Madonna mia

Madonna war die Pop-Ikone des PR-Zeitalters. Als Löwin wurde sie zur konkurrenzfreien Königin der Selbstinszenierung. Eines der ersten Lieder, mit denen sie größere Popularität erlangte, »Like a Virgin«, entspricht den Konstellationen ihres Horoskops. Ihr Aszendent sowie ihr Mond befinden sich im Zeichen der Jungfrau. Die Jungfräulichkeit bezieht sich auf die seelische Berührbarkeit. Sie war als Strategin die Großmeisterin der Selbstvermarktung. Selbst ihre Tochter machte sie mit dem Vornamen Lourdes zu einem Bestandteil ihrer Werbestrategie.

Der Autor und Moderator Roger Willemsen beschrieb seine Begegnung mit dem Popstar als das eigenartigste Interview seines Lebens. Madonna habe ständig versucht, jeden Satz, jedes Wort und jede Kameraeinstellung im Dienst ihrer Selbstdarstellung zu kontrollieren. Somit kam es gar nicht erst zu einem wirklichen Austausch.

Madonna hat sich auch riskanter Themen wie Minderheiten, tabuisierte Sexualität oder Kabbala angenommen. Dabei stellt sich die Frage, ob die Verwertung dieser brisanten Themen wirklich so gemeint war oder nicht viel mehr bloßer Bestandteil der Eigenvermarktung war.

Der Tanz der Zahlen

Wenn eine Zeit zu Ende geht, ist das wie eine Ausblutung eines Zyklus. Was für den nächsten Zyklus nicht mehr nötig ist, wird ausgeschwemmt.

Natürlich gab es im Erdreich viele Kräfte, die sich gegen ihren Untergang zu wehren versucht haben. Viele Könige wollten ihren Thron nicht freimachen. In der alternativen Medizin spricht man da von einer homöopathischen Erstverschlimmerung. Wenn der Patient seine Globuli verabreicht bekommt, dann werden zunächst die Symptome der zu bekämpfenden Krankheit reaktiviert. Dieser Prozess soll der Beginn der Abwehr sein. Man kann dieses Prinzip auch auf das Ende einer Epoche anwenden. Am Ende einer Epoche gibt es so etwas wie eine homöopathische Spätverschlimmerung der Krankheitssymptome. Was sind das für Symptome? Woran krankte der Patient Erde?

Die Gier ist definitiv eine der finstersten Krankheiten des Erdreichs, die zum Raubbau an den Energieressourcen unseres Planeten führt. Die Erde wurde ausgehöhlt, die Wälder wurden abgeholzt, die Meere leergefischt. Aufgrund des linearen Profitdenkens hatte man überhaupt kein Gefühl für die Spätfolgen dieser Ausbeutung. Das ist das Paradox: Die materielle Gier zerstört ihre eigene materielle Existenzgrundlage, weil die in ihrem wahren Ausmaß nicht erfasst wurde. Man konzentrierte sich auf andere Zahlenwerte.

Der Natur wiederum ist es egal, was wir bedenken oder nicht, sie wird von sich aus das Nötige tun, um sich selbst als Organismus wieder in das Gleichgewicht zu bringen, aus dem wir sie gestoßen haben.

Die Pandemie, die die meisten Menschen noch lange für die Ursache einer Krise hielten, anstatt sie als Initiation in ein neues Zeitalter zu begreifen, wurde gemäß dem Prinzip von Ursache und Wirkung interpretiert. Das Corona-Virus sollte der Grund für die Veränderungen sein – vielleicht war es aber auch der Anreger für eine globale Veränderung eines anderen Ausmaßes? Was war der Maßstab des Erdreichs? Die Zahl! Die Zeitungen und Informationsportale im Internet waren täglich voll von Zahlen: die Zahlen der Neuinfektionen, Impfzahlen, Todesfallzahlen, Wählerstimmen, nachzuzählenden Wählerstimmen und so weiter.

Aus der Perspektive eines Epochenübergangs erschien der verzweifelte Tanz der Zahlen wie ein Ausdruck der Agonie des unaufhaltsam zu Ende gehenden Erdzeitalters mit seinen rauchenden Schloten, Dampfmaschinen, Akkordarbeitern in den Fabriken, Kohlebergwerken, Flugzeugen, Atombomben, Handys, Computern, Arzneimitteln, der Digitalisierung und vielem anderen mehr. All diese Produkte waren die Wegbereiter für die Technologien der nun kommenden Zeit, somit werden einige von ihnen den Epochenwandel überleben.

III. Die Gegenwart

Ein Nebel zieht auf

Ein Zyklus ist, wie im Kapitel »Wie funktioniert ein Zyklus« beschrieben wurde, ein Kreislauf, der von der Bewegung zweier Planeten gebildet wird. Sie begegnen sich an einer bestimmten Stelle und wandern dann mit unterschiedlicher Geschwindigkeit weiter. Irgendwann stehen sie einander gegenüber, das wäre dann die Analogie des Zyklus zum Vollmond. Zu einem späteren Zeitpunkt treffen sie sich wieder an einer Stelle auf der Ekliptik. Die Phase vor der neuen Begegnung wird die balsamische Phase genannt. Der Zyklus kommt zu seinem Ende und somit auch seine Themen und Inhalte. Die balsamische Phase ist sehr wichtig für die Verarbeitung der Erfahrung und für die Entscheidung darüber, was wirklich abgeschlossen ist und was noch abgeschlossen werden sollte. Dann weiß man, was man hinter sich lassen kann, um bereit für den nächsten Neuanfang zu sein.

Im Jahr 2020 begannen gleich drei neue Zyklen, die von drei Planeten miteinander gebildet werden. Die Planeten Saturn und Pluto, Jupiter und Pluto sowie Jupiter und Saturn hatten ihren jeweiligen gemeinsamen Kreislauf um die Erde vollendet und begaben sich in die »Startposition« für eine neue Reise. Normalerweise beginnt nur alle paar Jahre ein neuer Zyklus zwischen den langsam laufenden Planeten – so etwas wie 2020 mit drei in einem Jahr neu einsetzenden Zyklen geschieht nur alle paar hundert Jahre!

Diese drei Zyklen befanden sich seit 2018 in ihrer, symbolisch gesprochen, Fischephase. Sie bluteten quasi aus. Das erklärt, warum so viele Menschen das Gefühl hatten, diese Zeit sei eine Endzeit. Das war sie auch, aber nicht im absoluten Sinne, als das Ende an sich, sondern dieses Ende war gleichzeitig der Beginn eines Übergangs in eine neue Epoche.

Wovon musste sich das Erdzeitalter reinigen, was musste »ausgeblutet« werden? All das, was nicht mehr lebensfördernd war und nicht in die neuen Zyklen passen würde:

- die Ausbeutung der natürlichen Ressourcen und ihre Konsequenzen
- die von der Besitzgier gesteuerte Ausbeutung der menschlichen Ressourcen
- die Zerstörung der Natur im Dienst der Ökonomie
- die ungeheure Produktion von Müll
- die Vereinsamung der Menschen
- die Trennung der Lebensbereiche
- der Rassismus uvm.

Die Daten für die Übergänge der Zyklen waren sehr aufschlussreich:

Der erste Zyklus, der Saturn-Pluto-Zyklus, begann am **12.1.**

Der zweite Zyklus, der Jupiter-Pluto-Zyklus, begann am **12.11.**

Der dritte Zyklus, der Jupiter-Saturn-Zyklus und mit ihm das neue Luftzeitalter, begann am **21.12.**

Es kommen darin nur die Ziffern 1 und 2 vor. Das ist auf jeden Fall eine erstaunliche Fügung, wenn man bedenkt, wie viele kalendarische Zahlenkombinationen es gibt. Und das am Ende des Erdzeitalters!

Bevor wir näher auf die einzelnen Zyklen eingehen, sollte die besondere Überlappungsthematik kurz dargestellt werden: Während der erste Zyklus am 12.1. bereits begonnen hatte, bluteten die anderen noch aus. Auf der einen Seite begann bereits etwas Neues, während sich gleichzeitig die großen Themen der anderen Zyklen in ihrem »Endkampf« befanden. Eine derartige Parallelität von Anfängen und Enden gibt es aus astrologischer Perspektive betrachtet äußerst selten. Dementsprechend verlief auch die Dynamik in diesem Jahr 2020: Man versuchte voranzukommen und wurde wieder zurückgeworfen. Da die meisten Menschen von diesem astrologischen Epochenwandel nichts ahnten oder wussten, waren sie umso verunsicherter. Dabei entsprach dieses Hin und Her gänzlich den Konstellationen. Also gab es aus dieser Sichtweise gar keinen Anlass zur Beunruhigung.

Die meisten Menschen und die Politik interpretierten diese Zeit, in der die Corona-Pandemie einsetzte, noch aus dem Geist der gerade zu Ende gehenden Ära, und aus dieser Perspektive erschien dann alles wie eine Katastrophe. Das war es aus der alten Sichtweise natürlich auch. Es gab bald einzelne Stimmen, die erkannten, dass die Pandemie so etwas wie ein notwendiges Übel sein könne, damit letztendlich unhaltbar gewordene Zustände erneuert werden könnten. Sie nahmen das sogenannte Schicksal als Chance zur Veränderung wahr. Wenn die Dinge im gewohnten Trott weiterlaufen, dann gibt es keinen Anlass zum Wandel, dann werden auch drängende Themen nicht unbedingt in der Öffentlichkeit und mit aller Klarheit diskutiert. In dieser Phase hatte man den Eindruck, dass sehr viele ungeklärte oder verdrängte Themen an die Oberfläche kamen. Im Rahmen der tanzenden Zahlen tobten die Meinungen wild durcheinander; man spekulierte, änderte seine Meinung wieder oder glaubte an Verschwörungstheorien. Durch dieses Chaos wurden die späten Schatten des Erdzeitalters immer deutlicher.

Man konnte erkennen, was der Unterschied zwischen einer Meinung und einer Haltung ist. Eine Meinung kann man sich leisten, es ist ein Gedanke oder ein Gefühl, der oder das keine Konsequenzen in Bezug auf das Verhalten haben muss. Man kann eine Meinung unabhängig von seinem täglichen Tun haben.

Eine Haltung hingegen ist mehr; sie bedingt das Verhalten, sie ist der Hintergrund des Handelns. Sie kann nicht in eine andere Box abgeschoben werden, für die wir dann keine Verantwortung mehr haben. In der PR-Gesellschaft war die Haltung kein großes Thema; im Luftreich wird sie wieder wichtig sein, denn in einem System der Kooperation geht es um die aktive Teilnahme eines jeden an der Gestaltung der soziokulturellen Umwelt, und das setzt die Übernahme von Verantwortung voraus.

»Die Krise wird gern mit dem Virus erklärt, aber die Ursache der Krise ist nicht die Pandemie. Die Pandemie trifft nur auf ein kaputtes System. Die Krisenerscheinungen von der Arbeitslosigkeit, der prekären Beschäftigung, der Armut, der Ungleichheit bis hin zur Erderwärmung waren schon vorher offensichtlich. Klug wäre daher, die jetzige Krise für einen grundlegenden Kurswechsel zu nutzen.« So drückt es der österreichische Ökonom Stephan Schulmeister aus. Was muss passieren, damit sich etwas ändert? Von selbst ändert sich selten etwas; wir brauchen immer einen Anlass. Wenn das Leben in seinen gewohnten Bahnen läuft, kann keine Veränderung stattfinden. Mitunter braucht es einen kleinen oder größeren Zusammenbruch, damit man neu aufstehen muss, um die Dinge neu zu sortieren, zu reflektieren und am Ende sogar neu aufzubauen. Der Mensch ist träge, und manchmal braucht er vielleicht einen Anstoß oder einen gewaltigen Tritt.

Im Bewusstsein des alten Erdzeitalters, also in der Konsequenz des logischen Ursache-Wirkung-Denkens, musste sich das, was 2020 über die Welt kam, natürlich wie eine Krise darstellen. Die Krise musste besiegt werden. Doch es sollte sich herausstellen, dass es keine Krise war. Es gab schlicht und ergreifend nichts zu beenden, weil es auch nichts gab, was danach so hätte weitergehen sollen wie zuvor. Die scheinbare Krise markierte den Übergang von einer Epoche zur nächsten. Daher ist sie nicht so zu bewerten, wie man andere, »normale« Krisen zu bewerten hat, die innerhalb einer Epoche stattfinden. Doch die meisten Menschen wussten nicht, dass es sich um einen Epochenwandel handelte.

Der Saturn-Pluto-Zyklus – die Rückkehr der Zeit

Der Saturn-Pluto-Zyklus symbolisiert, wie im Kapitel »Die Ökonomisierung aller Lebensbereiche« erwähnt wurde, die Strukturen in Kombination mit den Geschäftsbedingungen einer Zeit. Die Phase von 1982 bis 2020, genau genommen bis zum 12.1.2020, war bestimmt vom Saturn-Pluto-Zyklus im Zeichen Waage. In der Waage geht es um die Vermarktung und den Verkauf, die Verpackung hatte meist größere Bedeutung als der Inhalt.

Wir haben eine Zeit hinter uns, in der das Bewusstsein von Qualität fast auf null gesunken war. Das Handwerk war ziemlich aus der Mode gekommen. In der Technik und im Fußball immerhin kam man ohne ein gewisses hand- respektive fußwerkliches Können nicht weiter. Auch in der Kultur, besonders in den bildenden Künsten, verlor das Handgemachte an Wert; es war teilweise sogar verpönt, weil es als altmodisch galt. In der Mitte dieses Zyklus, also im Jahr 2001, gab es in den größeren Städten Westeuropas kaum mehr Handwerksbetriebe oder Bäckereien. An ihre Stelle waren große Ketten und Brotfabriken getreten, die Qualität ihrer Produkte war vernachlässigbar.

In dieses Jahr 2001 fällt auch der berüchtigte 11. September. Er markiert einen Wendepunkt im Bewusstsein unseres Zeitalters. Angesichts der Fernsehbilder von den Twin Towers in New York glaubten viele Menschen ihren Augen nicht zu trauen – fast sah es nach einer Computersimulation aus. Der Begriff der Wirklichkeit hat sich seitdem verändert. Bis heute gibt es vielerlei Theorien über die möglichen Hintergründe und Abläufe dieses Ereignisses. Die Ungewissheit bezüglich des Wirklichkeitscharakters von Bildern erreichte mit diesem Datum einen Höhepunkt. Die Theorie der Realität als Simulation von Bildern war nicht neu, der französische Philosoph und Medientheoretiker Jean Baudrillard hat sie bereits in den 70er- und 80er-Jahren des 20. Jahrhunderts begründet.

Neu war jedoch die Dimension, die in der Mitte dieser vom Vermarktungsgedanken geprägten, 38 Jahre andauernden Epoche erreicht wurde. Seitdem weiß man oft nicht mehr, ob das, was man sieht, eine Photoshop-Montage oder die Realität ist. Im Zeitalter der totalen Digitalisierung lässt es sich kaum mehr zwischen Wirklichkeit und ihrer digitalen Repräsentanz unterscheiden. Das lud natürlich zu vielfältigen Wirklichkeitsmanipulationen durch manipulierte Bilder ein.

Am 12.1.2020 begann also ein neuer Saturn-Pluto-Zyklus, diesmal im Zeichen Steinbock. Anders als die Waage steht der Steinbock für die Erfahrung und die Strukturen, die sich im Laufe der Zeit entweder herauskristallisieren oder durch viel Arbeit und Erfahrung aufgebaut werden. Strukturen geben Stabilität, können aber auch, wenn sie nicht der sich verändernden Zeit angepasst werden, einengend auf das Leben wirken und Kreativität einschränken. Wenn etwas im Laufe der Zeit entsteht und Bestand haben soll, dann braucht es ein solides Fundament. Dazu gehört auch das Wissen um die Umstände und das dazugehörige Können. Letzteres setzt manchmal einen langen Weg voraus, den man persönlich beschreiten muss, um durch Erfahrung zu Meisterschaft zu gelangen.

Das Handwerk ist eine solide Voraussetzung, um etwas zu schaffen, das nicht nur im Augenblick lebt und sich dort behauptet, wie vieles in der Kultur der 80er- und 90er-Jahre, sondern vielleicht einen grundsätzlicheren Ausdruck anstrebt, der die Menschen auch über einen längeren Zeitraum zu faszinieren vermag. Die Verweigerung des Handwerklichen in der zurückliegenden Epoche verdeutlicht auch die zynische Beziehung zur Verbindlichkeit. Handwerkliches Vermögen ist unmittelbar überprüfbar und dadurch verbindlich. Wenn das Handwerk keine Rolle mehr spielt, können Inhalte nur mit spekulativen Behauptungen vermarktet werden; dann entzieht sich das Produkt der Überprüfbarkeit. Im Handwerk verbindet sich Verbindlichkeit mit Demut. Die eigene Meinung oder die Vorstellung davon, was man umsetzen möchte, bemisst sich konkret an dem, was man umzusetzen in der Lage ist.

Können hängt mit Verantwortung zusammen. In der kommenden Vernetzungsära wird die Verantwortlichkeit des Einzelnen für sein Können im Rahmen der neuen gesellschaftlichen Kooperationen eine neue Blüte erfahren. Verantwortung ist eine Entsprechung des Zeichens Steinbock; sie veredelt den Charakter.

Das Handwerk ist wieder im Kommen; an vielen Orten, zumindest in der westlichen Welt, ist eine Rückkehr von Manufakturen, kleinen Bäckereien, Kaffeeröstereien und anderen handwerklichen Betrieben zu beobachten. Dieses Mal geschieht es nicht aus einer primärökonomischen Notwendigkeit, sondern aus einer geistigen Haltung heraus. Das verändert die Beziehung zur Arbeit und zum Begriff der Qualität.

Für junge Menschen bedeutet das, dass es sich wieder lohnt, eine solide Ausbildung zu machen, sich mit dem Handwerk zu befassen und sich mit Aktivitäten auch beruflicher Art zu beschäftigen, in denen sie sich ihr Leben lang weiterentwickeln können. Je größer das Können, desto weiter kann der Weg sein.

Wo man wie arbeitet, ist einer der wichtigsten Faktoren für ein erfülltes Leben. Wenn man an und durch seine Tätigkeit wachsen kann, nicht im materiellen Sinne des Erdzeitalters, sondern im inhaltlichen, dann entwickelt man sich als Mensch durch sein Tun. Wenn man das an einem Ort tun kann, der diesem Vorhaben auch noch zuträglich ist, unterstützt dies das Wohlbefinden. Ein erfüllter Mensch kann wesentlich produktiver sein als jemand, der sich zur Arbeit zwingen muss.

Saturn und Pluto trafen sich also am 12.1.2020 im Zeichen Steinbock. Die vorherige Begegnung im Jahr 1982 fand, wie bereits erwähnt, im Zeichen Waage statt. Die Waage symbolisiert die Verkaufsstrategie, deshalb stand in dieser Zeit die Vermarktung im Mittelpunkt des ökonomischen Lebens, mitunter war sie wichtiger als das zu vermarktende Produkt selbst. Der Steinbock steht für das in der Zeit Gewachsene; die Gestalt ist das Resultat von Erfahrung, und die Erfahrung beinhaltet die Zeit. Daher kann man mit Beginn dieses Zyklus von einer Rückkehr des Bewusstseins für die Bedeutung von Zeit sprechen. Im von uns sogenannten PR-Zeitalter trat die Wertschätzung für Entwicklung – und die braucht nun einmal ihre Zeit – in den Hintergrund.

In den Lockdown-Phasen der Pandemie hatten die Menschen jedoch auf einmal ganz viel Zeit und begannen sich auf eine andere Art mit Sinnfragen auseinanderzusetzen. Diese »Wiederkehr der Zeit« bezieht sich auch auf die Wertschätzung der verschiedenen Lebensphasen und damit auf die Beziehung zwischen Menschen, die sich in unterschiedlichen Lebensphasen befinden.

Astrologisch gesehen gibt es drei Lebenshauptphasen: die drei Wiederkehren von Saturn. Ein Saturnumlauf dauert in Jahren etwa so lang wie ein Mondumlauf in Tagen.

- Die ersten 28/29 Lebensjahre stehen ganz im Zeichen der Herkunft und des langsamen Erwachens eines Bewusstseins der Individualität und einer möglichen Aufgabe in der Welt. So gesehen wird man nicht mit 18 oder 21 Jahren volljährig, sondern mit 28/29. Viele Menschen können aus eigener Erfahrung bestätigen, dass es in diesem Alter wichtige Einschnitte gibt und man ein gänzlich anderes Lebensgefühl bekommt. Zum ersten Mal stellt sich ein klares Gefühl der Autonomie und Verantwortung ein. Daher ist es nicht verwunderlich, dass viele Menschen in dieser Lebensphase heiraten oder sich selbstständig machen.
- Die zweiten 28 Jahre dienen dem Aufbau eines eigenen Lebens im Kontext des soziokulturellen Umfelds. Hierbei kann man vorher die Herkunftsfamilie verlassen haben oder nicht, das Entscheidende ist in dieser Phase, dass man eigenmächtige Entscheidungen fällt. In der Mitte dieser Phase,

mit etwa 42 Jahren, beginnt die astrologische Midlife-Crisis; man schaut zurück auf die Entscheidungen, die man in den letzten 14 Jahren getroffen hat, und fragt sich, ob sie aus eigenem Antrieb geschehen sind oder doch fremdgesteuert entschieden wurden, entweder durch familiäre Einflüsse oder durch soziokulturelle Vorstellungsbilder. Man reflektiert, wo man aufgrund seiner bisherigen Entscheidungen zu wenig Freiheit und zu viel Struktur hatte, und umgekehrt, wo man genügend Freiheit hatte und mehr Verantwortung und Struktur wünscht. Zu diesem Zeitpunkt wird so etwas wie eine Nachkorrektur in der Biografie möglich, die manchmal von heftigen Brüchen begleitet sein kann. Diese Phase eröffnet definitiv die Chance, vieles noch einmal neu anzupassen oder auszurichten. Viele belassen es bei einem temporären Ausbruch aus dem bisherigen Leben, um danach wieder dorthin zurückzukehren. Wenn man zu diesem Zeitpunkt in der Mitte dieser zweiten Phase nicht den Mut gefasst hat, sein Leben zu individualisieren, dann beginnen ab 49 Jahren die ersten Zipperlein. Die Verweigerung der Gestaltung nimmt die Dynamik aus dem eigenen Tun. In einem lebendigen Leben bringt das im Alter von 49 Jahren, also sieben mal sieben Jahre, eine Ausschüttung der Erfahrung als Gewinn. Man spricht dann nicht vom Alter, sondern von der Reife.
- Der dritte Saturn-Umlauf beginnt meistens im Alter von etwa 56 oder 57 Jahren und dauert bis circa 84. In dieser Zeit löst man sich wieder von den soziokulturellen Vorstellungsbildern der Gesellschaft. Die Erfahrung kann eine gewisse Souveränität schenken, die mit Abstand zu den Erwartungen die eigene Vorgehensweise individualisiert. Das bringt auch Leichtigkeit mit sich. Viele schöpferische Menschen haben in dieser Lebensphase ihre wichtigsten Werke geschaffen. Kunst sollte eine Sprache sein, die sich ständig weiterentwickeln kann. Da-

her kann es in dieser Zeit zu einer Komplexität bei gleichzeitiger Einfachheit kommen. Ein wundervolles Beispiel hierfür sind die Seerosengemälde von Claude Monet, die er jenseits seiner Achtziger schuf und die ein Ausdruck des Reichtums, der Erfahrung, der Souveränität und der absoluten Leichtigkeit sind. Gestaltung ist zyklisch, Verwaltung bleibt linear.

Wenn die Bedingungen des Marktes, also Saturn und Pluto, sich im Zeichen Steinbock befinden, dann wird die Zeit nicht mehr als eine gerade Linie bis ans Ende des Lebens begriffen, sondern als ein wertvoller Erfahrungsrahmen betrachtet, den man mit Inhalt füllen kann. Man kann den Dingen wieder die Zeit geben, die sie zu ihrem Wachstum in die Reife hinein brauchen. Das nimmt ein wenig Hektik aus dem Gefühl, immer schneller sein und immer höher und immer weiter kommen zu müssen.

Es ist abzusehen, dass der Respekt vor den verschiedenen Lebensaltern wieder zunimmt sowie das Interesse, jede Phase gemäß der in ihr enthaltenen Aufgaben wertzuschätzen. Gegenwärtig macht sich dieser Prozess in den Medien im Umgang mit älteren Frauen bereits bemerkbar. In den vergangenen Jahrzehnten kamen Frauen über 40 in der visuellen Welt der Werbung kaum vor. Frauen wurden ab einem gewissen Alter aufs Abstellgleis geschoben, es gab kaum mehr öffentliches Interesse an ihnen. Zur linearen Zeitauffassung passte der Jugendwahn der PR-Zeit. Im Luftzeitalter wird die Beziehung der Zeit zum Inhalt wieder hergestellt, Zeit ist nicht mehr nur ein linearer Schlauch von einem Anfang zu einem Ende, sondern Zeit hat Phasen und Zyklen, die für bestimmte Themen und Aufgaben stehen.

Ein großer Schatten von Saturn und Pluto im Steinbock könnte die Ausnutzung von Regelwerken zur Machtausübung sein. Steinbock steht nicht nur für die in der Zeit gewonnene Struktur, sondern auch für das Regelwerk, das prinzipiell den Zusammenhalt einer Organisationsform in der Gesellschaft garantieren soll.

Wenn man die Regel zur ultimativen Norm erklärt, kann man mit ihr auch Macht ausüben. Besonders schwache Naturen sind hierfür anfällig, denn in dem Moment, in dem sie sich als Vollstrecker einer Norm begreifen, können sie eine Macht ausüben, die ihnen vielleicht kraft des reinen Lebens gar nicht zur Verfügung stehen würde. Somit muss man in dieser Zeit besonders aufpassen, dass Regeln nicht entkoppelt von inhaltlichen Notwendigkeiten aufgestellt werden. Auf der anderen Seite gehört das normative Erfassen der Wirklichkeit mittels der Zahl in das nun hinter uns liegende Erdreich. Somit reicht eine numerische Bestätigung der Wirklichkeit allein nicht mehr aus.

Es lässt sich sagen, dass diese Konstellation entweder für ein gesteigertes Qualitäts- und Verantwortungsempfinden in den sozialen Netzwerken steht oder aber für eine Überreglementierung. Letzteres wäre definitiv nicht im Sinne der Lebendigkeit in den Netzen. Es stellt sich die Frage: Wollen wir mehr Regeln oder mehr Eigenverantwortung?

Soziale Verantwortlichkeit war in den vergangenen Jahrzehnten definitiv nicht en vogue. Man nutzte die Möglichkeiten, um damit unter Umständen den persönlichen monetären Profit zu steigern, aber das Bewusstsein der Verbundenheit und der sich daraus ergebenden Aufgabenstellung miteinander gehört ins Reich der Lüfte.

Die Bedeutung des Jupiter-Pluto-Zyklus

Im Jupiter-Pluto-Zyklus geht es meistens um alles oder nichts. Es locken die ganz großen Geschäfte, man kann bei ihnen aber auch gehörig auf die Nase fallen. Das Motto dieser Konstellation ist: »Yes, we can.«

Viele Horoskope erfolgreicher Unternehmer, die ein sogenanntes wirtschaftliches Imperium aufgebaut haben, weisen Aspekte zwischen diesen beiden Planeten auf. Jupiter steht für Wachstumsperspektiven und Wege in eine manchmal auch ungewisse Zukunft, also gehört auch ein gewisser Abenteuergeist dazu. Dieser Aspekt stimuliert den Reiz, neue Wege einzuschlagen und neue Perspektiven zu avisieren, ohne den sicheren Ausgang bereits im Vorfeld kennen zu müssen.

Die Brücke zwischen dem, was man erwartet, und dem, wessen man sich gegenwärtig noch nicht gewiss sein kann, nennt man die Hoffnung. In der Hoffnung schwingt die Ungewissheit mehr mit als beim Optimismus, für den es ein wenig mehr Eigenverantwortung braucht. Die Hoffnung ist weiter vom Zentrum der Persönlichkeit entfernt als der Optimismus, der ein Gefühl ist. Mithilfe der Hoffnung und des Optimismus projiziert man eine Erwartung in die Zukunft, und das wiederum motiviert einen dazu, sich auf ein Abenteuer einzulassen. Man sagt nicht ohne Grund: Wer nicht wagt, der nicht gewinnt.

Jede Investition ist auch ein Risiko, und das wird durch Pluto symbolisiert. Damit sich der Optimismus am Ende des Geschäfts nicht als Naivität entlarvt, braucht es ein starkes Bewusstsein über den Prozess, auf den man sich mit allen Konsequenzen einlässt; die Zahlen allein müssen nicht immer ein Garant für eine richtige Entscheidung im Vorfeld sein. Erfahrung, Menschenkenntnis und gute Instinkte unterstützen einen auch bei wichtigen Entscheidungen.

Pluto ist eine höhere Oktave des Mars, also geht es um den persönlichen Willen, der zum gemeinsamen Wollen wird. Nun kann man sein Gegenüber dazu zwingen oder dazu überreden, eine gemeinsame Sache zu unternehmen, oder man inspiriert es, sodass es zu einer tragenden Bindung auf Basis der Freiwilligkeit kommt.

Wenn man sich nicht sicher ist, dann gibt es die Möglichkeit, Kontrolle auszuüben, um für sich Sicherheit in die Situation zu bekommen. Der potenzielle Partner muss nicht wirklich der Grund für die empfundene Unsicherheit sein; das eigene Misstrauen kann ein

Spiegel einer eigenen Unberechenbarkeit sein. Wenn man aber mit einem Kontrollverhalten in eine Bindung geht, so unterminiert man deren Echtheit – und das wird sich irgendwann rächen. Es kommt ans Licht, dass man sich nicht wirklich vertraut, was kontraproduktiv für eine stabile Beziehung ist. Der Spruch »Vertrauen ist gut, Kontrolle ist besser« ist etwas für Erdreichfans. »Kontrolle ist gut, Vertrauen ist besser« wäre die Luftreichvariante.

Eine Beziehung, die auf Vertrauen basiert, hat mehr Kraft und Stabilität als eine Beziehung, die durch Kontrolle überwacht wird. Vertrauen stärkt das Potenzial aller Beteiligten; wenn man einem Menschen Vertrauen schenkt, so stimuliert man dadurch das Bestmögliche in ihm, nämlich Respekt und Verantwortlichkeit gegenüber dem Gemeinsamen und sich selbst. Kontrolle erlangt man, indem man den anderen auf subtile Weise mit der eigenen Macht oder Überlegenheit bedroht und ihn dadurch einschüchtert. Die Fähigkeit zu vertrauen sagt weniger etwas über das Gegenüber als vielmehr etwas über einen selbst aus.

Das Beste, was man mit Pluto bewirken kann, besteht darin, durch den Einsatz der eigenen Kraft die schöpferische Kraft im anderen freizusetzen. Das wäre eine echte Win-win-Situation. Beide verstärken sich in ihrer Kraft, doch das funktioniert nur, wenn man sich gegenseitig Vertrauen schenkt. Es kann natürlich nicht gelingen, wenn man sich kontrollieren will.

In der Fähigkeit zu vertrauen zeigt sich die Aufrichtigkeit sich selbst gegenüber. Es entscheidet sich, ob man gestalten möchte oder sich zum Opfer macht. Wenn man von einem Partner enttäuscht oder betrogen wurde, so ist es das Einfachste, ihm die volle Verantwortung dafür zu überschreiben. So macht man sich zum Opfer. Das ist (moralisch) bequem, aber man macht es sich damit zu einfach.

Man hat immer selbst etwas damit zu tun, wenn man betrogen wird, denn man hat sich ja selbst für die Beziehung zu dem Menschen entschieden, der einen nun verletzt hat. Also ist ein Anteil des

Betrugs auch in einem selbst, sonst hätte man einen anderen Partner, und das will man nicht wahrhaben. Vielleicht ist die eigene Anlage zum Betrug besser getarnt und wird nun durch den anderen offenkundiger sichtbar.

Es kann auf lange Sicht gesehen sehr gefährlich sein, immer das Opfer zu bleiben. Dann erkennt man den eigenen Anteil an dieser Dynamik nie, man vergräbt ihn immer tiefer in seinem eigenen Unbewusstsein. Selbstmitleid ist eine der subtilsten, aber auch ärgsten Versionen von Narzissmus.

Der Archetyp Pluto findet in der Natur in der Beziehung zwischen dem Parasiten und seinem Wirt einen sehr anschaulichen Ausdruck. Man unterscheidet in der Biologie zwischen Symbiosen und Metabiosen. Eine Symbiose ist die Beziehung zwischen einem Parasiten und seinem Wirt, von der beide profitieren. Ein berühmtes Bild dafür ist der Vogel auf dem Kopf eines Bisons: Der Vogel findet dort sein Futter, der Bison wiederum spart sich die mühsame Eigenreinigung.

Bei einer Metabiose profitiert nur der Parasit. Er besetzt seinen Wirt und saugt ihn aus wie bei einer Pflanze, die von kleinen Tieren befallen wird, und am Ende bleibt da nur noch ein vertrockneter, toter Stiel. Pluto symbolisiert, dass wir die Wahl haben, uns für die Symbiose oder für die Metabiose zu entscheiden.

Es liegt nahe, dass die Metabiose in der materialistischen Zeit des Erdreichs das bevorzugte Beziehungsmodell gewesen sein musste. Genauso kann man davon ausgehen, dass die Symbiose im Zeitalter der Vernetzung ein angemessenes Partnerschaftsmodell werden kann. Auch das gilt für alle Arten von Partnerschaften. Jupiter und Pluto zusammen symbolisieren entweder den gesunden Instinkt zu einer kraftvollen und zukunftsträchtigen Symbiose oder eine von Gier getriebene destruktive Metabiose.

Die Gier gilt als eine der sieben Todsünden. Der letzte Präsident des Erdreichs der Vereinigten Staaten prägte den Satz: »Man kann gar nicht gierig genug sein.« Er hatte vermutlich die ihm nicht bewusste Aufgabe, die neuralgischen Punkte der zu Ende gehenden Epoche zu verkörpern oder sichtbar zu machen, damit viele Menschen aus dem Dornröschenschlaf des Zynismus, welcher der psychologische Überlebensmechanismus dieser Zeit war, erwachen können.

Wenn der Besitz nicht mehr die Hauptprämisse des Luftzeitalters ist, kann man mit dem Jupiter-Pluto-Zyklus ganz anders umgehen und beispielsweise substanzielle wachstumsorientierte Netzwerke kreieren. Natürlich können auch diese in die falschen Hände geraten, eine solche Gefahr wird sich immer einstellen, wenn etwas Neues entsteht.

Der Jupiter-Pluto-Zyklus begann am 4.4.2020 mit der ersten Konjunktion der beiden Himmelskörper, die sich dann am 12.11. noch einmal trafen. Zu dieser Zeit begannen viele Staaten sich zu verschulden, um die wirtschaftlichen Folgen der Pandemie für die Bevölkerung aufzufangen. Wer weiß, wann diese Verschuldungen wieder aufgelöst werden können? Die wirklichen Folgen würden aus astrologischer Sicht erst ab 2026/27 sichtbar werden.

Aus der Perspektive des Epochenwandels könnte das Herunterfahren der gesellschaftlichen Strukturen aufgrund der politischen Entscheidungen während der sogenannten Corona-Krise auch einen Beginn des großen Umbaus markieren. Je mehr Fragezeichen es gibt, desto kreativer muss man bei der Erfindung neuer Umgangsweisen und Strukturen sein.

Der Jupiter-Pluto-Zyklus dauert etwa 13 Jahre. Zuvor trafen sich die beiden Planeten 2007, als die Bankenkrise, ausgelöst durch eine zum Erdreich passende platzende Immobilienblase, ihren Anfang nahm. Die nächste Konjunktion dieser beiden Planeten findet 2033 im Symbol der Netzwerke, dem Zeichen Wassermann, statt. Dann wird es um die Möglichkeit gehen, Großes in und durch die Netze zu bewirken.

Die materielle Gier dürfen wir im Erdreich zurücklassen, mit ihr wird man in der neuen Ära nicht die gleichen Erfolge erringen können wie zuvor. Jupiter und Pluto im Steinbock symbolisieren einen gemeinsamen Erfolg durch Eigenverantwortung.

IV. Das Königreich der Lüfte: Wohin könnte der Weg führen?

Das zweihundertjährige Luftreich und seine Entsprechungen

Das Erdzeitalter war nun zu seinem Ende gekommen, und mit dem 21.12.2020 begann ein neues, etwa zweihundert Jahre andauerndes »Königreich der Lüfte«. Die Planeten Jupiter und Saturn trafen sich im Element Luft. Dieses symbolisiert die luftige Verbindung, die Kooperation auf gleicher Augenhöhe und die Vernetzung im Dienst der Verteilung, Ausbreitung und Stabilisierung. Das Netz ist nicht mit den materiellen Hierarchien des Erdreichs vereinbar.

Die Kooperation ersetzt die Konkurrenz. Der gierige Besitztrieb der Vergangenheit, der eine klare Grenze zwischen »dein« und »mein« ziehen musste, passt nicht mehr ins Bild. Das muss nicht unbedingt zur Folge haben, dass jedes Kapital wie im Kommunismus in kollektives Eigentum umgewandelt wird, was von vielen Menschen befürchtet wurde. Diese Sorge konnte wohl nur eine Reaktion ihres noch im Erdreich verhafteten Bewusstseins auf die kommenden, noch nicht einschätzbaren Veränderungen sein. Die Prioritäten werden sich vom »allein für sich haben« zum »gemeinsam aktiv sein« verschieben. Besitzen ist ein passiver Zustand. Gemeinsam zu gestalten ist ein aktiver Vorgang. Das Erste braucht den Akt der Verwaltung, das Zweite die Dynamik der Gestaltung. Inhalte werden im Luftzeitalter wichtiger als zuvor, denn sie sind das Thema dessen, was man miteinander aufbauen möchte. Wenn es in der Vergangenheit um den Aufbau der eigenen Sicherheit ging, so rückt nun die Sicherheit der Gemeinschaft in den Mittelpunkt. Da wird man ständig inhaltlich gefordert sein. Wir werden Bestandteile des neu entstehenden Riesenmyzels sein und nicht mehr vereinzelt wie der Pilz im Wald stehen.

Damit eine neue Zeit geboren werden kann, müssen alte Lebensweisen beendet und auf eine Art Nullpunkt gebracht werden. Ohne ernst gemeinte Aufforderung zur Veränderung neigen wir Menschen dazu, am Gewohnten festzuhalten.

Was vielen Menschen im Jahr 2020 als Krisenursache erschien, war in Wirklichkeit ein Transformationsagent, der die neue Epoche einleiten sollte. Wenn ein neuer König den Thron betritt, gibt es das Ritual der Krönung; auf Französisch und Englisch heißt das *coronation.* Ist es ein Zufall, dass zu diesem historisch so markanten Zeitpunkt ein gleichnamiges Virus über die Welt kam und dazu führte, dass alle Menschen von heute auf morgen ihr Leben, ihr Verhalten und ihre Einstellungen verändern mussten? Dieses Virus befiel zu Beginn des Luftzeitalters die Lunge und nahm den Menschen die Luft zum Atmen. Der Flugverkehr wurde für lange Zeit gestoppt beziehungsweise in der Folge drastisch reduziert, was dazu führte, dass die Luft so rein war wie schon lange nicht mehr.

Dadurch, dass wir uns nicht mehr unmittelbar begegnen konnten, änderte sich der Umgang mit den virtuellen Kommunikationsmedien. Es drängten sich viele Fragen darüber auf, welchen Wert unsere menschlichen Beziehungen haben und wie wir damit bisher umgegangen waren. Nie wurde man unmittelbarer auf die Bedeutung der menschlichen Vernetzung gestoßen. Der physische Abstand, den man einhalten musste, erschien als Widerspruch zum endenden Erdreich; er musste sozusagen über die Luft, durch die virtuellen Kommunikationsmedien emotional neu überbrückt und aufgeladen werden. Die virtuellen Medien wurden eine Art Ersatz für die körperliche Nähe.

Die gesamte zweite Jahreshälfte des Jahres 2020 war astrologisch von massiven Spannungen zwischen dem Planeten Mars, der die vitale Energie symbolisiert, und den großen Repräsentanten der beginnenden Zyklen bestimmt: Jupiter, Saturn und Pluto. Man kann diese enormen Spannungen als Geburtswehen der neuen Epoche interpretieren, die uns aufwecken und uns bewusst machen sollten, dass es, wie schon in Kapitel 3 beschrieben, einen großen Unterschied zwischen einer Meinung und einer Haltung gibt. Dementsprechend heftig waren lautstarke Debatten rund um das aktuelle Geschehen im Internet, doch standen viele Menschen in der Stille auf, um sich bezüglich der Grundwerte einer pluralistischen Gesellschaft verantwortungsvoll und neu zu positionieren. Die von vielen rechtslastigen Meinungsträgern erwünschte Homogenität wollte nicht in das gerade entstehende Luftzeitalter passen. Der Wunsch nach Homogenität war eher wie ein Geschwür zu verstehen, anhand dessen die aus der alten Zeit überlappenden Gefahren sichtbar werden sollten.

Eine neue Zeit bringt neue Werte und neue Möglichkeiten. Vieles von dem, was in den vergangenen Jahrzehnten angesagt war, sollte nun an Bedeutung verlieren; vieles von dem, was damals nicht angesagt war, wie Empathie, Kooperation und Spiritualität, konnte hingegen langsam in Erscheinung treten. Die Veränderung war viel grundlegender und größer, als es uns der Glaube und die Hoffnung und letztendlich auch die Illusion, dass es nur eine temporäre Krise sein möge, vermitteln konnten.

Wenn ein neues Königreich beginnt, findet das nicht nur auf der gesellschaftlichen Ebene statt. Jeder einzelne Mensch ist davon betroffen, jeder bekam den Umbruch mit, ob bewusst oder nicht. Viele Menschen fragten sich, ob es sinnvoll sei, den linearen Weg der Vergangenheit auch im persönlichen Leben weiterzugehen. Das zeigte sich auch bei beruflichen Entscheidungen. Manche bekamen verlockend lukrative Angebote, die eine lineare Fortführung der alten Tätigkeit, inklusive eines möglichen Aufstiegs innerhalb der gewohnten Struktur, bedeutet hätten, waren aber verunsichert. Der Verstand des Erdreichs flüsterte ihnen ins Gewissen, ob sie verrückt seien, dass sie so ein »vernünftiges Angebot« ablehnten. Das Herz sagte etwas anderes; es brauchte ein neues Königreich, was vielleicht in einer ganz anderen Aufgabe an einem ganz anderen Ort lag. Es war die Aufgabe des Astrologen, diesen Menschen Mut zu dem bevorstehenden Sprung ins Unbekannte zu machen, da wir als gesamte Menschheit auch gerade vor einem solchen Sprung standen. So spiegelt sich der Epochenwandel auch im einzelnen Leben.

Auch Beziehungen wurden auf eine neue Art hinterfragt. Vielen wurde der zu »erdige« Charakter ihrer Bindungen bewusst, der bis ins Jahr 2020 seine berechtigte Grundlage hatte. Diese Fragen betrafen Liebesbeziehungen, Freundschaften und geschäftliche Partnerschaften gleichermaßen. Alles wollte neu vernetzt werden.

Viele Menschen steckten mitten in ihrem Leben »irdisch« fest; ihnen fehlte eine Perspektive von außen, und sie waren über ihre neuen Gefühlslagen verunsichert. Hier konnte der Blick auf den Epochenwandel von außen hilfreich sein, um eine Beziehung zum inneren Antrieb zu finden, die man mit der Vernunft des Erdzeitalters nicht mehr herstellen konnte.

Was bedeutet eine Konjunktion zwischen Jupiter und Saturn?

Saturn symbolisiert die Struktur, die das Leben einer Gesellschaft in einer Gegenwart bestimmt. Diese Struktur ist gewachsen und hat meist eine lange Vorgeschichte. Sie ist der Rahmen um das Königreich einer Zeit.

Jupiter hingegen steht für neue Wege und Perspektiven in die Zukunft. Wenn beide am Himmel zusammenkommen, nennt man das eine Konjunktion. Dann braucht der Rahmen einen neuen Horizont und neue Wege, sonst stagniert die Struktur des Königreichs. Leben ist eben nicht nur Verwaltung, sondern auch Gestaltung und Entwicklung.

Wäre ein Königreich »jupiterhaft«, dann wäre es ein »nomadischer Staat«, also einer, der ständig auf dem Weg ist, dessen Wurzel die Bewegung und nicht die Verankerung an einem Ort ist. Bewegung bringt bei einem »saturnalen« Königreich Lebendigkeit ins System. Die Veränderung erneuert das System, ohne dass es sich örtlich verschieben muss.

Wenn Jupiter und Saturn aufeinandertreffen, hat die alte Struktur, die an den bisherigen König gebunden war, ausgedient. Also muss ein neuer König her, damit das Leben zu neuen Horizonten aufbrechen kann.

Die beiden Planeten treffen sich alle 20 Jahre an einem Punkt auf der Ekliptik. Für etwa zweihundert Jahre finden diese Konjunktionen in einem Element statt. Wenn sich die Konjunktionen in das folgende Element verschieben, dann geht es nicht nur um einen neuen König, sondern um ein zweihundert Jahre andauerndes neues Königreich. Das Element gibt die Themen dieser Epoche vor. Das Zeichen, in dem die erste Konjunktion im neuen Element stattfindet, spezifiziert die Vorgehensweise dieser Zeit.

In diesen zweihundert Jahren fand oft eine der zehn Konjunktionen im folgenden Element statt. Das war 1980/81 der Fall. Da gab es eine Konjunktion im Luftzeichen Waage. Im Jahr 2000 fand die letzte Erdkonjunktion des zweihundertjährigen Zyklus im Zeichen Stier statt. Nun gibt es unterschiedliche Auffassungen darüber, ob das Luftzeitalter bereits damals oder erst 2020 richtig begonnen hat.

Man kann diesen Übergang von 1980 bis 2020 als eine Übergangszeit am Ende des Erdreichs begreifen. Es kamen zwar Themen des zukünftigen Luftreichs in die Welt, sie wurden allerdings auf »erdige« Weise umgesetzt. Ein Beispiel ist die Entwicklung der Technologien, allen voran das Internet, das aber noch ganz im Dienst des Erdreichs genutzt wurde. Der Zusammenbruch des Kleinfamilienmodells setzte ein, und die internationale wirtschaftliche Vernetzung nahm ihren Lauf. Der Begriff des *global village* vereint die Erde (*village)* mit der Luft (*global)*. Im Luftreich wird es nicht mehr um das *village* gehen.

Die Luft – Nähe und Distanz

Wegen der Pandemie, die im Jahr 2020 begann, durften wir uns von heute auf morgen nicht mehr umarmen. Wir mussten auf physische Distanz zueinander gehen. So etwas hatten wir in unserem Leben noch nie erlebt. Wir trugen teilweise sogar auf der Straße Masken, das schaffte ein eigenartiges Gefühl der Fremdheit und der Distanz. Natürlich stellte sich die Frage, wie ungesund es eigentlich für die Lunge (Luftreich) sei, wenn man lange Zeit täglich durch eine Maske atmen muss. Der Raum, also die Luft zwischen uns, wurde zu Beginn des Luftzeitalters immer größer.

Körperliche Nähe und Berührung sind existenziell. Nun fühlten wir uns wie in einem Vakuum der Distanz. Was machte das mit den Menschen? Viele vereinsamten und suchten einen Ersatz für die mittlerweile gefährlich gewordene physische Nähe über das Internet. Interessanterweise gelang das auch zum Teil, denn die virtuellen Kanäle wurden durch den Hunger nach Nähe emotional neu aufgeladen; sie ersetzten den realen physischen Kontakt. Dieser traurig-skurrile Umstand kann als eine langsame Hinführung an das kommende Zeitalter interpretiert werden. Man konnte den Eindruck gewinnen, dass es 2020/21 zwei Parallelwelten gab: Die eine Sicht auf das Geschehen interpretierte die Situation ausschließlich aus dem kausalen Ursache- und Wirkungsverständnis der soeben zu Ende gehenden Erdepoche. Aus einer anderen Perspektive geschah genau all das, was es braucht, um ein System herunterzufahren, damit es sich neu erfinden kann. Und das Virus setzte sich auch noch auf die Lunge, das Organ, mit dem wir die Luft ein- und ausatmen.

»I can't breathe«: Der skandalöse Tod von George Floyd führte zu weltweiten Protesten und Demonstrationen gegen den leider immer noch tiefsitzenden Rassismus in den unkultivierten Kreisen dieser Welt. Da der Atem mit dem Element Luft assoziiert wird, kann dieser Satz vor dem Hintergrund des Epochenwandels eine vielschichtige Symbolik bekommen, denn es geht sowohl um den Rassismus als auch um den Übergang in das Luftreich.

Die Luft ist ein sprichwörtlich schwierig zu begreifendes Element. Sie umgibt uns ständig, aber wir können sie nicht sehen. Feuer, Wasser und Erde sind sicht-, fühl- und anfassbar, die Luft atmen wir zwar ständig ein und aus, aber wir sehen sie nicht. Wir sehen das Licht und den Raum zwischen den Objekten, der mit Luft gefüllt ist. Sie ist selbstverständlich und unsichtbar. Wenn es stürmt, dann können wir ihre Kraft spüren, die sogar Leben vernichten kann. Eine milde Brise auf der Haut kann uns zärtlich und wohlgestimmt machen. Die Luft ist wie das scheinbare Nichts zwischen den Dingen.

Verabsolutiert sich ein Element, wird das immer extrem. In einem individuellen Horoskop symbolisiert die Über- oder Unterdominanz eines Elements bestimmte Charaktereigenschaften:

- Eine **Überbetonung** des **Feuers** macht willensstark, aber manchmal auch wenig feinfühlig für die emotionalen Bedürfnisse anderer Menschen.
- Bei einer **Unterbetonung** des **Feuers** fehlt manchmal der natürliche Mut, was Antriebslosigkeit verursachen kann.
- Eine **Überbetonung** der **Erde** macht unflexibel und träge. Dafür ist der Pragmatismus ausgeprägt.
- Eine **Unterbetonung** der **Erde** kann zu mangelhafter Bodenhaftung und ausbleibendem Realitätssinn führen.

- Eine **Überbetonung** der **Luft** verleiht dem Menschen einen wendigen Geist, sie macht aber auch idealistisch und verkopft.
- Bei einer **Unterbetonung** der **Luft** fehlt die Fähigkeit zu einer objektiven Sicht auf Themen, Menschen und sich selbst gegenüber. Dafür kann das Einfühlungsvermögen stärker ausgeprägt sein.
- Eine **Überbetonung** des **Wassers** macht extrem einfühlsam, aber auch sehr subjektiv im Empfinden. Es gibt Dinge, die man nicht mit dem Gefühl entscheiden kann oder sollte.
- Bei einer **Unterbetonung** des **Wassers** fehlt dem Menschen der natürliche Zugang zur Intimität. Er verbindet sich über Worte und Taten anstatt über das Gefühl.

Wir haben gerade zweihundert Jahre lang die klare Dominanz der Erde erlebt. Nur die Zahlen zählten oder das, was durch sie messbar war. Die Luft hingegen ist wie ein Gedanke, der zunächst noch nicht greifbar ist. Die Gefahr des Elements Luft ist die Verabsolutierung der Gedanken und Ideen. Sie gewinnen die Lufthoheit über die Deutung der Wirklichkeit, so wie sie die exakten Naturwissenschaften mit ihren Statistiken im Erdreich innehatten.

Eine große Gefahr des Luftzeitalters ist die Abtrennung des Gedankens von der Tat und somit seiner Überprüfbarkeit. Die Eloquenz einer Idee könnte dann ausreichen, um Entscheidungen zu treffen. Dieses Phänomen hat in den vergangenen Jahren auch in der Arbeitswelt überhandgenommen: Wir wurden von »Coaches« geradezu überflutet, oft nur junge Menschen, die nach ihrer Ausbildung ohne Praxiserfahrung direkt in die Beratertätigkeit übergegangen sind. Sie konnten noch gar nicht über Erfahrungen verfügen.

Fast hatte es den Anschein, es gäbe mehr Berufs- und Persönlichkeitsberater als Berufstätige und praktisch wirkende Persönlichkeiten. Auch die sogenannten Influencer entsprechen diesem Phänomen. Menschen, die Meinungen prägen, ohne unter Umständen wirklich etwas zu sagen zu haben, wären in diesem Sinne die ersten »Luftikusse« der neuen Zeit. Mit dem Wissen um diese Gefahren gilt es, die eigenen Thesen oder Theorien nicht vom Kriterium der Umsetz- oder Gestaltbarkeit abzukoppeln. Sonst könnten im Luftreich kalte ideologische Winde über das Land fegen.

Besonders das Luftzeichen Wassermann ist aufgrund des größtmöglichen emotionalen Abstands zum Geschehen für derlei Tendenzen prädestinierter als die anderen Tierkreiszeichen. Seine große Fähigkeit ist der Blick aus der Vogelperspektive. Von dort oben gesehen ist alles klar und rein. Aus der Distanz erkennt er Strukturen und Muster, die man unten, aus der Erlebnisperspektive, mit der man nur horizontal wahrnimmt, gar nicht sehen kann.

Wenn man in der Straße herumläuft, sieht man nur das, was um einen herum sichtbar ist. Die Gebäude sind dann wie Mauern zwischen den Straßen. Der Blick von oben kann gleichzeitig erfassen, was in der Parallelgasse oder vier Ecken weiter geschieht. Diese Sicht hat man nur dann, wenn man nicht unten und drinnen im Erleben ist. Das Erkennen von oben schließt keine eigene Handlung mit ein. Der Abstand ist exemplarisch für den Wassermann, der außerhalb einer Situation bleibt. Er bleibt draußen. Er erkennt, ohne zu fühlen, denn um mitfühlen zu können, müsste er mittendrin sein. Das vermeidet er aber tunlichst, denn dann wäre er nicht mehr der, der er sein möchte oder ist. Er wäre gefangen. Der Wassermann ist immer der von draußen auf das Geschehen Blickende. Er mag recht haben, aber er weiß trotzdem nicht, wie es da unten zugeht. Er erlebt es nicht, er betrachtet es nur und versteht es aus der Distanz. Sein Blick auf das, was er aus der Distanz beobachtet, reicht nicht aus, er braucht Verbündete da unten, mit denen er seine Einsichten zu deren Unterstützung teilen kann. Das macht er aber nur mit, wenn man ihn oben in der Ferne der Lüfte sein lässt. Das ist seine Art, ein Teil des Ganzen zu sein.

Die erste Jupiter-Saturn-Konjunktion am 21.12.2020, die das Luftzeitalter einleitete, fand ganz am Anfang des Zeichens Wassermann statt. Jedes Tierkreiszeichen entspricht 30°. Das Zeichen »beginnt« eigentlich erst ab 1°, dann erst ist seine Energie richtig präsent. Die erwähnte Konstellation fand auf 0°29 Wassermann statt. 0°29 ist ein Tierkreisgrad, auf dem das Neue noch nicht ganz da ist, sich also noch einen Schub geben muss, um in das neue Thema hineinkommen zu können. Diese Ungewissheit, die durch den Tierkreisgrad ausgedrückt wird, kann dazu führen, dass eine Flucht nach vorn über spekulative Theorien oder Thesen angetreten wird, weil man sich irgendwie in dem neuen »Luftraum« behaupten möchte. Viele konnten mit dem Gefühl der Orientierungslosigkeit, das in dieser Zeit auch aus dem genannten Grund völlig unvermeidbar und deswegen sogar richtig war, nicht umgehen. Man versuchte, die unklaren Situationen mit den Deutungsmustern der alten Welt zu erklären. Aber das Neue wollte sich noch nicht so richtig offenbaren, es versteckte sich im Nebel des Epochenübergangs.

Das verleitete manche dazu, sich in den wildesten Spekulationen über die Ursache der Ereignisse der Gegenwart und einer zu erwartenden Zukunft zu verlieren. Spekulative Ideen sollten die Brücke in das Unbekannte bauen. Das wäre zumindest etwas gewesen, woran man sich im Sinne des Erdzeitalters hätte festhalten können.

Die Architektur des Himmels

Wir assoziieren die Luft mit dem Himmel. Er ist der Raum, der Luft enthält. Hier findet sich auch der Ursprung der Astrologie. Wir müssen unseren Blick durch den Himmel in den Weltraum erheben, um dort, am Firmament, die Bahnen der Planeten studieren zu können.

Auch das Jenseits assoziieren wir mit dem Himmel. Der Himmel war seit jeher die vermutlich größte Projektionsfläche der Menschen. »In den Himmel kommen« bedeutet, nach dem Tod ins Paradies und nicht in die Hölle zu gehen. Die Hölle verortete die Menschenfantasie tief unten in der Erde.

Wer wohnte also noch dort oben im Himmel? Die Engel mit ihren schönen Flügeln, die Seelen der Verstorbenen und natürlich der patriarchale Chef höchstpersönlich: Gott mit seinem langen weißen Rauschebart. Die alle kuscheln sich da oben auf den Wolken, wie wir es hier unten auf den mit Engelsmotiven bestickten Sofakissen tun.

Die Luft ist zwar das ungreifbarste Element, aber gleichsam das reichhaltigste in der Geschichte der menschlichen Projektionsfähigkeit. Vielleicht liegt das auch ein wenig an ihrer schweren Greifbarkeit. Können wir Gott begreifen? Ist Gott eine »luftige« Idee? Wir haben den wichtigsten Gegenpart zu unserem irdischen »schweren« Leben in den »leichten« Himmel projiziert. Alles, was hier unten nicht aufgehen kann, soll sich dafür da oben im Jenseits erfüllen.

Kaum irgendwo zeigt sich die Antinomie zwischen Himmel und Erde so prägnant wie in der Architektur der gotischen Kathedrale. Sie ist himmelwärts ausgerichtet, alles strebt nach oben. Das zeigt sich schon beim Studium der architektonischen Zeichnungen für diese Bauwerke: Man gewinnt dabei den Eindruck eines auf eine stetige Verjüngung zielenden Nebeneinanders von Linien, die dem Blick auf viele Bahngleise aus der Wassermannperspektive gleichen.

Die Mystik des Lichts wird durch die farbigen Fenster erzeugt. Bei Sonnenschein erlebt man diesen besonderen Geist der Gotik auf eindrückliche Weise: Die Motive der Fenster leuchten in ihren satten Primärfarben so stark, dass das Gemäuer nur mehr wie eine schwarze Rahmung dieses bezaubernden Lichtspiels wirkt. Man erkennt im Innenraum aufgrund der strahlenden Leuchtkraft der Gläser fast nichts mehr. Darin drückt sich die Philosophie dieser Epoche aus: Das schwarze Mauerwerk symbolisiert das schwere, dunkle irdische Diesseits, wogegen die lebendige Kraft der lichtdurchfluteten Fenster auf das Jenseits hinweist, das es durch demütiges Wirken im Hier und Jetzt zu erreichen gilt.

Das Licht war immer ein Symbol für das Himmlische so wie der Schatten eines für das Irdische. Man kann sagen, dass im vergangenen Erdreich das Licht der Erkenntnis versuchte, sich durch die Schatten des Irdischen hindurch Gehör zu verschaffen, aber das gelang nur mit äußerst mäßigem Erfolg. Im Luftreich wird das Bewusstsein für die geistige Welt, das Lichte sowie das Himmlische wieder erwachen. Wenn es gelingt, den Bezug zu diesen Sehnsuchtsthemen ideologiefrei herzustellen, kann daraus eine Weiterentwicklung des Miteinander auf Basis der materiellen Errungenschaften des Erdreichs entstehen.

In der Genesis, dem Ersten Buch Moses, heißt es: »Am Anfang schuf Gott Himmel und Erde. Und die Erde war wüst und leer, und Finsternis lag auf der Tiefe; und der Geist Gottes schwebte über dem Wasser.« Wenn die Erde in der Genesis mit der Finsternis assoziiert wurde, so können wir hinsichtlich der Schatten des Erdzeitalters von einer »höllischen Grausamkeit« sprechen. Die Massenvernichtungswaffen, Atombomben, chemischen Waffen usw., mit denen wir das Leben auf der Erde ausrotten könnten, würden eher in die Hölle als ins Paradies passen.

1186, im Fischezeitalter, war die Kathedrale ein christliches Bauwerk. Welche »Kathedrale« würden wir denn in dem gerade begonnenen Luftzeitalter errichten wollen? Die himmelhohen Wolkenkratzer der Jetztzeit sind es jedenfalls nicht. Die Gotik strebte nicht nach bloßer, in Metern zählbarer Höhe, sondern nach der Annäherung an das himmlische Reich. Die Kathedrale des Luftzeitalters ist vielmehr das Netz. Es ist auch eine Art Himmel in unserer Zeit. Unsere Daten werden passenderweise in der Wolke (Cloud) des virtuellen Himmels gespeichert. Jeder sucht sich seinen Platz im Netz, um sich wiederum mit anderen im »Netzhimmel« zu verlinken.

Die Symbolik der Luft ist weit gefächert: Sie reicht von der existenziellen Voraussetzung des Lebens (»I can't breathe«) bis hin zur höchsten Ebene des (göttlichen) Bewusstseins. Der erste Atemzug ist der Beginn der persönlichen Reise durch das Leben, das wir mit dem letzten Atemzug beenden. So ist die Spanne des zu Erwartenden in den kommenden Jahren recht groß. Damit die lebensförderlichen Aspekte der astrologischen Konstellationen auch bestmöglich genutzt werden können, gilt es wachsam gegenüber allzu verkopften Theorien über das Leben, die Gesellschaft und anderen Themen zu bleiben.

Die Gotik ist ein hervorragendes Beispiel für die Symbolik eines Luftreichs. 1186 begann auch ein Luftreich, daher können wir vom Wertesystem dieser Zeit viel für das ableiten, was uns in den kommenden zweihundert Jahren erwarten wird. Natürlich gibt es keine Wiederholung der damaligen Epoche, aber die Betonung der geistigen Welt zu Ungunsten der physischen wird auch das gerade entstehende Königreich prägen.

In der kommenden Epoche soll es weder um die Zahl noch um die Höhe gehen, sondern um die Weite der Vernetzung. Wir dürfen uns auf eine Architektur freuen, die sich das Myzel der Pilze zur Inspirationsquelle machen wird.

Die Höhle

Die Jupiter-Saturn-Konjunktion von 1186 fand im Zeichen Waage statt. Die Waage symbolisiert die Welt der Vorstellungen und Ideen. Die Bilder stellen einen Idealzustand dar, als schönste aller möglichen Welten. Die Aufgabe der Waage ist es, einem Köder gleich, Handlungen zu stimulieren, indem sie mit ihren Bildern verlockt und somit zur Initiative reizt. Ihre Bilder sollten nur der Stimulus und nicht die Erfüllung selbst sein, denn man begibt sich ja auf eine

Abenteuerreise. Bleibt man auf das Bild fixiert, so realisiert man eine Vorstellung, aber lässt sich nicht zwangsläufig auf die Situation oder das Leben ein. Man bleibt in der Vorstellung wie in einem Luftballon (Luftzeitalter) gefangen. Das ist dann wie in Platons *Höhlengleichnis*, in dem Gefangene (ihrer eigenen Vorstellung) mit dem Rücken zu einer mittelhohen Mauer sitzen, die sich zwischen ihnen und dem Höhleneingang befindet, und dabei auf eine Wand vor ihnen schauen. Darauf werden die Schatten von Figuren und Objekten projiziert, die von Menschen auf der Rückseite der Mauer so in die Luft gehalten werden, dass ihre Schattenbilder auf der Wand erscheinen, die wie eine Kinoleinwand fungiert. Die Gefangenen halten diese Erscheinungen für die eigentliche Wirklichkeit, ohne zu wissen, dass sie nur die Schatten derselben sind.

Ähnlich verhält es sich mit den Projektionen unserer Vorstellungen auf die Welt und die Menschen. Wir gleichen das, was uns begegnet, nicht mit dem ab, was es real sein könnte, sondern mit der bereits vor der Begegnung existenten Vorstellung davon. Somit bleiben wir in unserer eigenen »Realität« verhaftet, ohne die echte »Wirklichkeit«, so wie sie ist, zu erkennen. Man könnte sagen, wir sind bis heute Höhlenbewohner geblieben. Unsere Höhlenwand ist der Computerbildschirm.

Die Werbung funktioniert fast ausschließlich über attraktive, angesagte Vorstellungsbilder, die dem zu vermarktenden Produkt angeheftet werden. In einer Autowerbung geht es selten um das tonnenschwere Konstrukt aus Stahl als vielmehr um die mit ihm assoziierten Bilder, die gar nichts mit dem Produkt zu tun haben müssen. Eine selbstständige attraktive Frau sitzt am Schreibtisch und schaut sinnierend aus dem Fenster, während ihr Partner mit grau meliertem Dreitagebart engagiert an einer Teamsitzung teilnimmt und das gemeinsame Baby friedlich auf dem Rücksitz des Gefährts traumversunken vor sich hin schlummert. Diese Bilder bleiben vermutlich auch dann noch im Bewusstsein, wenn man das Gefährt erstanden und die ersten Stunden mit nörgelnden Kindern auf der Rückbank im Stau verbracht hat. Auch das ist eine Höhle.

Im Himmel der Ideen

Die Gedanken sind, solange sie im Geist ausgebrütet werden, puristisch schön, rein und erhaben. Wenn sich eine Idee von ihrer Materialisierung abkoppelt, verabsolutiert sie sich. Die Welt der reinen Ideen und Konzepte wird dann kalt bis unmenschlich. Und da die Idee in Verbindung mit der geistigen Welt gebracht wird, kann daraus in der Vorstellung eine Hierarchie des Schöpfertums entstehen, an dessen Spitze man sich selbst setzt. Das wäre der Größenwahn einer intellektuellen Elite. In der glasklaren Kälte der himmlischen Gedankenwelt entstehen Entwürfe einer geradezu als perfekt gedachten Welt. Der Übermensch ist ein Produkt der abstrakten Vorstellung und nicht des Empfindens.

Bekanntlich wollte Adolf Hitler Kunstmaler werden. Er wurde jedoch mit seinen Bildern bei der Aufnahmeprüfung von der Kunstakademie abgelehnt, was sein Ehrgefühl zutiefst verletzte. Wie wäre die Geschichte verlaufen, wenn er seinen Platz an einer Staffelei in einer der Malereiklassen bekommen hätte?

Die Anfälligkeit des Luftelements für radikale Ideen zeigt sich auch im Werk des Architekten Le Corbusier (1887–1965). »Seinen rigorosen städtebaulichen Großprojekten ist ein totalitärer Charakter nicht abzusprechen«, kommentierte Hans Kollhoff, Architekt und Professor an der ETH Zürich Le Corbusiers Werk. Und sein Kollege Pierre Frey meinte: »Le Corbusier war ein radikaler Theoretiker einer Art räumlichen Eugenik und ein rabiater Antisemit … Le Corbusier hätte, ohne mit der Wimper zu zucken, auch für Hitler gebaut.« Und tatsächlich hat Le Corbusier mit faschistischen Bewegungen sympathisiert.

Der Widerspruch zwischen dem Respekt vor dem Menschenbild der Moderne einerseits und der fast unmenschlichen Anonymität seiner Trabantenstädte andererseits ist extrem. Hier hat sich ein Konzept vom Empfinden und der Materie abgehoben. Das führte einerseits zu der klaren und charmanten Leichtigkeit vieler moderner Bauwerke, zeigt aber auch die Verführbarkeit für die Welt der absoluten Ideen. Solche Kopfgeburten können ungewöhnlich, fantastisch und zauberhaft oder kalt und menschenfern sein.

Im 20. Jahrhundert haben wir bereits erlebt, wie politische Konzepte in Verbindung mit avancierter Technik zu Massenvernichtung geführt haben. Die Gefahr, Utopien blind zu folgen, würde im Luftreich vielleicht nicht mehr zu derartigen physischen Zerstörungen wie damals führen. Die Machtkämpfe finden heute in den virtuellen Medien statt; ihre Konsequenzen könnten Verknappungen von überlebensnotwendigen Mitteln verursachen, welche die Menschen an den Rand der Belastbarkeit führen.

Kooperation statt Konkurrenz – der Pilz

Obwohl es im Erdzeitalter um die Erde ging, hatten wir am Ende dieser Epoche eine katastrophale Nichtbeziehung zu ihr. Sie war für uns wie ein von unseren Eltern prall gefüllter Kühlschrank, aus dem wir uns immer das nehmen konnten, was wir uns gerade einverleiben wollten. Wir hatten den Kontakt zu ihr verloren. Wir sind rücksichtslos mit ihr umgegangen und haben sie ausgebeutet. Wir meinten, als »Herrenrasse« die Herrschaft über sie zu haben und sie wie einen Hund an der Leine führen zu können. Am Ende einer materialistisch ausgerichteten Ära wurde sie derart ausgehöhlt, dass ihre Gesundheit aus dem Gleichgewicht geraten ist. Der Natur selbst ist das alles egal, sie wird sich auch ohne uns regenerieren, wir uns aber nicht ohne sie. Die Pandemie ist wie die Klimakatastrophe eine Reaktion auf das zerstörerische Eingreifen der Menschen in die Natur.

Die Natur ist nicht unser Untertan, wir sind ein Teil von ihr. Das Bewusstsein dieser elementaren und gesunden Beziehung ist verloren gegangen. Der »Herr-scher« ist ein Produkt des Patriarchats; das Patriarchat fürchtet die Urkraft des Weiblichen, es will sie kontrollieren und meint, sie unterdrücken zu müssen, um seine Angst vor dem Verschlungenwerden zu verdrängen. Das Weibliche hat die Macht über das Leben so wie die Erde auch; jeder Mensch wird aus dem Körper der Frau geboren, nachdem sie ihn neun Monate in ihrem Leib hat entstehen lassen. Wir sollten Respekt und Ehrfurcht vor diesem Wunder haben, anstatt es zu erniedrigen. Das gilt genauso für unseren Umgang mit der Erde. Die Unterdrückung des Weiblichen zeigt die Angst und Ohnmacht der Männer angesichts dieser Urgewalt des Weiblichen, sie ist ein Ausdruck von Schwäche der sogenannten Herren.

Eine Frau durchlebt den Zyklus am eigenen Körper. Die Natur gibt den Zyklus vor. Da wir Männer den Zyklus körperlich nicht kennen, glauben wir, geradlinig wie ein preußischer Soldat darüber hinwegmarschieren zu können. Und sind auch noch stolz auf diese scheinbare Überlegenheit des linearen Marschierens über das zyklische Leben.

Es ist nun an der Zeit, die Schönheit der gegenseitigen Ergänzung dieser polaren Grundkräfte anzuerkennen. Im vergangenen Zeitalter der Zahlenwerte machte man die ersten kleinen Gehversuche in diese Richtung durch Quotenregelungen. Das ist eine formale Regelung mithilfe der Zahl für ein Thema, das eigentlich ein neues ganzheitliches und respektvolles Bewusstsein braucht und keine politischen Entscheidungen.

Die gegenseitige Ergänzung der weiblichen und männlichen Urprinzipien ist als Miteinander auch eine Art der Vernetzung. Da taucht aus dem Erdreich ein sonderbares Geschöpf in unser Bewusstsein ein, der Pilz. Ihn gibt es seit ewigen Zeiten, er hat sein

Myzel (das Geflecht seiner fadenförmigen Zellen, der Hyphen) durch unzählige Erd-, Luft-, Wasser- und Feuerkönigreiche ziehen lassen und weiß viel mehr vom wirklichen Leben als wir hochmütigen Zweibeiner. Aber wir können in der Welt immer nur das erkennen, was der augenblicklichen Entwicklung unseres Bewusstseinsstands entspricht. Da der Pilz so ausgesprochen klug ist, brachte er sich erst unlängst bei uns Menschen in Erinnerung.

Im Rahmen unseres intellektuellen Bedürfnisses nach einer Kategorisierung aller Lebensformen verwirrt unser großer Freund auch noch unseren Verstand; er passt nämlich nicht in die gegenwärtigen Kategorien von Tier und Pflanze. Wen verwundert das? Mit der unfassbaren Vielschichtigkeit seiner Vernetzungsmöglichkeiten soll er auch gar nicht in eine der alten Kategorien hineinpassen. Dadurch, dass er sich in diesem Rahmen nicht zuordnen lässt, zwingt er unseren Geist auf seine charmante Art dazu, unser Denken für die gerade angebrochene Vernetzungsära zu öffnen.

Dabei ist er auch noch bescheiden, denn er organisiert den Zusammenhalt des Waldes, während wir im Erdreich alles säuberlich voneinander getrennt haben. Das taten wir nicht nur mit der Natur, sondern auch mit uns selbst. Das Maß der Trennung von der Natur spiegelt die Trennung des Geistes von der Seele.

Der Pilz vereint all das, was uns in den letzten Dekaden verloren gegangen ist: die Demut, das Bewusstsein der Allverbundenheit, die kooperative Verantwortlichkeit, die überpersönliche Fürsorge, die Nächstenliebe, die Fähigkeit auszugleichen und zu heilen und vieles mehr. Er spiegelt das Netz des Himmels unter der Erde; die Planeten unseres Sonnensystems sind ein Netz im Weltraum, so wie es sein Myzel in der Erde ist. Es ist doch bemerkenswert, dass wir seine Bedeutung erst zu Beginn des Luftreichs wahrnehmen, wo er doch unter der Erde wirkt. Man könnte sagen, dass er jetzt aus dem Erdreich zu uns hochgekrochen kommt, um uns zu zeigen, wie wir in Zukunft miteinander wirken sollen.

Der Pilz kommt aus dem Erdreich, hat dort seine Wurzeln und erscheint mit seinen charmanten und manchmal bizarren Fruchtkörpern oberhalb der Oberfläche. Das Myzel, sein meist unterirdisches Wurzelwerk, ist ein faszinierendes Mysterium. Dieses Netzwerk kann so groß wie einige aneinandergereihte Fußballfelder werden. Seine Aufgabe ist die Vernetzung und der Transport von Informationen im Wald und in den darin wohnenden Bäumen und Pflanzen. Verwurzelung und Vernetzung gehören zusammen.

Der österreichische Biologe Robert Hofrichter schreibt in seinem Buch *Das geheimnisvolle Leben der Pilze* dazu:

> »Pilze bilden so etwas wie das Hirn der Vegetation. (...) Die fädigen Unterweltbewohner (...) geben fast alle Mineralien, die sie im Boden einsammeln, an die Pflanzen ab. (...) Doch bedeutet Symbiose nicht nur Nehmen, sondern auch Geben. Also vergelten die Pflanzen den Pilzen ihre Leistung mit Zucker (...), den sie über die Photosynthese in großen Mengen produzieren. (...) Heute glaubt man, dass die Landbesiedlung durch die ersten terrestrischen Pflanzen überhaupt erst durch die Symbiose zwischen Pflanzen und Pilzen ermöglicht wurde. (...) So scheint ein wesentliches Grundmoment der Evolution nicht die Konkurrenz, sondern die Kooperation zu sein (...).«

Der Pilz ist somit das größte Lebewesen, von dem wir bis dato Kenntnis haben. Pilze haben unter den Organismen der Erde nach den Pflanzen und den Bakterien die drittgrößte Biomasse. Was der Pilz seit Ewigkeiten mit seinem Netzwerk im Erdreich veranstaltet, ist ein Symbol für die Art und Weise, wie wir in den nächsten zweihundert Jahren die Strukturen bei der Gestaltung unseres Lebens aufbauen und vernetzen können. Das Myzel ist ein demokratisches Netz, in dem es lokale Fachhierarchien gibt.

Der Pilz wirkt seit Ewigkeiten, aber wir haben erst in der jüngeren Vergangenheit angefangen, sein Wesen zu entdecken. In den vergangenen Epochen hätten wir die möglichen Erkenntnisse über dieses Lebewesen und die daraus abzuleitenden Inspirationen weder verstehen noch anwenden können. Er zeigt uns auf eine ganz neue Art und Weise, wie die Dinge zusammenhängen.

In den letzten Jahren sind viele Publikationen und Filme über diesen vielschichtigen Erdbewohner entstanden. Merlin Sheldrake etwa, der Sohn von Rupert Sheldrake, hat ein Buch über unsere Freunde geschrieben, es trägt den Titel: *Verwobenes Leben: Wie Pilze unsere Welt formen und unsere Zukunft beeinflussen.* Viele weitere Menschen erforschen, wie man die Inspirationen, die dieses Lebewesen uns schenkt, für eine ganzheitliche oder nachhaltige Nutzung biologischer Ressourcen neu verwenden kann. Er wird zur Reinigung der Umwelt eingesetzt und kann Recyclingprozesse unterstützen. Es gibt Pilze, die Plastik zersetzen oder andere Gifte der Umwelt in sich aufnehmen und transformieren. Apropos: Der Begriff »Recycling« enthält das Wort »Zyklus«, es bedeutet, etwas in den Zyklus zurückzuführen. Man kann aus dem Pilz bereits 100-prozentig biologisch abbaubare Materialien entwickeln, die Kunststoffe ersetzen können.

Im Reaktor des Atomkraftwerks Tschernobyl, in dem es 1986 zu einer nuklearen Katastrophe kam, wurde ein schwarzer Pilz entdeckt, der sich in dem Bereich eingenistet hat, in dem die Radioaktivität am höchsten ist. Er kann radioaktives Material zersetzen und könnte in Zukunft für den Schutz vor radioaktiver Strahlung eingesetzt werden.

Auch in der Psychologie wurde der Pilz als wunderbares Instrument zur Therapie entdeckt. Und der Schamane versetzte sein Bewusstsein durch den Konsum von halluzinogenen Pilzen in einen Zustand der erweiterten Wahrnehmung, um dann heilend in ein Geschehen eingreifen zu können.

Durch den Pilz wird uns auf wunderbare Art und Weise bewusst, wie sehr alles Leben miteinander verbunden und vernetzt ist. Daher wird die Symbolkraft, die von ihm ausgeht, vermutlich noch über das zweihundertjährige Luftreich hinaus in das darauffolgende Wasserreich hineinwirken.

Das ökologische Bewusstsein ist ein Bewusstsein der Verbundenheit, der Besitztrieb hingegen trennt zwischen »dein« und »mein«. Er trennt zwischen sich und der Umwelt. Also nimmt er die Umweltverschmutzung des Erdzeitalters nicht als eine solche wahr, weil sie sich nicht auf ihn selbst, also den eigenen Körper bezieht.

Das Bewusstsein der Verbundenheit mit der Natur führt zu einer Haltung der Verantwortlichkeit ihr gegenüber. Die Natur ist mit uns verdrahtet und wir mit ihr. Wenn wir sie verschmutzen, dann verschmutzen wir auch unseren eigenen Leib. Die Ökologie wird im Luftzeitalter als Reaktion auf das trennende Verhalten des Erdzeitalters immer wichtiger werden. Sie basiert auf dem Empfinden der Vernetzung und der Verbundenheit zwischen uns und unserer Umwelt. Niemand lehrt uns das besser als die Welt der Pilze; Bewusstsein und Verantwortung gehen Hand in Hand.

Wir können uns natürlich weiterhin mit der Raumfahrt beschäftigen, um unter anderem Nationalflaggen auf anderen Himmelskörpern zu installieren und somit unsere unglaubliche technische Leistungsfähigkeit unter Beweis zu stellen. Damit verlängern wir aber lediglich den materialistischen Fortschrittsgedanken des Erdreichs ins Weltall.

Wir können uns aber auch für Jahre in das Studium unseres noch viel zu wenig bekannten myzelischen Mitbewohners vertiefen, um Inspirationen für neue Wege und Möglichkeiten der Lebensgestaltung auf der Erde zu finden. Er öffnet unsere Augen für die zauberhafte Welt der Biodiversität und zeigt uns, wonach wir in der Zukunft suchen könnten, wodurch auch klar wird, wonach wir definitiv nicht mehr suchen müssen.

Das Auftauchen des Pilzes läutet das Ende des Patriarchats ein; in seinem Netzwerk gibt es keine männliche Hierarchie mit einem männlichen Gott oder König an der Spitze. Der Pilz ist keine Einzelfigur, sondern ein Bewusstsein. Innerhalb des Myzels gibt es lokale Hierarchien, angeleitet von den »orts- und fachkundigen« Kräften im Dienst des Gesamten. Der Pilz vermittelt im Wald Botenstoffe, transformiert Inhalte und Informationen und wehrt feindliche Eindringlinge ab. Er ist das natürliche Internet.

Vermutlich werden wir mit seiner Hilfe natürliche Energieressourcen erschließen können. Ob und wann das sein wird, das entscheidet er aber selbst und nicht wir. Wenn man sich mit dem Pilz befasst, so wirkt sein Netzwerk in das Bewusstsein hinein und unterstützt das System beim Aufbau neuer Verknüpfungen.

Es ist zu erwarten, dass der Pilz das seit zweitausend Jahren dominierende Symbol in der westlichen Welt, das Kreuz, ablösen und es an Symbolkraft übertreffen wird. Das Christusbewusstsein räumt seinen Thron und macht Platz für das Myzel.

In dieser Zeit soll auch das sogenannte Wassermannzeitalter beginnen. Was hat es damit auf sich?

Das Wassermannzeitalter

Seit Jahrzehnten wird über den Beginn des sogenannten Wassermannzeitalters spekuliert. Das Sonnensystem bewegt respektive dreht sich ganz langsam im Universum. Die Sterne des Universums erscheinen uns, obwohl sie unterschiedlich weit entfernt sind, wie auf einer Wand, auf der sie immer weiterwandern. Somit erscheint da, wo früher – vom Standpunkt der Erde aus gesehen – das Sternbild Fische zu sehen war, irgendwann das Sternbild Wassermann. Für diese kleine Drehung vor der Wand braucht das Sonnensystem etwa zweitausend Jahre.

Die Astrologie bezieht sich auf die Bewegungen der Planeten innerhalb des Sonnensystems. Der Tierkreis ist so etwas wie ein Maßband entlang der Wand, an dem man sich orientieren kann. Die Sternbilder auf der Wand sind also nur Orientierungshilfe und Namensgeber außerhalb des Systems. Sie sind kein Bestandteil der Deutung, man könnte im Sinne des Erdreichs sagen, sie wirken inhaltlich nicht auf das System ein. Wir Menschen haben für unsere bildliche Anschauung Figuren in diese »Wandbilder« hineinprojiziert.

Da sich unser Sonnensystem in Relation zu den Geschwindigkeiten der anderen Sterne und Sonnensysteme nur langsam bewegt, ist der Übergang von einem zum anderen Zeitalter sehr langsam und nicht auf ein paar Jahre einzugrenzen.

Manche behaupten, dass der Übergang vom Fische- zum Wassermannzeitalter in den Jahren ab 1968 stattgefunden habe. Das hatte vor allen Dingen damit zu tun, dass damals, in der Zeit der 68er-Bewegung, dem Prinzip Wassermann entsprechende Ideen wie Freiheit, das Leben in Kommunen und Einsatz für den Frieden sehr wichtig wurden. Diese Zeit ist vorbei, aber die damals gemachten Erfahrungen sind so etwas wie Keimlinge für Versuchsanordnungen des Miteinander, wie sie vermutlich in den nächsten Jahrzehnten noch einmal neu aufgegriffen werden. Erst dann können sie Fuß fassen.

Der Übergang vom etwa zweihundertjährigen Erd- zum etwa zweihundertjährigen Luftzeitalter scheint ein passenderer Moment für den großen Übergang vom Fische- zum Wassermannzeitalter zu sein. Die das Luftreich einleitende Konstellation, nämlich die vielfach genannte Konjunktion zwischen Jupiter und Saturn, fand im Zeichen Wassermann statt. Deren potenzielle Folgen und die sich verändernden Inhalte sind ja das Thema dieses Buches. Vielleicht werden sich durch diesen kleineren Übergang die ganz großen Themen des Wassermannzeitalters überhaupt erst auf der Erde spiegeln lassen. Das wäre in den zurückliegenden zweihundert Jahren gar nicht möglich gewesen.

Im Erdzeitalter ging es um die im ersten Kapitel beschriebenen materialistischen Motive. Man könnte also davon ausgehen, dass durch das Luftreich das Wassermannzeitalter wachgeküsst und somit überhaupt erst manifest werden kann. In diesem Sinne hätten wir es dann mit einer Verdopplung von zwei neuen Zeitaltern zu tun, wobei das eine ein Zeitalter und das andere eine Epoche ist. Und natürlich verdichten sich die Themen der zu Ende gegangenen Epoche noch einmal wie bei einer homöopathischen Spätverschlimmerung.

Es gibt ein weiteres wichtiges Thema, das man mit diesem doppelten Übergang assoziieren könnte: das große Symbol des Fischezeitalters war das Kreuz der christlichen Religion in der westlichen Welt. Die Kirche hat schon lange keinen Zugriff mehr auf die verschiedenen Bedürfnisebenen der Menschen. Das liegt auch daran, dass sie ein Produkt des Fischezeitalters ist. Infolgedessen wird sie es in dem neuen Doppel-Luft-Wassermannzeitalter noch schwerer haben, denn die Grundlagen dieser neuen Zeit sind noch weniger vereinbar mit den Strukturen der Kirche und ihrer Organisationen.

Die östlichen spirituellen Systeme wie Yoga oder Zen-Buddhismus entsprechen dem Geist der nichthierarchischen Vernetzung wesentlich besser als die christliche Kirche. Die müsste in ihrer Struktur so radikal verändert werden, dass sie nicht mehr das wäre, was sie war und noch ist. Wie könnte man die Hierarchie, an deren Spitze »Gott« sitzt, in ein Netz transformieren?

Auch das Kreuz, das Symbol der Erlösung und des Opfers, dürfte seine symbolische Kraft einbüßen. Im Zeitalter der Vernetzung und Verbundenheit könnte, wie bereits erwähnt, ein neues Symbol die Herzen der Menschen erobern: unser Freund, der Pilz.

Der Pilz und das Kreuz sind sich schon mindestens einmal über den Weg gelaufen. In dem 1970 veröffentlichten Buch *The Sacred*

Mushroom and the Cross von John M. Allegro wird dargestellt, wie der Pilz in frühchristlichen Fruchtbarkeitsritualen auftaucht. Der Autor vermutet, dass mystische Erfahrungen und Visionen, wie die vom brennenden Dornbusch Moses oder die des Propheten Ezechiel, durch den Einfluss halluzinogener Pilze entstanden seien. Das zog im Erdzeitalter Kritik vonseiten der Kirche auf sich. Somit stehen Pilz und Kreuz sich nicht feindlich gegenüber, wenn sie sich ablösen.

Im Erdreich wurden, wie bereits ausführlich erwähnt, die verschiedenen Bereiche des Lebens voneinander getrennt. Der Verstand trennt, was das Leben zusammenhält. Nun saß man da, angesichts einer in tausend Stücke zerlegten Welt, und hatte keinen Bauplan, wie man sie wieder sinnvoll zusammensetzen könnte, so wie bei einem elektronischen Gerät, das man zur Reparatur auseinandergenommen hat und bei dem man hinterher nicht mehr genau weiß, welche Schrauben zu welchen Teilen gehören.

Die Abspaltung könnte eine Erklärung dafür sein, warum beispielsweise in Zeiten totalitärer politischer Strukturen ein gesellschaftlich hoch angesehener Staatsdiener tagsüber Juden im KZ ermordete und abends nach Hause kam und den sanftmütigen Familienvater gab. Diese Diskrepanz kann man nicht aushalten, wenn man innerlich verdrahtet, also mit seinem Wesen vernetzt ist. Ein kalter Vollstrecker ist immer von seinem inneren System entbunden. Die Trennung entbindet auch von der inneren Verantwortung. Solche Charaktere gab es auch in anderen Zeiten, aber das Erdreich begünstigte diese Abspaltung besonders.

Auch die bereits beschriebene Dimension des Konsums funktioniert nur auf Basis der inneren Distanz zum eigenen Empfinden. Ein erfüllter, also innerlich mit seinem Wesen vernetzter Mensch ist kein besonders guter Konsument. Er muss nicht so viel besitzen, um glücklich zu sein.

Das Lernen

In den zurückliegenden Jahrzehnten bezog sich das Lernen zum großen Teil auf das Kopfwissen. Lernen hieß verstehen und auswendig lernen, also verstehen, ohne zu begreifen. Zum Begreifen brauchen wir ein Greifwerkzeug, also die Hand oder früher auch den Fuß. Unsere Fußzehen waren ja mal wesentlich länger als heute und als Greifwerkzeuge geeignet. Heute dienen unsere Zehen in erster Linie einer komplexen Abfederung unserer Balance.

Wir verstehen das, was wir auch begreifen können. Die Hand ist die Instanz, die überprüft, ob wir etwas nicht nur denken, sondern auch umsetzen können. Kleine Kinder ertasten die Welt mit ihren Händen und deren unfassbar komplexem Sensorium. Die Informationen, die über die Hand weitergeleitet werden, sind vielschichtiger, als wir es denken können. Die Hand verbindet die Logik der Dinge mit der Logik des Denkens, welche eine Fortführung des Machbaren sein sollte. Das Denken kann selbstbezogen um sich kreisen. Die Welt der Gedanken, die nichts mit dem Umsetzbaren zu tun haben muss, kann ideologische Monstrositäten im Hirn ausbrüten. Wir laufen mit riesigen, von der Luft der Gedanken aufgeblasenen Vorstellungswelten im Kopf umher und verlieren den Kontakt zur Sinnlichkeit und zum Empfinden. Ein nicht zu unterschätzender Teil der Kultur bestand aus größenwahnsinnigen intellektuellen Luftblasen, deren Substanz aufgrund des nicht vorhandenen Handwerks unüberprüfbar blieb. Darin spiegelte sich die zentrale Strategie des Vermarktungszeitalters: Die praktische Unüberprüfbarkeit einer Idee kreiert eine Aura der Distanz. Der Raum zwischen einem Werk und dem Betrachter ist gefüllt mit intellektuellen Spekulationen – eine intellektuelle Luftblase, ähnlich wie die Blasen am neuen Markt.

Die Unüberprüfbarkeit ist eine Tarnung der Substanzlosigkeit. Am besten funktioniert das, wenn der Betrachter oder Zuhörer nichts von dem Dargebotenen versteht, wodurch er das Gefühl hat, dass es geistreich sein müsste, weil er es nicht nachvollziehen kann.

All das ist die Konsequenz der Abspaltung des Verstehens vom Begreifen. Auch der Hirnforscher Gerald Hüther spricht hinsichtlich des Schulsystems davon, was seit einiger Zeit gemeinhin als »Lernbulimie« oder »Bulimielernen« bezeichnet wird: Man müsse »das Wissen fressen ... um es dann bei der Prüfung wieder auszukotzen«. Hüthers drastischer Vergleich ist angesichts der Unangemessenheit des Schulsystems mehr als angebracht. Schon Johann Heinrich Pestalozzi äußerte sich ähnlich: »Langsam selber auf eigene Erfahrung kommen ist besser, als schnell Wahrheiten, die andere Leute einsehen, durch Auswendiglernen ins Gedächtnis bringen und mit Worten gesättigt den freien, aufmerksamen, forschenden Beobachtungsgeist des eigenen Kopfes verlieren.«

Das Lernen ist ein lebenslanger Prozess, der nie aufhört. Lernen ist ein Trieb, der im Schulsystem des Erdzeitalters funktionalisiert und somit in seinem Wesen erstickt wurde. Das Erdreich war ja auch nicht an der Vernetzung, sondern an der Bestätigung des omnipotenten Werts der Zahl interessiert. Somit wurde das lernende Denken in das Hirn hineindressiert.

Im Luftreich kann das Lernen als ein ständiges Weitervernetzen gänzlich neu aufblühen. Kein Wunder, dass die (Re-)Evolution des Wissens über das Lernen erst noch bevorsteht. Das erlernte Wissen wurde im Erdzeitalter in ferne Areale des Hirns abgelagert; es sollte und musste auch nicht mit der Persönlichkeit verbunden sein. Dabei hat das Lernen so viel mit der Persönlichkeitsentwicklung zu tun. Kein Wunder, dass gegen Ende des Erdreichs die Persönlichkeitsentwicklung zu einem drängenden Thema wurde, eben weil es zuvor davon abgespalten war. Man begann die desaströsen Folgen dieses falschen, weil isolierten Lernens wahrzunehmen. Es wurden Lerndefizite diagnostiziert, die bei einem vernünftigen, weil vernetzenden Lernen überhaupt nicht als Problem betrachtet werden würden.

Das falsche Lernsystem führte immer wieder zu krassen und eigentlich vermeidbaren Persönlichkeitsstörungen.

Die Crux mit unserem Schulsystem

Das Schulsystem, so wie wir es kennen und in dem die Kinder in Klassenräumen in Reihen hintereinander sitzen und Informationen in sich hineinfressen, ist ein Produkt des zu Ende gegangenen Erdzeitalters. Aus astrologischer Perspektive ist es durchaus verständlich, dass es in dieser Ära nicht wirklich möglich gewesen war, dieses System endlich außer Kraft zu setzen und durch ein neues System zu ersetzen, das den modernen Erkenntnissen um das Lernvermögen von jungen Menschen entspricht.

Erde bedeutet: Fakten, Ziffern und Statistiken. Die naturwissenschaftlichen Zweige und das rationale Denken waren im Schulsystem total überbetont. Der spielerische Anteil blieb völlig außen vor, obwohl es ja bereits im Erdreich pädagogische Konzepte gab, die einem humanen Lernen besser entsprachen. Aber so wie die Erdbeere und der Spargel erst im Mai von der Natur freigegeben werden, so verhält es sich auch mit den Möglichkeiten der Umsetzung neuer Ideen. Die Schwere des Schulsystems entsprach derjenigen des Erdreichs. Erst im Luftreich können neue Ideen ihren Weg in die Welt finden.

Die Unterbrechung des Schulunterrichts in der Pandemie könnte zu ersten Reformen genutzt werden. Das Schulsystem des Luftreichs braucht eine vernetzte und empathische Information und keine Dominanz der nur auf Fakten basierenden Rationalität und Logik. Es geht nicht darum, dass Fakten und Logik keinen Platz mehr haben sollten, aber sie werden nicht mehr das Wichtigste sein. Das würde sich auch auf die Auswahl der Fächer und deren Inhalte und Schwerpunkte beziehen.

Die Schule sollte sozialer und lebenspraktischer werden. Junge Menschen lernen mehr durch praktisches Tun als durch Auswendiglernen. Letzteres hat nichts mit Verinnerlichung zu tun. Vielleicht würde zu einem neuen Schulsystem auch gehören, dass unterschiedliche Altersgruppen miteinander kooperieren oder sich gegenseitig unterstützen und unterrichten. Das Luftzeitalter braucht praktische soziale Kompetenzen und flexible Geister.

Die Verinnerlichung des Wissens setzt eine psychologische Begleitung beim Lernen voraus. Der Mensch lernt nicht als Lernender, sondern als ganzer Mensch. Ein in uns aufgenommenes Wissen bleibt nicht im Kopf hängen, wir eignen es uns an, und erst das verändert unsere Persönlichkeit und unterstützt die Weiterentwicklung.

Das wäre übrigens auch Prävention gegen eine Wiederkehr kommunistischer oder faschistischer Strukturen, die nicht an der Vernetzung von Wissen mit einer sich stetig weiterentwickelnden Persönlichkeit interessiert sind. Sie wollen das Denken, Fühlen und Handeln im Dienst ihrer Ideologie dressieren. Das konnte im Erdzeitalter ganz gut funktionieren, weil die Kontrolle über die Gedanken einem territorialen Wollen unterstand. Das Wissen wurde wie ein Impfstoff ins Hirn injiziert. Doch wenn sich Person und Wissen vernetzen, wird es schwieriger, über das Wissen allein Kontrolle über den Einzelnen auszuüben.

Die Geschichte mit der Geschichte

Geschichte schreibt sich immer aus einer jeweils gegenwärtigen Perspektive. In der jüngeren Vergangenheit war die Geschichtsschreibung immer an Zahlen und Fakten orientiert. Die Leistungen, die erbracht wurden, mussten sich in Zahlen darstellen lassen, um als bedeutsam erachtet zu werden. Diese Art der Geschichtsschreibung war für die Welt des Erdzeitalters angemessen. Die Vergangenheit musste anhand materialistischer Werte interpretiert werden. Es ist eben eine Geschichte der Zahlen.

Es kann vermutlich gar keine objektive Geschichtsschreibung geben, man interpretiert das Geschehene immer zwangsläufig aus dem Geist der eigenen Epoche. Die Interpretation sagt möglicherweise mehr über den Zeitgeist aus, in dem sie entstand, als über die besprochene Wirklichkeit selbst. An diesem Punkt wird verständlich, wie schwierig es überhaupt ist, sich einen Begriff von der Wirklichkeit einer anderen Epoche zu machen.

Schon im Alltag zeigt es sich, dass zwei Menschen dieselbe Situation ganz unterschiedlich aus ihren jeweils persönlichen Perspektiven schildern können. Das geschieht gemäß der jeweiligen Verfassung der Beteiligten sowie ihrer persönlichen Anlage und der dazugehörigen individuellen Vorgeschichte. In der Astrologie ist die persönliche Anlage nicht das Produkt der individuellen Vorgeschichte, vielmehr ist die Geschichte der Ausdruck der Anlage.

Mit einer neuen Epoche ändert sich die Beziehung zu dem, was wir Wirklichkeit nennen. Es wirken andere Kräfte, und die Werte und Inhalte verändern sich. So werden wir auch die Vergangenheit in den nächsten zweihundert Jahren vermutlich aus der Perspektive der Vernetzungen und nicht mehr ausschließlich aus der Perspektive der materiellen Errungenschaften betrachten. Somit könnten wir eine ganz andere Sicht auf die Geschichte bekommen.

Genauso kann es sich mit der individuellen Biografie verhalten. Unsere eigenen Erlebnisse bewerten wir in einem bestimmten Augenblick anders als ein paar Jahre später. Je mehr Erfahrungen hinzukommen, desto größer ist die Wahrscheinlichkeit, dass wir dem Vergangenen einen anderen Stellenwert geben. Die Geschichtsschreibung des Erdzeitalters war statisch. Wäre die persönliche psychologische Biografie das auch, dann gäbe es keine innere, sondern nur eine äußere, sich in Fakten niederschlagende Entwicklung. Dabei wird das Wesen der Person möglicherweise gar nicht erfasst.

Die jeweils gültigen Werte, anhand derer die Vergangenheit beschrieben wird, lassen nur einen spezifischen Blickwinkel auf diese zu. Es wird spannend sein zu sehen, welche neuen Akzente bei der Interpretation des Vergangenen, in Bezug sowohl auf die einzelne Persönlichkeit als auch auf die Gesellschaft, gesetzt werden. Wenn die Fakten bei der Interpretation von der Persönlichkeit getrennt werden, ist das nur die halbe Wahrheit. So lesen sich manche Biografien bekannter Persönlichkeiten dieser Zeit nur wie eine Aneinanderreihung von Fakten. Erst die Vernetzung der Erlebnisse mit der Persönlichkeit gibt komplexe Einblicke für die Interpretation.

Die Kunstgeschichte ist eine Disziplin, bei der das Werk gern anhand materieller und historischer Informationen beschrieben wird. Das mag interessant sein, kommt aber dem Wesen der Werke oft nicht nahe. Der Künstler und Kunstkritiker John Berger (*Das Leben der Bilder oder die Kunst des Sehens)* war einer der Ersten, die in ihren Texten über Kunst eine emotionale Betrachtung miteinschlossen. Dadurch konnte sein Wirken natürlich nicht den Anspruch von Objektivität erheben und erfüllen, er führte die Leser*innen aber näher an die Kunst heran, als es ein kunst-»wissenschaftlicher« Text vermocht hätte. Zu fragen wäre in diesem Zusammenhang:

- Wie viel Wissenschaft verträgt die Kunst?
- Wie viel Wissenschaft braucht die Kunst?
- Zu wie viel Objektivität sind wir überhaupt in der Lage?

Eine Illusion des naturwissenschaftlichen Denkens war die Vorstellung, so nah wie möglich an einer vermeintlichen »Objektivität« zu sein. Dadurch ergab sich das Gefühl einer intellektuellen Überlegenheit des Wissens und der Fakten gegenüber dem Erleben und der Erfahrung. Natürlich verunsichert eine Relativierung dieser Sicht den Begriff oder die Vorstellung von dem, was man Geschichte nennt.

Vielleicht funktioniert diese Vorstellung von »Objektivität« auf Objekte bezogen, aber nicht auf die Geschichte der Menschen.

Die Bedeutung eines Künstlers des Erdzeitalters wurde daran bemessen, für wie viel Geld seine Werke in den Auktionshäusern versteigert wurden. Ein weiteres Kriterium war die Quantität der Ausstellungsaktivitäten. Diese Bemessungsgrundlage erfasst die inhaltliche Relevanz eines Wirkens in keiner Weise. Die Fakten waren wichtiger als das Wirken, also hatten wir es nicht mit der »Wirklichkeit«, sondern der »Fakt-lichkeit« zu tun, die aber wiederum Wirklichkeit genannt wurde.

Das Leben und die Persönlichkeit eines Menschen bestehen auch nicht nur aus den Fakten, sondern vor allem aus der Art und Weise, wie und mit welcher Haltung jemand etwas tut und letztendlich fühlt. Natürlich sind diese Aspekte faktisch nicht so darstellbar wie quantitative Gesichtspunkte.

Gedanken und Gefühle sind ebenfalls Teile von Netzen. Sie sind Frequenzen, die unterschiedliche Menschen, Kulturen oder Wirksamkeiten miteinander verbinden. Die Wirklichkeit von Netzen lässt sich nicht in statistischen Daten widerspiegeln. Ähnliche Themen, Gedanken oder Gefühle können auch ohne kausale Zusammenhänge auftreten. Man könnte von einer »nicht-kausalen Verwandtschaft« sprechen, die Menschen und ihre Vorhaben über weite Zeiten und Räume miteinander verbindet. So kann man gegenüber Menschen oder Kulturen, mit denen man noch nie etwas zu tun hatte, trotzdem ein tiefes Gefühl der Vertrautheit empfinden.

Wenn man an jemanden denkt oder etwas über ihn fühlt, dürfen wir durchaus davon ausgehen, dass die betreffende Person das mitbekommen kann, ohne davon zu »wissen«, weil die Verbindung über die Gedanken- oder Gefühlsfrequenz hergestellt wird.

Die Geschichtsschreibung des Erdzeitalters war durch ein lineares Zeitverständnis geprägt, neben dem Faktizismus sicherlich das relevanteste Kriterium dieser Epoche. Beides bedingt sich gegenseitig.

Die Geschichte ist dann wie eine lange, gerade Schnur, nur in diesem Fall ohne Anfang und ohne Ende.

Die Integration des zyklischen Aspektes der Zeit in die Geschichtsschreibung könnte Letztere grundlegend ändern. Dann geht es aber nicht mehr um die geradlinige Aneinanderreihung von Geschehnissen, sondern um die zyklische Wiederkehr von Inhalten. Auch das gilt sowohl für die individualpsychologische als auch die kollektive Beziehung zum Erleben.

Die Wiederkehr von Motiven in einem Zyklus erlaubt ihre Bearbeitung auf eine andere Art und Weise. Die Vergangenheit verschwindet nicht im linearen Schlund der Zeit, sondern sie kehrt zurück und kann dadurch auf Basis der zwischenzeitlich gemachten Erfahrungen neu bearbeitet werden.

Jede Wiederkehr birgt auch eine neue Chance des konstruktiven Umgangs mit Dingen, der in der Vergangenheit misslang. Der Zyklus vernetzt zeitlich weit auseinanderliegende Themen inhaltlich; er trennt nicht, er verbindet.

Neptun in den Fischen – verborgene Wirklichkeiten

Neptun symbolisiert die verborgenen Welten. Verborgen ist all das, was wir noch nicht kennen, was noch nicht erforscht und deswegen für uns nicht sichtbar ist. Die meisten verborgenen Welten gibt es oft schon seit ewigen Zeiten, wir hatten bisher nur nicht die Möglichkeit oder die richtigen Instrumentarien, um sie wahrnehmen zu können.

So wurden etwa 2013 in Südfrankreich in der Bruniquel-Tropfsteinhöhle eigenartige Steinkonstruktionen entdeckt, die dort vermutlich vor 176 000 Jahren angelegt wurden. Man geht davon aus, dass die aus Stalagmiten und Stalaktiten aufgeschichteten Steinkreise von Neandertalern geschaffen wurden. Was geschah dort während dieser langen Zeit?

Meistens entdecken wir in einer bestimmten Zeit nur das, was zum Zeitgeist und seinen Themen passt. Erst jetzt etwa erkennen wir den Pilz in seiner ganzen Komplexität, weil wir sein Wesen erfassen können, obwohl er bereits seit Millionen von Jahren unter der Erde wirkt und sein Netzwerk spannt. Unlängst wurde herausgefunden, dass die Artenvielfalt in der Tiefsee neben den Schwefelquellen unter Umständen viel größer ist, als man es bisher vermutet hat. Das Mysterium Erde ist also noch lange nicht zu Ende erforscht.

Was verbergen wir aktiv? Das, was wir entweder nicht zeigen wollen, weil es »geheim« bleiben soll, oder das, was geschützt und versteckt werden muss. Verstecke, Geheimnisse und Schlupflöcher gehören in Neptuns Reich. Das ist so unübersichtlich wie der Ozean.

In der Natur dient die Tarnung sowohl der Beute als auch dem Angreifer. Wenn man die Natur aus der Perspektive der Komplexität der vorhandenen Simulationsmuster betrachtet, kann man den Eindruck gewinnen, die Tarnung sei eine der effizientesten Überlebenstechniken. Kraken und bestimmte Fischarten können die Muster oder Oberflächen ihrer Umwelt annehmen und somit ihre eigene Gestalt optisch mit ihrer Umwelt so verschmelzen, dass man sie nicht erkennt.

Die Muster der Felle vieler Tiere dienen der optischen Verschmelzung mit ihrer Umgebung. So verschwindet der Gepard optisch in einem Gebüsch; das Muster seines Fells löst sich visuell im Muster der Blätter der Büsche auf, und man kann ihn nicht mehr sehen. Es ist auch äußerst schwierig, eine Stabheuschrecke von dem Ast zu unterscheiden, auf dem sie sitzt. Eine Erscheinung löst sich auf, sie wird durch die Tarnung unsichtbar, obwohl das Lebewesen vorhanden ist. Die Natur ist eine irrwitzige Komposition aus dem Ineinandergreifen von sichtbaren und unsichtbaren Elementen. Wir wissen gar nicht, was wir alles nicht sehen können.

Wir Menschen tarnen und verstecken uns auch gern. Eines der Lieblingsspiele von Kindern ist das Versteckspiel. Vielleicht ist das ein früher, instinktiver Trieb, sich im Umgang mit der Tarnung zu üben. Das Kind hebt die Hand vor die Augen und sagt den Erwachsenen: »Ich bin weg.« Oder es lässt ein geklautes Stück Schokolade schnell in der Tasche verschwinden, sobald ein Elternteil auftaucht, und sagt süß lächelnd: »Mama, ich habe gerade meine Mathe-Hausaufgaben gemacht.« Betrüger wie Bernie Madoff spenden viel Geld für kulturelle und soziale Zwecke, um ihr tatsächliches Treiben zu tarnen. Auch das Ablenkungsmanöver ist ein Teil der Tarnung. Und natürlich ist kein Militär ohne Camouflage vorstellbar.

Der Film »Inside Man« des Regisseurs Spike Lee handelt von einem Banküberfall, dessen Ziel nicht die materiellen Werte im Safe sind, sondern geheime Papiere. In denen wird dokumentiert, dass das Vermögen, auf dem diese Bank aufgebaut wurde, von enteigneten Juden aus dem Dritten Reich stammte. Der Bankdirektor stellte sich als Gönner und Förderer sozialer und kultureller Einrichtungen dar; sein selbst kreiertes Image war nur die Simulation eines Gutmenschen, der seine Machenschaften tarnen wollte.

Tarnung funktioniert also durch die Vortäuschung von Normalität. Jeder Lebensentwurf kann zur Simulation, also zur Tarnung funktionalisiert werden. Das Besondere an solcher Art von Tarnung ist, dass sie sich nicht so einfach erkennen lässt. Es bedarf einer hintersinnigen Wahrnehmung, um sie zu entlarven. Die Kunst der Tarnung besteht in der Fähigkeit, eine Scheinwelt im Kontext der jeweiligen Umgebung so perfekt darzustellen, dass sie glaubhaft und ganz »normal« erscheint.

Die Manipulation digitaler Bilder führt zu einer Simulation, die zum Beispiel eine Scheinwirklichkeit vortäuschen soll. Menschen werden in Bilder hineingebaut oder herausgeschnitten, um scheinbare Wirklichkeiten zu erzeugen. Auch in der Politik und der Wirtschaft bedient man sich vielfältiger Täuschungsmanöver, um zum

Erfolg zu gelangen. Die Simulation kann eine Art der »umgekehrten« Tarnung sein.

In der Psychologie ist Neptun der Stoßdämpfer der Seele; er betäubt das Empfindungsvermögen, damit wir etwas Bestimmtes nicht spüren müssen. Auch Drogen können diese Funktion haben; wir wollen einerseits unser Gemüt betäuben, andererseits träumen wir uns in Sehnsuchtswelten hinein. Die Sehnsüchte nach einer anderen Welt haben viel mit dem zu tun, was wir nicht spüren wollen. Die Sehnsucht kann so etwas wie eine Gegenwelt zum Schmerz sein.

Beim heranwachsenden Kind hat Neptun die Funktion des Schutzes durch Illusionen. Ein kleines Kind kann immer nur so viel Welt in sich aufnehmen und verarbeiten, wie es seinem gegenwärtigen Entwicklungsstand entspricht. Wenn ein Kind seelisch überfordert wird, wie das im Krieg, bei Gewalt oder Übergriffen der Fall ist, kann das zu einem Trauma führen. Damit die Seele diese Situation überleben kann, muss es die Erfahrung betäuben und abspalten. Die betäubte Erfahrung versinkt dann im riesigen Ozean des Unterbewusstseins, doch selbst von da aus, aus dem Verborgenen, wirkt es in die Seele, selbst wenn das nicht sichtbar ist.

Wenn der Planet Neptun auf seiner Reise durch den Tierkreis bestimmte Punkte in einem persönlichen Horoskop berührt, so sind das Momente, in denen das Eis schmilzt, das den Schmerz betäuben sollte. Dann tauchen die Erfahrungen aus dem Ozean wieder auf, damit man unter Umständen einen erwachsenen Umgang mit ihnen finden kann und in der Lage ist, sie in sein Leben zu integrieren.

Diese verborgenen Seelenanteile des Neptuns bestimmen das Empfinden und Handeln meistens mehr als die bewussten Anteile. Das Offensichtliche ist ja greifbar, also macht es nicht unbedingt Schwierigkeiten. Das »Ozeanische« hingegen ist viel mächtiger, weil es nicht greifbar ist.

Mit dem Verstand gelangen wir nicht in den Ozean des Unterbewusstseins. Traumatische Erfahrungen speichern sich auch im

Körper ab. Die im Kapitel »Der Umgang mit dem Körper und der Umgang mit der Erde« beschriebenen Körpertherapien bieten die Möglichkeit, über das Spüren einen unmittelbareren Zugang zum Unterbewussten zu bekommen.

Das Ziel einer spirituellen Entwicklung wäre die Fähigkeit, so viel Leben erfassen zu können wie nur möglich. Dabei würde die Filterfunktion der Wertung zurücktreten, erst dann kann man die Dinge so schauen, wie sie sind. Aber in diesem Buch soll es nur um einen Epochenwandel und nicht um Erleuchtung gehen. Neptun symbolisiert die Sehnsucht, die Wirklichkeit oder das Leben jenseits der Filter von Angst, Bewertung, Verstand wahrnehmen zu können.

Von 2012 bis 2025 läuft Neptun durch das Zeichen Fische. Das ist das Zeichen, das ihm in der astrologischen Sprache zugeordnet wird. Er braucht etwa 164 Jahre, um einmal durch den Tierkreis zu reisen, somit etwa 13,6 Jahre pro Zeichen. Das letzte Mal war er von 1848 bis 1862 im Zeichen Fische. Damals gab es eine starke neoromantische Bewegung gegen die aufkommende Technisierung der Welt und infolgedessen auch des Bewusstseins.

Wenn Neptun durch sein »eigenes« Zeichen wandert, lösen sich im Bewusstsein viele Grenzen zwischen Welten auf, die vorher in verschiedenen Boxen voneinander getrennt waren. Die Menschen werden in solchen Jahren sensibilisiert und feinfühliger, das öffnet die Wahrnehmung für zuvor verborgene Zusammenhänge. Das Bewusstsein für ein ganzheitliches, vernetztes Denken und die Erkenntnis, dass man daher ökologisch verantwortungsvoller mit der Umwelt umgehen sollte, sind definitiv dieser Konstellation zuzuschreiben. Die Spiritualität wird salonfähig und die Beziehung zu ihr natürlicher und weniger von intellektuellen oder zynischen Erwägungen geprägt. Das Verantwortungsgefühl bezieht sich nicht mehr nur auf den Einzelnen, seine Familie oder sein Land, sondern auf den gesamten Planeten. Das ist konkrete und einfache Ganzheitlichkeit. Jeder einzelne Mensch hat eine ganz persönliche Beziehung zu den sogenannten letzten Fragen des Lebens, es braucht dafür keine Gurus oder Priester.

Nun fielen die ersten zwei Drittel dieses Transits von 2012 bis 2025 in das 2020 endende Erdreich und das dritte Drittel in das Luftreich. Man kann daraus schließen, dass die Erdreich-Phase die Menschen zum Ende dieser Epoche hin ein wenig für die anstehenden Veränderungen sensibilisieren sollte, um ein Gegengewicht zur materiellen Gier zu schaffen. Die zweite Phase dieser Konstellation kann dadurch in kürzerer Zeit zu einer schnelleren Entwicklung des Bewusstseins für die ganzheitliche Vernetzung und die daraus abzuleitenden Maßnahmen beitragen. Ab 2025 läuft Neptun durch das Folgezeichen Widder; spätestens ab dann geht es um die konkrete Umsetzung der nachhaltigen Methoden, beispielsweise bei der Energiegewinnung.

Das Myzel der Pilze ist unterirdisch, also nicht sichtbar, analog zum Unterbewusstsein. Wenn nun diese Vernetzung zum Gestaltungsmittel auf der Erde wird, so wird sich das auch auf den Umgang mit dem Unterbewusstsein auswirken – man ist mit seinen »schwarzen Löchern« nicht mehr allein. Ein Bild für die Beziehung des Bewussten zum Unterbewussten ist der Eisberg, dessen kleine Spitze, die aus dem Wasser ragt, das Bewusstsein repräsentiert, während der weitaus größere Anteil, der für uns unsichtbar unter der Wasseroberfläche liegt, das Unterbewusste symbolisiert. Dieses Bild passt noch in das Erdreich, weil es um einen vereinzelten Eisberg geht; im Luftreich hingegen haben wir es mit dem unter- und dem überirdischen Netz zu tun.

Neptun in den Fischen ist nicht wie ein Knall, sondern wie eine kraftvolle, aber zarte Welle, die in das Bewusstsein schwappt. Die alten Herrscher des Erdreichs werden versuchen, sie zu negieren, aber die Welle ist zu groß, sie passt in keine einzige Box des Erdzeitalters. Es ist die Bewegung, gegen die man mit keinen Fakten ankommt, im Gegenteil, die Ziffern mit ihren alten Bedeutungen und ihre Repräsentanten werden in ihr ertrinken.

Solange Neptun das Zeichen Fische durchläuft, kann man seiner tiefsten Intuition manchmal mehr trauen als seinem Verstand. Man sollte sich aber auch nichts schönreden (lassen), denn die Funktionen der Simulation laufen auf Hochtouren, und das können auch luftige Blender zu ihren Gunsten nutzen.

Kunst ist auch eine Art der Simulation, aber eine, die niemandem wehtut. Im Gegenteil, ihre visionäre Kraft kann als Gleichnis im Bewusstsein ihrer Betrachter mehr bewirken als so manche Fakten.

Von den Gleichnissen

Vielleicht ist das Gleichnis die eigentlich relevante kulturelle Errungenschaft. Wie verhält es sich mit der Musik? Ist sie »real« oder nicht? Sie wirkt und ist vermutlich die unmittelbarste aller Künste, weil man sie über die Ohren und ohne den Filter des Denkens aufnehmen kann.

Das Ohr ist sicherlich das am meisten unterschätzte sinnliche Wahrnehmungsorgan unseres Körpersystems, und es ist das, was am meisten überstrapaziert und am respektlosesten behandelt wird. Wir werden, zumindest in den Großstädten, täglich einer unsäglichen Überforderung dieses so sensiblen Organs ausgesetzt. Daher hören wir auf zu hören und zu lauschen, wie wir es könnten. Unser Gehör ist abgestumpft. Ein wenig absurd ist, dass das »Tatütata« der Krankenwagen genau auf die empfindlichste und verletzlichste Frequenz unseres Gehörs eingestellt ist. Durch die Penetranz dieses Tons soll einerseits Leben gerettet werden, andererseits kommt er für die auf der Straße befindlichen Passanten einer Art Körperverletzung gleich. Es wird argumentiert, dass die Verkehrsteilnehmer zu unaufmerksam seien und man sich als Rettungsfahrer dadurch Gehör verschaffen könne. Das ist ein weiteres Beispiel für eine kurzsichtige und pragmatische lineare Entscheidung des Erdreichs. Das hehre Gesetz der Schlussfolgerichtigkeit rauscht mitunter an der Wirklichkeit vorbei.

Musik ist wirklich und ein Gleichnis zugleich. Wer sie liebt, kann ohne sie nicht leben. So ist es eben auch mit der Liebe. Ist in der Liebe nicht alles ein Gleichnis? Die Liebe entzieht sich dem Realitätsbegriff des Erdzeitalters, denn sie ist mit dessen Wirklichkeitsbewertungsmaßstäben kaum zu erfassen, geschweige denn zu berühren, was ja ihrem Wesen entspräche. Natürlich gab es naturwissenschaftlich beflissene Teilnehmer, die den Ehrgeiz hatten, auch dieses Phänomen zu vermessen und dann – was ein nicht zu vernachlässigender Teilaspekt solcher Vorhaben ist – letztendlich zu kontrollieren.

Das Gleichnis ist manchmal näher an der Wirklichkeit als eine naturwissenschaftliche statistische Erhebung. Und vielleicht ist die naturwissenschaftliche statistische Erhebung wiederum näher an der Simulation als ein Gleichnis?

Wirklichkeit kommt von »wirken«. Fakten dienen einer gewissen Beweisbarkeit, aber sie müssen nicht zwangsläufig wirken. Die Verzweiflung des Erdreichs bestand in der Verwechselung von Fakten und Wirksamkeiten. Vieles, was bewiesen wurde, ist nicht zwangsläufig bedeutsam. Aber etwas, das bedeutsam ist, braucht dafür keinen Beweis.

Als Beispiel sei hier eine Untersuchung eines amerikanischen Forschungsinstituts angeführt, wonach das Singen in einem Chor gut für die Stabilisierung des Selbstwertgefühls und die Stärkung der sozialen Interaktionskompetenz sei. Menschen, die in Chören singen, wissen das aus erlebter Erfahrung seit Jahrtausenden. Nun kommen ein paar Naturwissenschaftler daher, um diese »Wirklichkeit« mittels der Methodik ihrer Untersuchungen »fest«zustellen und im Rahmen ihrer Wirklichkeitsvorstellung zu bewerten. Endlich hat dieses uralte Wissen einen Gültigkeitsstempel. Der Größenwahn des Intellekts verscheucht die Demut im Denken.

»*Le cœur a ses raisons, que la raison ne connaît point* – das Herz folgt Gründen, welche dem Verstand verborgen bleiben«, heißt es dazu in den *Pensées (Gedanken)* von Blaise Pascal. Der Sinn entzieht sich dem Verstand.

Der Umgang mit dem Körper und der Umgang mit der Erde

Im Umgang mit unserem Körper zeigt sich, wie wir in der letzten Phase des Erdreichs auch mit unserem Planeten Erde umgegangen sind. Wir haben nicht auf seine Bedürfnisse geachtet, sondern haben uns immer aus der Erde geholt, was wir haben wollten. Wir hatten die Vorstellung, dass immer genug Ressourcen da seien. Auf der einen Seite hat das großen Wohlstand gebracht, andererseits ist dadurch jedoch unsere Beziehung zum Planeten Erde leider aus dem Gleichgewicht geraten. Die Wälder wurden abgeholzt, die Meere leergefischt, viele Arten sind vom Aussterben bedroht. All das trägt dazu bei, dass der natürliche Kreislauf gestört ist.

So ist das auch im Inneren von uns Menschen. Unsere Beziehung zu Haben oder Sein ist ziemlich aus dem Gleichgewicht geraten. Nicht viel anders sieht unsere Beziehung zu unserem Körper aus.

Ist es ein Zufall, dass durch die Pandemie der Körperkontakt zumindest mit vielen Menschen unterbunden werden musste? Das lädt zur Reflexion über die Bedeutung und den Umgang mit dem Körperkontakt ein. Ein Kind benötigt nichts dringender als so viel Körperkontakt wie möglich. Dadurch baut es ein Urvertrauen und ein gesundes Selbstwertgefühl auf.

Mit dem Siegeszug des Internets ist die Pornografie in Mode gekommen, sie überflutet das Vorstellungsvermögen. Das betrifft besonders diejenigen, die noch nie Sex in ihrem Leben hatten. Beziehung findet im Kopf statt, nicht umsonst sagen manche, dass der

Kopf das größte Sexualorgan sei. Aber es ist vom Erleben abgespalten. Die Diskrepanz zwischen Vorstellung und Erfahrung kann zu völlig falschen erotischen Erwartungen führen.

Analog dazu steht es um die Beziehungen zum eigenen Körper und zur Erde. Frauen haben sich von ihren Körpern zugunsten lebensfeindlicher Schönheitsideale entfremdet und mussten sich für ihre natürliche Veranlagung schämen. Davon haben die plastischen Chirurgen und die Botoxfabrikanten profitiert. Die Seele der Frau wurde hingegen ruiniert. Doch mittlerweile kämpfen sich immer mehr Frauen im Zeichen der *body positivity* wieder in eine gesunde Beziehung zum eigenen Körper zurück.

Es geht zunächst einmal darum, von einer Nichtbeziehung überhaupt zu einer Beziehung zu kommen. Man sieht, wie der trennende Geist des Erdzeitalters in fast alle Lebensbereiche hineingewirkt hat. Wie will sich eine Frau, die dem plastikartigen, kranken Schönheitsideal nicht entspricht, in einer Beziehung hingeben können, wenn ihr eingebläut wurde, dass sie fett und hässlich sei? Die Aufgabe des Vernetzens fängt bei der Verknüpfung von solchen ganz grundsätzlichen Themen an.

Ironischerweise könnten sich die Therapieformen der beiden Epochen überkreuzen. War es im Erdzeitalter noch wichtig, sich geistig mit der eigenen Geschichte zu befassen, um Abstand zu bekommen, könnte sich das nun ändern. Viele durchtherapierte Menschen wissen vom Kopf her viel über ihr Innenleben. Das bedeutet aber nicht zwangsläufig, dass sie es auch spüren und fühlen, geschweige denn verändern können. Bei manchen wurde der Abstand zwischen Verstehen und Fühlen, also die innere Spaltung, nach der Therapie sogar noch größer als vorher.

Nun, da im Luftzeitalter die Gefahr der allzu schnellen Verkonzeptualisierung der Themen droht, kann die Körpertherapie ein Erfolgsmodell werden. Die Menschen werden zwar schnell genug mit dem Kopf verstehen, aber das reicht nicht aus. Man muss aus dem

Himmel der Gedanken in den Körper zurückgeholt werden, so wie die Analyse des Erdzeitalters den Menschen aus seiner materiellen Verstrickung befreien sollte.

Die Devise heißt also: Mit der Lufttherapie durchs Erdreich und mit der Körpertherapie durch das Luftreich. Der Körper lügt nicht, der Verstand aber schon. Eine körperliche Reaktion ist unmittelbar und in diesem Sinne ehrlicher als eine wohlüberlegte Antwort. Diese Art der Therapie hilft uns auch bei der Rückvernetzung von Körper, Seele und Geist.

Der Körper ist vor allen Dingen auch ein Klangkörper. Unsere Stimme klingt durch und in unserem Körper. Viele Menschen leiden auch, ohne es zu wissen, unter dem Problem, nicht auf der Frequenz zu sprechen, für die sie »gebaut« sind. Das ist ein Ausdruck des Verstimmtseins und ein Phänomen der mangelnden Verbundenheit dieser Zeit. Wenn der Mensch seine Stimme, also seine Frequenz, gefunden hat und sie in seinem Körper schwingt, kann sich erst die eigentliche Kraft der Persönlichkeit entfalten.

Der Einklang trägt enorm zum Wohlbefinden, zum Selbstbewusstsein und zum Ausdrucksvermögen bei. Viele Krankheiten könnten ihren Ursprung in der verstimmten Beziehung zwischen Stimme und Klangkörper des Leibes haben. Stimmtherapeuten können uns dabei unterstützen, diesen Einklang wiederherzustellen.

Der Schicksalsbegriff im Luftzeitalter

Der Schicksalsbegriff im Erdzeitalter orientierte sich am Prinzip von Ursache und Wirkung, bezogen auf Fakten. Das bedeutet, man hat ein »zufälliges« Erlebnis, zum Beispiel einen Unfall, der zur Ursache für dessen Folgen wird. Die Folge dieses Erlebnisses wäre dann beispielsweise ein gebrochenes Bein. In diesem Schicksalsbegriff ist die faktische Ursache die einzige Ursache. Man könnte sich aber auch fragen, warum einem der Unfall widerfahren ist? Dann wäre er aus sich heraus nicht mehr die Ursache.

Die Schulpsychologie des 20. Jahrhunderts war dem Ursache-Wirkung-Prinzip zugetan. Man machte vom Patienten eine psychologische Anamnese, um dadurch eine Verkettung von Ursachen und Wirkungen zu finden.

Uns stellt sich nun nicht die Frage, ob diese Sichtweise richtig oder falsch, sondern ob sie für das Luftreich ausreichend ist. Vielleicht sind die Beziehungen zwischen den Dingen oder Menschen wesentlich komplexer? Ist das Schicksal ausschließlich die Folge eines scheinbar zufällig eintretenden Ereignisses, oder gibt es einen Zusammenhang mit dem Charakter des Wesens?

Das Geburtshoroskop ist ein Anlagengefüge, das durch die besonderen Konstellationen zum Zeitpunkt der Geburt zustande kommt. Darin sind Charaktereigenschaften, Fähigkeiten und Aufgaben enthalten, bevor der Mensch überhaupt seine ersten Schritte ins Leben unternommen hat. Es ist so etwas wie eine Matrix des gerade entstehenden Lebens. Dort sind Themen angelegt, die noch gar nicht in der Wirklichkeit zutage getreten sind oder von denen die Familie des Neugeborenen noch gar keine Ahnung hat. Da lassen sich manchmal auch vorgeburtliche Einwirkungen während der Schwangerschaft herauslesen. Unter Umständen beziehen sich manche Themen sogar auf Vorfahren. Wenn man will, kann man diese Dinge auf Reinkarnation beziehen, das ist aber nicht unbedingt nötig, sondern eher eine persönliche und lebensphilosophische Entscheidung.

Man kann sagen, dass sich in dem, was jemand erlebt, seine (astrologische) Anlage zeigt. Daher passieren uns Menschen auch ganz unterschiedliche Dinge. Wir können unser Wesen aber auch als eine Reaktion auf die Erfahrungen definieren, dann würden wir »zufällig« zu dem, wer wir sind.

Was wäre denn, wenn wir das erleben, was unserem Horoskop, also unserer Anlage, entspricht? Dann würden wir auch in das Elternhaus und das soziokulturelle Umfeld hineingeboren, das dem entspräche. Diese Sichtweise ist etwas anderes als jene des Erdreichs. Auf einmal haben wir etwas mit dem zu tun, was wir erleben, wir sind Mitgestalter und nicht nur passiv Erlebende. Dann hätte man auf einmal eine gewisse Mitverantwortung für das eigene Schicksal. Die Vorstellung der selbstmächtigen Gestaltungsmöglichkeit des eigenen Schicksals als Folge der Aufklärung bezieht sich auf das Handeln, aber nicht die Anlage. Im Erdzeitalter war die Anlage ein Gemisch aus Genetik und Umwelteinflüssen, der Schicksalsgedanke der Astrologie greift aber weiter. Die Anlage ist kein Zufall, sondern vielleicht sogar selbst gewählt. Das Erlebte kommt nicht über uns, sondern wir können uns fragen, was es uns sagen möchte. Das wäre die beste Medizin für Menschen, die sich selbst gern zum Opfer machen.

Im kausalen Schicksalsbegriff würde eine Situation folgenderweise ablaufen: Jemand fährt mich mit seinem Fahrrad um, ich muss zum Arzt, der behandelt meine Blessuren mit Medikamenten, und die Versicherung des Unfallverursachers übernimmt die Kosten. Das Ereignis ist abgeschlossen, und alles ist wieder so wie zuvor. Aus dem Erlebnis wurde keine Erfahrung, außer der Tatsache, dass ich ab heute alle Fahrradfahrer verfluche. Das ist aber weder eine Erfahrung noch eine Erkenntnis.

Ich kann mich aber auch fragen, warum gerade mir das passiert ist. Wo war ich mit meinen Gedanken und Gefühlen? Will mich dieses Ereignis auf irgendetwas aufmerksam machen? Vielleicht entdecke ich einen kleinen, aber für mich wichtigen Aspekt, der sich vordergründig gar nicht auf den Unfall beziehen lässt? Hatte ich aggressive Gedanken über meine Schwiegermutter im Kopf, die vielleicht gar nicht angemessen waren? Es geht hier nicht darum, der Situation etwas anzudichten, sondern eine Erkenntnis aus ihr zu ziehen. Dann wandelt sich das Ereignis in eine Erfahrung, aus der man Konsequenzen ziehen kann.

Partnerschaftliche Uneinigkeiten sind bestens für das Verständnis des Unterschieds zwischen einem kausalen und einem vernetzten Schicksalsbegriff geeignet. Manche Menschen beklagen ihr »Pech« in der Liebe gern mit der Wahl des falschen Partners. Selbst wenn man sagt: »Ich suche mir immer den falschen Partner aus«, bleibt man noch auf der Opferseite der Kausalität. Die sich nicht einstellende Erfüllung liegt am falschen Gegenüber und nicht an einem selbst. Man wurde schon wieder betrogen, und daher sei es ja auch nicht verwunderlich, dass es immer schwieriger würde, überhaupt noch jemandem vertrauen zu können. Mit dieser Einstellung kann man gewiss ein bisschen Trost von der Umwelt erwarten, bei der Weiterentwicklung hilft das aber nicht.

Man trennt sich aus der Situation heraus und ist nur in der passiven, also erleidenden Form. Man hofft natürlich, dass irgendwann einmal der »Richtige« kommen möge und einem das wohlverdiente Paradies auf Erden bescheren würde. Man tut nichts dafür, weil man der Meinung ist, man habe seinen »Traumpartner« irgendwann redlich verdient.

Somit überlässt man sein Liebesgeschick dem Zufall, und wenn der wiederum nicht so nett ist, einem den persönlichen Wunsch zu erfüllen, so hatte man eben Pech. Dieses Pech trägt dann die Verantwortung für das Unglück.

Man kann sich aber auch fragen:

- Welcher Teil in mir zieht immer wieder solche Typen an?
- Was spiegeln mir diese Typen?
- Welchen Anteil habe ich daran?

In diesem Augenblick verlässt man die Opferrolle und übernimmt Verantwortung für die eigene Anlage. Dann kann man etwas ändern und zieht andere Menschen und deren Energien an.

Die Menschen, denen wir begegnen, spiegeln unsere eigene Frequenz. In der Opferfrequenz ziehe ich immer nur Täter an. Wenn man authentisch und offen ist, schwingt diese Frequenz nach außen und zieht dementsprechende Energien an. Alles ist vernetzt.

Wenn man sich zum Opfer macht, zieht man sich aus den Netzen zurück und legt die Eigenverantwortung ab. Dann kann man auch gar nicht mehr »gefunden« werden. Man wünscht sich einen Erlöser, der einen wie Schneewittchen wachküsst. Selbstmitleid ist eine der höchsten Stufen von Narzissmus. Man fühlt sich vom Leben verkannt.

Wer liebt, der liebt es auch, Verantwortung zu tragen. Liebe ohne Verantwortung ist eine romantische Illusion. Verantwortung in diesem Sinne meint, die Regie sowohl für die Gestaltung des Miteinanders als auch für die eigene Anlage zu übernehmen. Die Liebe ist auch ein Netz.

Wir können auch mit Menschen und Themen vergangener Epochen vernetzt sein. Dadurch kommen Themen vergangener Zeiten in die Gegenwart. Das Netz ist nicht nur räumlich, sondern auch zeitlich.

Die Beziehung zur Beziehung

Das Rollenmodell für die Beziehung in der späteren Phase des Erdreichs war die Kleinfamilie im Reihenhaus mit Garten, Kindern und einem Kanarienvogel. Man ging in Sportvereine und fuhr in den Urlaub. Eine kleine materielle Einheit, wie es dem Element Erde entspricht – man könnte auch sagen: ein kleiner Klumpen. Ursprünglich sind wir Menschen aber eher Rudelwesen.

In vielen Kulturen oder auch in unserer Vergangenheit war das, was wir heute Kleinfamilie nennen, Bestandteil eines großen Clans. Der Vorteil dieser Art von sozialer Organisation ist, dass Probleme nicht in einer kleinen Einheit gelöst werden müssen und dort das System überfordern. Es gibt so viele Personen, die die Funktion von Blitzableitern für angestaute Emotionen übernehmen können. Außerdem kann ein großes Rudel auch ein anderes Gefühl von Sicherheit geben, ein Motiv, das nicht zu unterschätzen ist. Dieses große Rudel kann aber auch zu einer Art Gefängnis werden: Man wird von allen Seiten beobachtet, ist durch viele Verpflichtungen den zahlreichen Familienmitgliedern gegenüber eingeengt in seiner persönlichen Freiheit und vieles mehr. Beide Formen – Kleinfamilie wie auch Clan – haben ihre Vor- und Nachteile.

Das Konzept der Kleinfamilie sollte aber nicht mehr dem Luftreich angehören. Die Kleinfamilie ist wie eine kleine Box, also eine kleine materielle Einheit. Im Luftzeitalter geht es um die Vernetzung, also darum, den Clan der Vergangenheit durch ein selbstgewähltes Netzwerk der Zukunft zu ersetzen.

Es gibt bereits diverse Versuche, sich als Eltern zusammenzutun, um gemeinsam Kinder ins Leben zu begleiten, ohne dabei gleichzeitig eine Partnerschaft einzugehen. Die Kulturgeschichte bietet mehrere Varianten, die Vorbilder sein können für das Ausprobieren neuer soziokultureller Lebensgemeinschaften.

Das Konzept der Kommune der Achtundsechziger ist auch noch nicht abgeschlossen, konnte aber, wie so vieles andere auch, im Erdreich noch nicht wirklich funktionieren. Geschichte besteht ja oftmals darin, bereits getestete Motive aufzugreifen und neu zu erproben.

Man stellt ja oft im Leben fest, dass die Blutsverwandtschaft nicht immer aus Menschen besteht, die man sich in der freien Wildbahn als Weggefährten aussuchen würde. Auf der anderen Seite schult die Auseinandersetzung mit Menschen, die man nicht freiwillig für sein Leben gewählt hat, die eigene Toleranz.

Eine zentrale Frage beim Thema »Familie der Zukunft« ist auch das Motiv der gegenseitigen Verbindung. Im Erdreich waren die Motive meist wirtschaftlicher Natur. Im Luftreich können sie wesentlich komplexer werden und variieren. Eines aber ist gewiss: Es wird nicht nur die eine Form von Familie geben, sondern das Thema wird sich vielfältig manifestieren, was ja auch der Komplexität der Netze entsprechen würde.

Im Erdreich hatte man eine Beziehung – abgeleitet vom Begriff »haben« –, im Luftreich lebt man sie. Die Besitzansprüche werden sich verändern. Beziehung war immer die Beziehung zu einem Menschen. Und es lag an der Beziehung oder an dem anderen Menschen oder manchmal auch an einem selber, wie gut oder schlecht eine Partnerschaft funktionierte. Die Parameter waren einfach. Das wird sich ändern; nun entsteht auch die Beziehung zur Beziehung. Die Beziehung zur Beziehung bedeutet, dass man seine Vorstellungen wesentlich komplexer reflektieren muss, denn die Beziehung zu der Vorstellung bestimmt die reale Beziehung, die man zu etwas oder jemandem hat. Das entscheidet dann sogar darüber, ob eine Beziehung wirklich ist oder unwirklich.

Eine Beziehung zur Beziehung hat man auch zu einem Thema, denn man geht eine Partnerschaft mit einem Thema ein. An dieser Partnerschaft kann man sich entwickeln, man kann daran wachsen und sich darin spiegeln.

Beziehungen werden im Luftzeitalter vermutlich wesentlich komplexer reflektiert. Dabei muss man darauf achten, dass man sie nicht zu verkopft betrachtet, also mehr weiß, als man fühlt. Das wäre die Schattenseite des luftigen Umgangs mit der Liebe, anstatt die Luft als angenehme Leichtigkeit zu begreifen.

Die Bindungsmotive des Erdreichs offenbarten sich oft in den Scheidungskriegen, wo es dann nur noch um Geld und Materielles ging. Dabei wurden Kinder mitunter instrumentalisiert, um an das Vermögen des anderen zu kommen. Die große Liebe kostete eben ihren Preis …

Die Beziehung zur Kontinuität könnte im Luftreich ein herausforderndes Thema werden. Man könnte Gefahr laufen, sich gemäß einer bestimmten Lebensphase auf etwas einzulassen und dann nach kurzer Zeit weiterzuziehen. Das entspräche auch einem Grundgedanken dieser Zeit, kann aber auch zu Fluchtmechanismen und Unverbindlichkeit führen.

Eine Beziehung zu einem Menschen oder zu einem Thema kann durch viel gemeinsam Erlebtes, also die Zeit, an Substanz gewinnen. Auch die Erfahrungen, die man im Miteinander teilt, können einen Reichtum darstellen. Vertiefung stellt sich nicht nach ein paar Monaten ein. Kontinuität und Dauer zu respektieren und aufrechtzuerhalten wird zu einer wichtigen Aufgabe im Luftreich. Das betrifft auch den Umgang mit Kindern; sie brauchen auch im Luftreich Kontinuität, vor allem bei den Bezugspersonen, auch wenn die nicht zur Blutsverwandtschaft gehören.

Abstand, bitte – der Archetypus Venus im Zeichen Wassermann

Durch die Umstände während der Pandemie wurden wir für eine ungewöhnlich lange Zeit dazu gezwungen, körperlich auf Abstand zueinander zu gehen. Das machte natürlich etwas mit unserer emotionalen Verfasstheit und warf viele Fragen zu Nähe und Distanz auf.

Wir menschlichen Säugetiere schätzen es gewöhnlich oder sind vielmehr darauf angewiesen, dass wir uns gegenseitig in den Arm nehmen können. Dabei war und ist uns vielleicht nicht immer der Wert von körperlicher Nähe oder Intimität bewusst. Natürlich gibt es auch in unserer Spezies »Pandabären«, also Ausnahmen, nämlich Menschen, die körperliche Nähe weniger schätzen.

Die zeitweilige Unmöglichkeit, sich physisch zu begegnen, führte dazu, dass Kontakte über virtuelle Kanäle gesucht und hergestellt wurden. Damit wurde der Umgang mit den elektronischen Medien wichtiger und emotional aufgeladener als zuvor, denn es gab ja nichts anderes. Die abrupte extreme Unterbrechung von dem, was zuvor ganz normal war, warf ganz viele Fragen auf.

Dadurch, dass der Herrscher des Zeichens Wassermann, nämlich der Planet Uranus, im auf Werte bezogenen Zeichen Stier steht, bezogen sich diese Fragen auf die Wertigkeit von Beziehungen überhaupt. Das betraf nicht nur Liebesbeziehungen, sondern auch Freundschaften und geschäftliche Verbindungen.

Durch die äußere Distanz ergab sich ein innerer Raum, und vielleicht überlegte man, welchen Wert welche Bindungen im Erdreich hatten und nun noch im Luftreich haben könnten. Was wollte man in den unterschiedlichen Beziehungen grundsätzlich verändern? Mögliche und relevante Fragestellungen, die sich aus dieser Konstellation ergeben, könnten folgende sein:

- Wo wünsche ich mir mehr Freiraum für meine zukünftigen sozialen Aktivitäten? Das Luftreich wird uns langfristig durch die Gruppenaktivitäten wieder mehr in den sozialen Raum treiben. Das kann zur Folge haben, dass sich die Bedeutung der persönlichen Beziehungen verändern wird. Vielleicht gibt es weniger Zeit dafür, vielleicht ist aber gerade das ein großer Gewinn?
- An welchen Punkten hänge ich aufgrund von Angst vor Verlust oder Angst vor Einsamkeit an alten Beziehungsstrukturen oder Mustern fest? Die Angst vor der Einsamkeit war eine ganz wesentliche Erfahrung gegen Ende des Erdzeitalters. Trotz des großen Wohlstands und der virtuellen Vernetzung lebten viele Menschen allein oder fühlten sich sehr einsam. Im Erdreich waren die Lebensbereiche voneinander getrennt, das wirkte sich auch auf das Miteinander aus.

Wenn nun im Luftreich diese Grenzen nicht mehr da sind und es um die gemeinsame Gestaltung des sozialen Lebensraums geht, dann wird auf lange Sicht Einsamkeit vermutlich ein viel geringeres

Problem für große Teile der Gesellschaft sein. Themen und Menschen vernetzen sich miteinander. Wir werden auf eine neue Art wieder zum Rudeltier.

Das hat natürlich auch Konsequenzen für die Konzepte von Partnerschaft. All das soll nicht bedeuten, dass es nicht mehr möglich ist, einen Herzensmenschen zu finden, einen Vertrauten, einen Menschen, mit dem man sich mehr als mit anderen vereinigen möchte. Aber das gesamte Leben drumherum wird vernetzter sein.

Welche Form der Beziehung funktioniert in einer solchen Welt? Die Polyamorie ist in jüngerer Zeit ein viel diskutiertes Thema. Im Erdreich konnte diese Form von Beziehungen noch nicht auf angemessene Art und Weise gelebt werden. Das führte, wie auch in der Spiritualität, dazu, dass dieses Thema viel zu intellektuell und zu konzeptuell angegangen wurde. Natürlich war die Folge der Polyamorie im Erdreich die Begegnung mit einer für erledigt geglaubten Eifersucht.

Es ist denkbar, dass die Eifersucht in einer Welt, in der die Menschen grundsätzlich viel mehr miteinander verbunden, weil vernetzt sind, an Gewicht verliert. In einer Welt, in der jeder sich abgrenzt, muss der Mensch versuchen, sich an dem festzuhalten, was er eben gerade hat respektive besitzt. In einer Welt, in der die Verbundenheit größer ist, gibt es ja in jeder Richtung irgendjemanden, mit dem man in Beziehung treten kann oder bereits steht. Die Aufmerksamkeit kann dann weniger auf einen Menschen gelenkt werden.

Die Freundschaft könnte eine Renaissance erfahren. Die griechischen Philosophen hielten die Freundschaft für die höchste Form von Liebe, weil sie freier von Konditionierungen als die meisten anderen Beziehungsformen ist. Der gute Freund ist auch ein Gönner und im besten Fall, wenn es eine echte Freundschaft ist, frei von der Erwartung einer Gegenleistung oder auch der Konkurrenz. Man stimuliert im anderen gegenseitig das Bestmögliche, und das ist eine sehr edle Art zu lieben.

Mit der Wahlverwandtschaft, also den Menschen, mit denen wir uns freiwillig verwandt fühlen, teilen wir unsere Vision vom Leben. Freunde sind wie ein Netz in die Welt hinaus, und so kann man wohl davon ausgehen, dass in den nun beginnenden zweihundert Jahren die Freundschaft eine gänzlich neue Bedeutungsebene bekommen wird. Der Freund ist auch ein Mensch, der aus einer anderen Lebenswelt kommen kann und infolgedessen andere Impulse, Empfindungen, Gedanken oder Handlungsweisen mitbringt. Wir entwickeln uns durch- und miteinander und nicht, wenn wir alleine zu Hause herumsitzen und Selbstgespräche führen.

Wenn Freundschaft Inspiration bedeutet, dann müsste auch die Inspiration eine neue Bedeutung erfahren. Da Forschung und Entwicklung im Erdzeitalter immer an eine unmittelbar praktische oder ökonomische Verwertbarkeit der Resultate gekoppelt waren, wurden nicht alle Möglichkeiten, die eine neue Entdeckung bot, ausgeschöpft. Kreativität kann sich aber nur dann voll entfalten, wenn sie zunächst kein formales Ziel ansteuert.

Im Luftzeitalter geht es um die permanente Weitervernetzung von Themen und Möglichkeiten. Das soll nicht um seiner selbst geschehen, sondern deshalb, um neue, realisierbare Lösungen zu finden. Dieser Prozess kann zu einem sehr kreativen Miteinander führen.

Astrologie – eine Sprache für das Luftzeitalter

Die Astrologie ist eine Sprache, die in keine Box passt. Sie vernetzt die Inhalte, die fein säuberlich in den verschiedenen Boxen isoliert wurden. Insofern passte sie in der Vergangenheit nicht in das herrschende Weltbild. Da sie zwischen den Boxen mäanderte und sich nicht innerhalb einer dieser Boxen aus sich selbst heraus definierte, hatte sie auch gar nicht die Voraussetzungen dafür erfüllt, als anständige »Boxenbewohnerin« einen Daseinsanspruch zu stellen.

Man musste damals als Astrologe versuchen, den anderen Boxenbewohnern klarzumachen, inwieweit man ihnen aus der Sichtweise des Systems innerhalb ihrer Box diese andere Sprache erklären könnte. Das war natürlich ein mühsames, zeitaufwendiges und fast immer erfolgloses Unterfangen. Es war auch sinnlos, weil die Astrologie von ihrem Wesen her, wie so vieles andere auch, nicht in eine Analysebox passt. Die Astrologie ist eine Deutungskunst und keine analytische Wissenschaft im Sinne der Aufklärung.

Anhand eines Beispiels aus der modernen Medizin soll hier der Unterschied zwischen einem analytischen und einem vernetzten Vorgehen gezeigt werden. Ein Patient geht mit Kniebeschwerden zum Arzt. Der Arzt untersucht das Knie und versucht dort die Ursache für den Schmerz zu finden. Nachdem er sie gefunden hat, repariert er den Schaden, und die Sache ist, wenn er keine Folgeschäden diagnostiziert, erledigt.

Der ganzheitliche Mediziner betrachtet ein einzelnes Körperteil hingegen immer bezogen auf den Gesamtorganismus. Es geht nicht nur um das mechanische Funktionieren des einzelnen Teils, sondern auch um den Zusammenhang von Körper, Seele und Geist. Somit würde zum Beispiel ein Problem am Knie nicht nur für die Statik destabilisierend wirken, sondern könnte auch im Zusammenhang mit einer eventuell mangelnden Demut betrachtet werden. Somit hat eine Verletzung eine weitaus umfassendere Bedeutung und wird vor allen Dingen von viel mehr Seiten aus betrachtet beziehungsweise therapiert. Eventuell kann der Patient erst durch die ganzheitliche Betrachtung der Verletzung überhaupt eine Beziehung zwischen dem Knie und dem Thema der Demut wahrnehmen, die ihm bei der rein lokalen medizinischen Behandlung nicht bewusst geworden wäre. Das ist eine vernetzende Betrachtung, die nicht kausal im Sinne des Erdreichs erklärbar ist.

Wenn man nur das verletzte Körperteil repariert, ohne es in seinen organischen Sinnzusammenhang einzubinden, wird das Knie vielleicht immer wieder Probleme machen, weil die Ursache nämlich vielleicht doch keine rein mechanische, sondern eine ganzheitliche, also auch psychologische ist, die sich über das Knie ausdrückt. Sollte man diese Dimension bei der Beurteilung der Verletzung außen vor lassen, dann läuft man Gefahr, dass die ursprünglich damit verbundenen Themen getrennt bleiben, was wiederum dazu führen kann, dass sich in der Realität etwas ändert, aber nicht in der Wirklichkeit. Inhalt und Form werden voneinander separiert. Die Form wird repariert, der Inhalt bleibt im Unbewussten.

Zum Verständnis: Es gibt in der Astrologie Zuordnungen der Tierkreiszeichen zu den Körperregionen, daher ist die Verbindung zwischen dem Knie und der Demut, symbolisiert durch das Zeichen Steinbock, nicht aus der Luft gegriffen.

Auf ähnlich distanziert-analytische Weise sind wir auch mit unserem Planeten umgegangen. Wir haben ihn wie ein Einzelphänomen betrachtet, losgelöst vom größeren Zusammenhang, in dem er sich befindet. Dieses Abgekoppeltsein von Sinn- und organischen Zusammenhängen spiegelt auch den Geist der letzten zweihundert Jahre. Der Intellekt war nicht mit dem Empfinden verbunden, denn es sollte im Dienst der sachlichen Analyse vermieden werden, dass subjektive Gefühle den objektiven Geist infrage stellen. Die Menschen des Luftzeitalters haben unter anderem die Aufgabe, das analytische Denken wieder mit dem ganzheitlichen Empfinden organisch zusammenzuführen.

Das astrologische Denken geht davon aus, dass das Sonnensystem ein ganzheitlicher Organismus ist, in dem alle Teile in ständiger Bewegung sind. Würde man einen der Planeten aus dem Sonnensystem herausnehmen, würde der gesamte Organismus kollabieren. Das ganze Sonnensystem ist ein Körper, und jeder einzelne Planet ist ein Organ davon. So wie beim menschlichen Körper das Knie in Bezug zum Gemüt, zum Denken sowie zur Gesamtfunktion des Leibes steht, so gehört jeder einzelne Planet in seiner Bewegung und seiner Kraft zum gesamten Organismus des Sonnensystems.

Wir haben den Menschen in seine Einzelteile seziert, um ihn zu verstehen, und genauso machen wir das mit dem großen Organismus. An diesem Sezieren krankte die ganze Epoche: am Verlust von Zusammenhängen und sich daraus ergebenden Sinnstiftungen. Sinn ohne Zusammenhang ist sinnlos. Die Sinnsuche in einer Zeit der Zusammenhanglosigkeit kann nur zu abstrakten oder konstruierten Ideen von Sinn führen. Dabei ist Sinn etwas ganz Einfaches; Sinn ergibt sich aus Verbundenheit. Die Welt ist ein Zusammenhängendes, also ergeben die Zusammenhänge Sinn. Ohne Beziehung gibt es keinen Sinn. Aus der Analyse eines Details kann man wichtige Erkenntnisse gewinnen, Sinn ergeben sie erst in Bezug auf den Zusammenhang, in dem sie sich befinden.

Man versuchte, mechanische Erklärungen für die Astrologie zu finden. Wirken die Planeten kausal auf die Erde? Hat der Mond einen (kausalen und messbaren) Einfluss auf die Gezeiten und den Menstruationszyklus der Frau? Der Mond verursacht die Gezeiten nicht. Wenn sich an einer Stelle etwas bewegt, bewegt sich etwas im gesamten System. Das liegt daran, dass die Himmelskörper in ihren Bewegungen miteinander vernetzt sind. Wenn man eine winzige Information in ein Netz gibt, dann wirkt sie dennoch im gesamten Netz, auch wenn diese Wirkung nur minimal ist. Da im Erdreich immer nur nach Menge gezählt wurde, würde hier nur das zählen, was eine große und messbare Wirkung hinterlässt.

Die Homöopathie basiert auch auf diesen zarten Wellen, die durch eine Minibewegung ausgelöst werden. Eine kleine Spinne kann einen Menschen in gewaltige Panik versetzen, obwohl er vielleicht vor einem Pferd, das viel größer ist als er, keine Angst hat.

Der nach dem Kriegsgott benannte Planet Mars ist nicht der kausale Verursacher eines Krieges oder eines Erdbebens auf der Erde. Man hat aber über Jahrtausende festgestellt, dass auf der Erde spannungsreiche Szenarien zu beobachten waren, wenn der Mars sich in bestimmten Konstellationen am Himmel befand.

Ein anderes Beispiel für die allseitige Verbundenheit aus dem Reich der Vögel: Wenn eine Vogelart im südlichen Teil der Erde aufgrund ihrer Anpassung an die sich verändernden Lebensbedingungen ein Verhaltensmuster verändert hat, ließ sich diese Veränderung auch bei Vögeln dieser Art auf der anderen Seite des Planeten nachweisen. Da ist nicht ein Vogel von Südamerika nach Moskau geflogen, um seine nördlichen Artgenossen über die Veränderung aufzuklären. Sie sind vielmehr durch ein Netz verbunden, über das sich die Information verbreitet hat. Wir Menschentiere hatten solche Fähigkeiten auch einmal, aber sie waren im Erdzeitalter im Winterschlaf gelegen. Nun werden sie wieder gefordert.

Eine Empfindung ist eine Schwingungsfrequenz, die sich vernetzt. Wenn wir an jemanden denken oder ihm gegenüber etwas fühlen, dann kann diese Person das spüren. Dann ruft sie vielleicht ohne offensichtlichen Grund an. So etwas haben die meisten Menschen mindestens einmal in ihrem Leben erfahren. Der britische Autor Rupert Sheldrake nennt dieses Netz »morphogenetische Felder«. Auch eine Gruppe von Menschen wird zu einem Organismus. Jede Familie ist ein System. Wenn ein Mitglied einer Familie etwas in seinem Leben verändert, dann wirkt das in die gesamte Gruppe hinein. Die anderen müssen weder wissen noch mitbekommen, dass das so ist, die Information überträgt sich durch das Netz. Der Einzelne kann sich in einem Prozess mit sich selbst beschäftigen und zum Beispiel eine persönliche Blockade lösen. Das muss er nicht in der unmittelbaren Auseinandersetzung mit den anderen tun, aber es wirkt dennoch auf sie.

Die eigene Frequenz bestimmt, welchen Menschen man begegnet. Jeder Mensch und jedes Lebewesen hat, gemäß seiner Art der Empfindung und auch seines Denkens, eine Ausstrahlung, die einer bestimmten Frequenz entspricht. Auf diese Frequenz reagieren diejenigen, die sich auf einer ähnlichen Frequenz befinden.

Wenn man sich verändert, dann verändert sich auch die Schwingungsfrequenz. So erklärt es sich, dass man bestimmte Menschen zu bestimmten Zeiten anzieht, zu denen man sich zu einer anderen Zeit nicht mehr hingezogen fühlen muss. Die konventionelle Vorstellung einer Verbundenheit hält dann an Menschen fest, obwohl man sich schon längst auseinanderentwickelt hat. Dann fragt man sich, warum man das Gefühl hat, in der Gegenwart eines Menschen, mit dem man nicht mehr im Gleichklang schwingt, krank werden zu können. Krankheit hat ganz viel mit den Frequenzmustern des Körpers zu tun.

Eine Auseinanderentwicklung ist etwas ganz Natürliches, aber im Erdzeitalter, in dem man nicht vernetzt war und Beziehungen nicht lebte, sondern sie hatte, fiel es schwer, auch vom Falschen loszulassen, weil es dann aus dem eigenen Besitzstand fiel.

Die Epigenetik ist eine interessante Disziplin innerhalb der Genetik, die sich mit der Vererbung von psychologischen Verhaltensmustern und Traumata beschäftigt. Menschen leben teilweise, ohne sich dessen zwangsläufig bewusst zu sein, das Leben oder Teile des Lebens ihrer Vorfahren weiter. Man hat dann mit Themen zu tun, deren Ursprung nicht in der eigenen Biografie zu finden ist, sondern in derjenigen der Ahnen.

Solche Anlagen sind im Horoskop zu sehen. Über Generationen hinweg entstehen hochkomplexe motivische Vernetzungen. Diese betreffen nicht nur das Leben von Individuen, sondern es kann in der Gegenwart sogar eine ganze Kultur von solchen vergangenen Verbindungen unbewusst gesteuert werden.

Die Astrologie ist die Sprache der Vernetzung des Individuellen mit dem Kollektiven, des Gegenwärtigen mit dem Vergangenen und dem Zukünftigen. Die Astrologie vernetzt das Leben und seine Inhalte mit der Zeit. Jede astrologische Anlage braucht ihre ganz eigene Zeit, um sich zu entfalten. Daher ist Zeit kein verrinnendes Etwas, sondern ein Container von Inhalten. Es gibt Zeiten des Anfangs, des Experimentierens, des Aufbaus, der Ernte, der Reflexion, der Krise, der Erkenntnis, des Rückzugs und so weiter. Nicht alles kann und muss zu jeder Zeit möglich sein oder geschehen.

Die Astrologie ist nicht die Uhr des Schicksals, sondern das Zeitmaß der Entfaltung einer Anlage. Schicksal bedeutet, eine bewusste Beziehung zu der eigenen Anlage herzustellen, um sie dann zu verwirklichen. Wenn man, wie in der Vergangenheit, die Zeit nur linear und funktional betrachtet, dann geht es um das Funktionieren in der Zeit und nicht um die Entfaltung in der Zeit.

Der Astrologe sagt nicht, was geschehen wird, sondern um welche Themen es wann gehen wird. Das bietet die Chance, Herausforderungen mit offenem Visier zu begegnen und sie für die weitere Entfaltung und Gestaltung zu nutzen.

Die Frage, was konkret geschehen wird, entspricht einem materialistischen Schicksalsbegriff, bei dem es nur um die Fakten geht. Das, was geschehen wird, wurde in der »Zeitfabrik des Faktischen« bereits vorproduziert. Man sitzt am laufenden Band der Zeit und wartet auf das Unabwendbare. Dieser Schicksalsbegriff des »Hellsehens« wäre sehr statisch.

Von der Vermarktungs- zur Vernetzungskultur

Durch die Ökonomisierung aller Lebensbereiche im Erdreich wurden aus schöpferischen Inhalten marktkompatible Strategien. Die sogenannte Corona-Krise, die ja in dem Sinne, wie sie 2020 interpretiert wurde, gar keine war, zwang alle kulturschöpferischen Menschen zu einem grundlegenden Umdenken, und das nicht nur hinsichtlich der Vermittlung ihrer Arbeit. Die Vermittlung hat einen Einfluss auf den Inhalt, beide bedingen einander mehr als vermutet.

Die Bedingungen, in denen Kultur präsentiert wird, entscheiden beispielsweise über das jeweilige Format. Vielleicht wurde die Kultur bisher zu getrennt, also zu distanziert vermittelt? Analog zu der Trennung der großen Lebensthemen war auch sie zu einer Kategorie in einer Box geworden so wie die Medizin, die Wissenschaft, die Psychologie, die Philosophie usw.

Gegen Ende des Erdzeitalters und zu Beginn des Luftzeitalters wurde der Schmerz dieser Trennungen immer spürbarer. Es ergibt auf lange Sicht gesehen keinen Sinn, jeden Lebensbereich in einer Box zu isolieren. Kultur ist auch der Ausdruck eines tiefen Empfindens, und dieses möchte sich mit dem Leben und der Welt vernetzen.

Musik fand auf der Bühne statt, das Publikum saß auf den Stühlen und hörte zu. Das ist schön, schafft aber Distanz. Kunstwerke wurden in weiß gestrichenen Galerien mit weißem, eiskaltem Neonlicht in kühler Atmosphäre präsentiert. Weiße Räume schaffen eine ungeheure Distanz, die Menschen sahen darin aus wie bei einem Verhör. Man war aber der Meinung, dass diese »Neutralität« der Präsentation zuträglich sei, dann würde nichts vom Eindruck der Exponate ablenken. Sollte ein Käufer ein Werk aus der Galerie nach Hause mitnehmen, so muss sich das Werk dort mit der vermutlich nicht neonbeleuchteten Umwelt vernetzen. Man könnte sagen, dass dieses Konzept der puristischen Präsentation den Eindruck des Werkes verfremdet, denn es sollte sich ja beim neuen Besitzer mit dessen Umwelt verbinden und ein Teil des Lebens des Käufers werden.

Kultur wurde also meistens auf einer Plattform mit Distanz zum Betrachter präsentiert, denn sie war ja eine Ware. Kultur ist in ihrem eigentlichen Sinne aber keine Ware, sie ist ein Teil des Lebens, den man zwar erwerben kann, doch sie hat eine andere Funktion als andere Waren. Kultur greift in das Leben ein, sie vernetzt sich mit ihm. Wenn man ein Musikstück hört, das einen ergreift, oder ein Buch liest, dass die eigenen Ansichten oder die innere Welt auf den Kopf stellt, so wirkt das auf die Persönlichkeit und kann einen Einfluss auf die persönliche Entwicklung haben.

Vielleicht müssen die Kulturschaffenden ganz neue und unmittelbarere Wege der Vermittlung ihrer Inhalte und Werke in das Leben hinein suchen. In vielen Hochkulturen war das Mäzenatentum eine unabdingbare Voraussetzung für die Entwicklung schöpferischer Ideen. Das entband die Künstler von der Notwendigkeit, diese Ideen so aufbereiten zu müssen, dass sie vermarkt- und verkaufbar sind.

Im Luftzeitalter geht es also darum, die Distanz zwischen Kultur und Publikum neu zu definieren. Das könnte der künstlerischen Forschungsarbeit neue Chancen bieten. Die Kooperation in der Kultur erfordert ein interdisziplinäres, also verschiedene Themen miteinander vernetzendes Konzept, welches das Publikum wieder verstärkt einschließt und es nicht mehr nur distanzierten Betrachter sein lässt. Kultur gehört definitiv nicht in eine Box.

Die Vernetzung könnte die Kultur aus den Galerien und den Konzertsälen herausholen. Vielleicht wird es auch im entferntesten Sinne an die mittelalterliche Bauhütte erinnernde Künstlerkollektive geben, die gemeinsam an einem größeren Projekt arbeiten. So etwas geschieht ja schon in der Musik, besonders im Jazz.

Der Jazz ist ein wunderbares Sinnbild für die Kultur der Vernetzung, dort treffen sich unterschiedliche starke Persönlichkeiten aus verschiedenen Lebenswelten und Musikstilen und kreieren gemeinsam etwas sehr Originelles, was immer über das Wirken des Einzelnen hinausgehen kann. Im Jazz wurden seit den 60er-Jahren Einflüsse unterschiedlichster Musikrichtungen zusammengeführt. Er ist so etwas wie ein Sinnbild eines multikulturellen Bewusstseins und der Demokratie.

Der Begriff der Kultur und die ihr zugrunde liegenden Wertmaßstäbe werden sich im Laufe der nächsten Jahrzehnte verändern – spannend bleibt, in welche Richtung dies geschehen wird.

Die neuen Funktionen der Archetypen im Königreich der Lüfte

Wenn der Zeitgeist sich ändert, weht nicht nur ein anderer Wind, auch die Wertmaßstäbe und Bedeutungen von Aufgaben verändern sich. Deshalb soll hier untersucht werden, wie es sich mit den astrologischen Archetypen verhält. Jeder Archetypus symbolisiert eine bestimmte grundsätzliche Lebenskraft, die sich immer nur im Kontext des jeweiligen Zeitgeistes entfalten kann. Nicht jede Zeit ist für jede Kraft förderlich. Für die Spiritualität etwa war es im Erdzeitalter schwierig, da für sie in dieser Epoche im Rahmen von rein materiellen Vorstellungen von Wirklichkeit kein Platz war. Mit den neuen Ausdrucksmöglichkeiten der Archetypen im Luftzeitalter können Themen eine andere oder größere Bedeutung als zuvor bekommen. Umgekehrt ist es auch möglich, dass bisher wichtige Themen ihre Relevanz verlieren.

Wir wollen uns nun den astrologischen Planeten und ihrer grundsätzlichen Symbolik zuwenden und betrachten, welche neuen Funktionen sie einnehmen können.

Die Sonne – der Vater

Die Sonne symbolisiert im Horoskop den Kern der Persönlichkeit, also ihr Wesen. Sie steht für die Rolle, die wir zunächst als Kinder in der Familie einzunehmen erlernt haben. Wer bin ich im Unterschied zu den anderen? Die Sonne symbolisiert unser Bedürfnis, einzigartig zu sein und je nachdem hervorzustechen oder unauffällig bleiben zu wollen. Sie steht auch für die Rolle oder Funktion, die wir in unserem beruflichen Umfeld einnehmen: Welche Beziehung haben wir zu unserer Rolle auch im Kontext von möglichen Mitarbeitern, Vorgesetzten oder Untergebenen?

Die Sonne repräsentiert unseren persönlichen Führungsanspruch und die eventuelle Fähigkeit, Verantwortung in einer und für eine Gruppe oder ein Rudel zu übernehmen. Es gibt dominante und weniger dominante Persönlichkeitstypen. Die Sonne zeigt die besondere Färbung dieses spezifischen und individuellen Typs auf. Hinter jedem Ehrgeiz kann sich auch das Bedürfnis danach verstecken, einfach nur geliebt zu werden und oder in diesem Sinne die Nummer eins sein zu wollen. Die Nummer eins hat meistens die Garantie, mehr geliebt zu werden als die anderen.

Im Erdreich, in dem es um Abgrenzung und Besitz ging, war das Ego in erster Linie im Dienst des Herausstellens der Einzigartigkeit und der Abgrenzung unterwegs: »Ich bin besser als du, und das wird durch eine Unterteilung zwischen dein und mein hervorgehoben.« Die Ichbezogenheit war daher besonders stark ausgeprägt, wenn es um die Selbstbehauptung des Egos ging.

Im Luftzeitalter geht es keineswegs darum, die Kraft der Persönlichkeit oder des Egos in der Vernetzung aufzulösen. Vielmehr brauchen wir starke Charaktere für dieses Zeitalter der Kooperation. Das wird in besonderem Maße Engagement und Identifikation mit der jeweiligen Rolle im jeweiligen Umfeld erfordern.

Nicht die Stärke der Ausprägung der Persönlichkeit soll sich ändern, sondern die Zielrichtung ihrer Kraft; verschiedene Persönlichkeiten vernetzen sich und arbeiten unter maximalem Einsatz der eigenen Möglichkeiten an einem gemeinsamen Projekt. Das Luftzeitalter braucht vielleicht sogar noch wesentlich spezifischer herauskristallisierte Persönlichkeitsanteile. Die Aufgaben für den Einzelnen werden komplexer sein als im Erdreich, wo sie nicht einfach, aber dennoch überschaubarer waren. Natürlich wird das einen Einfluss auf den Anteil des Rudelwesens in uns haben. Jedes Rudel braucht ein Alphatier, und so wird es auch im Luftreich sein. Nur muss das Rudel nicht mehr aus der Blutssippe bestehen, sondern kann eine Mischform mit und aus Blutsverwandtschaften und

Wahlverwandtschaften sein, wie es dem Element Luft auch angemessen wäre.

Aber erinnern wir uns daran, dass die Pilze mit ihrem Myzel, dem unterirdischen Netzwerk, keinen absolutistischen König haben, sondern insgesamt ein eher demokratisches Netz bilden, das mit lokalen Hierarchien arbeitet. Die Entscheidungsträger bilden ein Netz aus Fachidioten, die an bestimmten Stellen im Dienst des Ganzen ihre Fachentscheidungen treffen. Wir müssen uns also keine Sorge darüber machen, dass das Ego in Zukunft zu kurz kommen könnte.

Die Sonne symbolisiert auch den Vater in seiner Verantwortlichkeit für seine Brut. Auch hier wird es Veränderungen geben. Natürlich wird es immer um die eigenen Nachkommen gehen, aber auch der Mentor wird in Zukunft eine immer wichtigere Rolle spielen. Ein Mentor ist der Ersatzvater für Wahlverwandte. Der Dialog zwischen den Generationen wird unverzichtbar.

Der Mond – die Mutter

Es ist schwer verständlich, dass der Mond in der deutschen Sprache männlich ist und die Sonne weiblich. Es heißt ja nicht umsonst »*die* Mondgöttin« und »*der* Sonnengott«. Der Mond symbolisiert den Archetypus der Mutter und somit auch den des zumindest biologischen Ursprungs. Er steht für das Gefühl der Zusammengehörigkeit und die seelische Verbundenheit.

Besonders im Erdreich stand er auch für die völkische und nationale Identifikation mit einem Stamm und seinen Werten. Diese Identifikation verlieh ein Gefühl der Sicherheit und Zugehörigkeit. Zu dieser Zugehörigkeit gehörte die Abgrenzung gegenüber dem Fremden, den anderen. Im Luftzeitalter geht es jedoch um die Identifikation mit dem Netz und weniger um die mit dem territorialen Rudel.

Der Mond zeigt nicht nur die Beziehung zur Vergangenheit, sondern auch die Art und Weise, wie man selbst eine Familie kreiert. Er steht für den Stallgeruch und das, was man als vertraut und beruhigend für das Gemüt empfindet.

Merkur – das Lernen

Bei Merkur werden wir die Wandlung ganz besonders spüren. Er symbolisiert das Begriffsvermögen und die Vermittlung dessen, was begriffen und verstanden wurde, nämlich die Kommunikation. Die Forschung bezog sich im Erdreich in erster Linie auf die Technik und das materielle Begreifen von funktionalen Zusammenhängen. So verwundert es nicht, dass im Schulsystem des Erdreichs oft abstrakte naturwissenschaftliche Spezialthemen vorherrschend waren. Das Wissen um den Transmitterrezeptor im Gehirn einer Biene war wichtiger als das Verständnis für das soziale Verhalten von uns Menschen untereinander.

Es gibt einen großen Unterschied zwischen dem Begreifen und dem Verstehen. Was man versteht, ohne es »begriffen« zu haben, und dazu gehört die Hand, die konkret zugreift, bleibt nur im Kopf, also in den Gedanken. Was man begreift, hält man in der Hand, damit kann man etwas machen. Die Ausrichtung des Lernens war extrem einseitig. Interessanterweise wird es im Luftreich wieder mehr um den Einsatz der Hand mit ihren wundervollen Fähigkeiten gehen; das Wissen muss praktikabel für den Alltag sein. Wer gut begreift, kann besser vernetzen.

Das Wissen sollte vielseitig sein, daher lohnt es sich, die in der Vergangenheit säuberlich voneinander getrennten Lebensbereiche wie Psychologie, Wissenschaft, Philosophie und Kultur, um nur einige zu nennen, wieder miteinander in Verbindung zu bringen. Die Idee des Renaissancemenschen könnte wieder zur Inspirationsquelle werden: der Mensch, der sich universell interessiert und bildet, ohne dabei ein unverbindlicher oder oberflächlicher Alleshalbwisser zu sein.

Merkur steht auch für die Logik des Denkens aus sich heraus, also das lineare und kausale Erfassen von Wirklichkeit im Unterschied zur vernetzten Erkenntnis. Sprache ist ein Denk- und Fühlsystem, sie steht nicht nur im Dienst der funktionalen Übermittlung von Inhalten, sondern dient auch der Verbindung von verschiedenen Themen. Die Sprache hilft, Brücken zu bauen.

Venus – die Liebe

Auf der einen Seite fühlte sich die Venus im Erdreich sehr wohl, sofern es um Besitz und Sinnlichkeit ging. Der Mythos der Venus ist das Begehrenswerte, das, was man haben, besitzen oder sich einverleiben möchte. Venus lockt und reizt und löst Begehren aus. Aus dem Begehren wird schnell Gier, wenn man nicht genug haben kann.

Die Kleinfamilie ist sicherlich auch eine Entsprechung des territorialen Geistes der Vergangenheit. Liebe wird künftig weniger territorial und besitzergreifend sein. Wir experimentieren bereits seit ein paar Jahren mit diversen Varianten der vernetzten Liebe – Stichwort »Freundschaft plus« oder »Polyamorie«. Vieles könnte leichtfüßiger, aber auch unverbindlicher werden. Das Konzept oder die Idee von Partnerschaft wird also weniger daran gekoppelt sein, dass man unbedingt unter einem Dach leben muss.

Der geistige Aspekt des Eros wird vermutlich auch stärker zum Tragen kommen. Das kann auch eine verstärkte Liebe zur Erkenntnis und deren Verletzungsmöglichkeiten zur Folge haben. »Marmor, Stein und Eisen bricht, aber unsere Liebe nicht« wird nicht mehr den Bedürfnissen des Zeitgeistes entsprechen. Durch die virtuellen

Dating- und Pornowelten verlagert sich ja bereits seit einiger Zeit der Eros von der Straße oder dem Bett in den Kopf.

Auch die Themen Handel und Besitz werden eine neue Wertigkeit bekommen. Menschen werden wieder mehr tauschen oder sogar teilen, wie es sich bereits in Carsharing-Modellen oder Plattformen wie Airbnb zeigt.

Das Schönheitsideal wird im Luftzeitalter wohl weniger sinnlich sein – aber das war in der PR-Phase von 1982 bis 2020 auch schon der Fall. Dafür wird es eine größere Vielfalt aufweisen. Vielfalt im ästhetischen Sinne meint: Egal, ob dick oder dünn, klein oder groß, grün oder orange, alles wird seinen Ort der Begehrlichkeit finden. Nicht nur die gebotoxte Barbie mit aufgespritzten Lippen gilt als schön, sondern jede Frau mit ihren besonderen Eigenheiten findet ihre Verehrer und Bewunderer.

Die Aufhebung von geschlechtsspezifischen Eigenschaften ist bereits in den hitzigen Genderdebatten unserer Zeit zu beobachten. Vielleicht wird es eine verstärkte Tendenz in Richtung Androgynität geben.

Mars – der Wille

Mars ist die Willenskraft, die dem Überleben dient. Es geht dabei um die Eigenperson und das, was sie durchsetzen möchte. Überleben, siegen, sich behaupten und für oder gegen etwas kämpfen. Natürlich war der Mars mit seiner Power im Erdreich ein perfekter Assistent des Egozentrismus. Man kämpft für sich und seine Sache. Das Ich will etwas erreichen, es will etwas haben und sich durchsetzen. Diese Willenskraft war hervorragend zur Befriedigung der persönlichen Vorstellungen und Begierden einzusetzen. Zusammen mit dem Jupiter bildete der Mars das Duo der Gier und der nicht enden wollenden Selbstbestätigung.

Durch die Ichbezogenheit wurde das Trennende wesentlich stärker betont als das uns Verbindende. Im Luftzeitalter geht es darum, diesen Planeten als Energie zu begreifen, die jeder Einzelne zur Verfügung hat, um sie zum Gemeinwohl einzusetzen. Natürlich dient sie nach wie vor auch dem eigenen Überleben und der Verteidigung. Aber nun soll sie auch für gemeinsame Anliegen verwendet werden. Dann kann dieser eigentlich egozentrische Mars zu einer Antriebskraft der Vernetzung und der Kooperation werden. Ein Team kann unter Umständen mehr bewegen als ein Einzelkämpfer.

Es geht, wie bei der Sonne, auch bei diesem Archetyp nicht um die Aufhebung der Individualität, sondern um die Einbringung derselben im Dienst einer größeren Sache. Entweder ich führe nur mich (an der Leine), oder ich bringe meine Energie in die Gruppe ein oder leite sogar verantwortungsvoll ein Team.

Wenn jeder für sich allein kämpfen muss, so kostet das auch viel Energie und kann sogar ineffektiv sein, weil man alleine viel Arbeit hat. In einer Gruppe werden die Aufgaben verteilt, somit kann der Mensch sich mit seinem Mars viel besser auf seine eigene, besondere Aufgabe konzentrieren, anstatt sich an vielen verschiedenen Aufgaben zu verzetteln. Die Konzentration kann auch der Vollendung dienen. Das Luftreich wird weniger die Zeit der Einzelkämpfer sein als vielmehr die der Gruppen.

Jupiter – das Bestmögliche

Der Jupiter steht für die Aussicht auf einen Weg, der sich aus einer Bindung an einen Menschen, ein Thema, eine Idee oder eine Gruppe ergibt. Solange man gemeinsam wächst oder durch die Bindung mein Guthaben stabilisiert wird, solange es neue Perspektiven gibt, lohnt sich der Einsatz. Der Ausgang wird erhofft, gewiss ist er noch nicht. Ohne Abenteuergeist riskiert man weniger Einsatz und somit auch weniger Gewinn oder Entwicklung. Dabei kann es um wirtschaftliches, geistiges oder emotionales Kapital gehen.

Es liegt nahe, dass dieses Prinzip im Erdreich in erster Linie auf das materielle Wachstum und sich daraus ergebende Perspektiven bezogen war. In einer Ära mit einem linearen Zeitbegriff war es das Ziel, immer schneller, höher und weiter zu kommen. Grenzenloses Wachstum ohne Pause führt zur vollständigen Verausgabung oder sogar bis zum Zusammenbruch. Wachstum ohne den Respekt vor dem Zyklischen des Lebens führt zur Ausbeutung sowohl der Ressourcen der Welt als auch der Kräfte der beteiligten Menschen. Daher ist ein Schatten dieses Archetypus die materielle Gier nach immer mehr und der Größenwahn.

Zusätzlich geht es bei Jupiter um die Frage nach dem Sinn. Im Erdzeitalter war all das sinnvoll, was mehr Umsatz brachte und das Vermögen mehrte. Sinn in seiner ursprünglichen Bedeutung bezieht sich aber auf die Möglichkeit, sich mit, an und durch ein Thema immer weiter entwickeln zu können. Im Luftzeitalter wird die Erkenntnis über die großen Zusammenhänge und die sich daraus ableitenden Möglichkeiten neuer Vernetzungen zum zentralen Motiv des Wachstums.

Die Grundfrage nach dem Sinn wird wieder sinnvoll. Gegen Ende des Erdreichs, in dem der materielle Wohlstand ziemlich weit fortgeschritten war, litten viele Menschen, die sehr viel Besitz hatten, dennoch unter einem Gefühl der totalen Sinnlosigkeit ihres Seins. Denn ihr Sinn bis dato war die permanente Vermehrung des Wohlstandes, was eine sehr eindimensionale Interpretation dieses an potenziellen Inhalten reichhaltigen astrologischen Symbols ist. Wann ergibt etwas emotional oder geistig einen Sinn? Wenn man sich dadurch oder darin weiterentwickeln kann.

Jupiter ist so etwas wie ein ungezähmtes Multiplikationsmodul, das alles vergrößern will, mit dem es in Verbindung tritt. Dieses Modul ist indifferent, es vervielfältigt Krebszellen genauso wie Glücksgefühle. Der Schatten dieses Prinzips ist die Maßlosigkeit. Maßlosigkeit wiederum ist eine Nachbartugend zur Gier. Die Gier wiederum ist eine der sieben Todsünden.

Deshalb ist es besonders wichtig, auf die innere Stimme des Gewissens zu hören, wenn Jupiter sich nicht zurückhalten kann oder will.

Saturn – die Grenze

Jedem Anfang wohnt nicht nur ein Zauber inne, ihm geht auch oft ein Chaos voraus. Wir kennen das, wenn wir beispielsweise mit einem neuen Projekt beginnen. Zunächst erscheint die Menge an Aufgaben unüberschaubar, doch langsam, aber sicher formen sich aus dem diffusen Gewusel hier und da kleinere Formen und Strukturen heraus. Dieser Prozess geht immer weiter, und irgendwann ist da ein Gerüst, an dem man weiterarbeiten kann. Saturn symbolisiert auch die Zeit, die es braucht, wenn etwas entsteht und zusammenwächst.

Aus einer kleinen Siedlung geht ein Dorf hervor, dann entsteht daraus eine Stadt, aus mehreren Städten wird ein Land, und am Ende steht da eine Gesellschaft mit ihren Ordnungsprinzipien und Strukturen. Alles braucht seine Zeit, weil die Dinge nicht von heute auf morgen entstehen und langsam heranwachsen müssen. Strukturen dienen der Stabilität und der Sicherheit. Auch die Gesetze sollten grundsätzlich diesem Ziel zugeordnet sein. Das Leben braucht Grenzen, um sein Bestmögliches (Jupiter) voll entfalten zu können.

Im Erdreich bezogen sich die Strukturen des Saturns auf die Regelwerke und vor allem auf die materiellen Notwendigkeiten. Am Ende des Erdreichs galt nur das als wirklich, was mittels der Erkenntnismethodik der exakten Naturwissenschaften bestätigt wurde.

Die zweite Realitätsmacht lag in den Händen der Rechtsprechung. Vor Gericht ziehen konnte, wer sich einen Anwalt leisten konnte, um sein Recht zu bekommen. Der bessere und oft auch teurere Anwalt konnte die Wirklichkeit in der juristischen Sprache besser darstellen als sein Gegner. Es ging dabei nicht um die Wirklichkeit selbst, sondern um ihre Darstellbarkeit im Rahmen der juristischen Sprache. Das bedeutete aber nicht, dass das, was auf diese Weise darstellbar war, auch der Wirklichkeit entsprach. So sagte man nicht ohne Grund: »Recht zu haben heißt nicht automatisch, Recht zu bekommen.« So erklärt sich, warum viele Urteilssprüche vielleicht für Juristen, aber nicht die betroffenen Menschen nachvollziehbar sind.

Im Luftreich wird es mit Saturn um die Regeln und Strukturen innerhalb der verschiedenen Netzwerke gehen. Vermutlich muss auch der gesamte Verwaltungsapparat der neuen Zeit angepasst werden. Es wird zu diskutieren sein, ob das Beamtentum diesem Zeitalter noch angemessen ist.

Das Element Luft wird der Welt der Ideen oder Ideologien zugeordnet. Wenn eine dem alltäglichen Leben nicht zugewandte Theorie oder Ideologie über Wertmaßstäbe und Richtlinien entscheidet, kann das unmenschliche Züge annehmen. Die Strukturierung des vernetzten Wissens und des Informationsaustausches kann aber gegen genau diese Gefahr vorbeugend wirken.

Verantwortung veredelt die Seele; ein Mensch, der für nichts und niemanden Verantwortung trägt, kann eine gewisse Entwicklungsstufe nicht erklimmen. Die vernetzte Zeit braucht viel mehr Eigeninitiative und Verantwortlichkeit der Einzelnen. Für das Luftreich gilt: weniger Regeln, dafür mehr Eigenverantwortung.

Uranus – die Veränderung

Die Innovationskraft des Uranus bezog sich im Erdreich in erster Linie auf technische Erfindungen oder Entwicklungen. Im 20. Jahrhundert war der Fortschritt auf dieser materiellen Ebene so groß wie wohl noch nie zuvor in der Menschheitsgeschichte. In Medizin und Technik haben wir geradezu Quantensprünge gemacht. Auch das Internet ist eine Technik, die im Erdreich für das Luftzeitalter geschaffen wurde. Die Utopien eines möglichen Lebens im Meer oder auf anderen Planeten haben in dieser Zeit die Fantasien vieler Wissenschaftler und Dichter bewegt.

Wenn das Element Erde mit Uranus zusammenkommt, dann findet eine materielle Innovation und Evolution statt. Im Luftreich kann man davon ausgehen, dass sich das Innovationspotenzial auf die immer differenziertere Wahrnehmung von Frequenzen und komplexen Vernetzungsmustern bezieht. Die Wahrnehmungsfähigkeit wird vielschichtiger und feiner. Wir gehen weg vom linearen Verständnis eines Themas, hin zu einem eher gleichzeitigen Erfassen komplexer Zusammenhänge. Dabei werden vermutlich andere Areale des Hirns aktiviert.

Das Denken des Erdreichs war logisch und kausal, also basierten die Erfindungen des Erdreichs auf Sprüngen oder Mutationen innerhalb des logischen Denkvermögens. Die (Vor-)Erfindung des Erdreichs für das Luftreich, das Internet, ist vermutlich gerade erst noch an seinen Anfängen, und die sich weiterentwickelnde Technik und die sich daraus ergebenden Möglichkeiten werden vermutlich immer erstaunlichere, gegenwärtig noch gar nicht vorstellbare Kommunikationsmöglichkeiten hervorbringen.

Uranus steht auch für die Mutation im allgemeinen biologischen Sinne. Wir können erwarten, dass wir es mit unerwarteten Veränderungen von Lebensweisen, Strukturen und vielleicht auch der genetischen Information zu tun haben werden. Uranus symbolisiert die prozessuale Weiterentwicklung; dabei muss immer etwas nicht zu Erwartendes im Spiel bleiben, denn wenn man vorher genau weiß, was am Ende dabei herauskommt, wäre es nicht neu.

Neptun – die verborgene Wirklichkeit

Was ist neu? Unsere Vorstellung vom Neuen bezieht sich immer auf etwas, das vorher noch nicht da gewesen ist. Zumindest für unsere Wahrnehmung. Vielleicht war es aber auch schon da, und wir waren lediglich nicht in der Lage, es zu erkennen? Somit sind wir mitten in der Welt des Neptuns angelangt. Neptun symbolisiert die verborgenen Wirklichkeiten, also jene, die da sind, aber nicht gesehen werden können oder sollen.

Ein Thema tritt dann in Erscheinung, wenn wir es gebrauchen können. So verhält es sich zum Beispiel mit der wundersamen Welt der Pilze; ihr unterirdisches Wirken kann vorbildhaft für die Art und Weise sein, wie wir in Zukunft die Strukturen unseres Lebens miteinander und mit dem Planeten Erde gestalten. Dieses Thema hat uns vorher deswegen nicht interessiert, weil wir es nicht hätten anwenden können.

Eine verborgene Wirklichkeit tritt dann ans Licht, wenn die Zeit dafür reif ist. Es werden natürlich auch Dinge absichtlich geheim gehalten oder versteckt, nämlich diejenigen, die den Anschein der Wirklichkeit einer Gegenwart gefährden könnten. Das kann sich auf medizinische, psychologische, wirtschaftliche oder politische Wahrheiten beziehen. Die Enttarner einer verborgenen Wirklichkeit sind immer die Feinde eines Systems.

Im Erdreich war die Hauptfunktion von Neptun die Erschaffung von Schlupflöchern für die verborgenen Wirklichkeiten. Diese hatten einen schweren Stand gegen die Vorgaben der Naturwissenschaftlichkeit. Somit ist es erklärbar, dass beispielsweise die Spiritualität in dieser Zeit nicht sehr angesehen war. Man praktizierte sie außerhalb des Geschehens, also in verborgenen Nischen.

Da es im Luftreich um die Vernetzung aller Wirklichkeitsebenen geht, kann dieser astrologische Archetyp zu einer neuen Blüte kommen. Die Spiritualität ist auch eine Art und Weise der Vernetzung vieler parallelen Welten. Dadurch wird erkannt, wie sehr alles miteinander verbunden ist. Die Einseitigkeit der materialistischen Erkenntnismethoden wird durch eine zusammenführende und somit ganzheitliche Sicht auf das Leben ersetzt. Das bedeutet in letzter Konsequenz, dass eine ganzheitliche (spirituelle) Betrachtung des Lebens sich nicht mehr verbergen muss und zu einem ganz normalen Bestandteil des Alltags werden kann.

Pluto – die Symbiose

Pluto symbolisiert, wie wir uns aneinanderbinden, wie wir Verträge eingehen, welche Bedingungen dadurch entstehen und, ganz grundsätzlich, wie tief und auf welche Weise wir uns auf Menschen oder Themen einlassen. Pluto ist so etwas wie der Vertrag selbst. Er birgt ein Risiko und einen potenziellen Gewinn. Wie ist das Mischungsverhältnis zwischen beiden? Im Erdreich ging es in erster Linie um den materiellen Besitz und die daraus abzuleitende Macht. Kriege wurden zum Beispiel gegen Länder geführt, an deren Bodenschätzen man interessiert war. Kraft und Macht hatte derjenige, der am meisten besaß. Die Bedeutung einer Tätigkeit oder eines Berufes wurde in erster Linie an ihrer Rentabilität gemessen. Wir waren im Reich der Zahlenwerte. Investitionen galten als wertvoll, wenn sie viel Geld brachten. Geld wurde zum Selbstzweck und als solcher zu einem Instrument der Macht. Die zentrale Frage war, wer welchen Markt kontrollieren kann.

Im Luftzeitalter wird es um die Kontrolle der Netzwerke gehen. Sie sind die manifesten Verteiler von Wissen und Informationen. Und es wird um die Kontrolle der Kontrolle gehen, also darum, dass diese Kontrolle nicht in den Händen weniger liegt. Das könnte natürlich zu einer weitreichenden globalen Manipulation führen. Das Netz ist einerseits das Medium der Kontrolle, andererseits das Medium der Freiheit. Die Netze werden mit- und gegeneinander um Freiheit und Kontrolle kämpfen. Ab 2023 wird sich zeigen, wer welche Netze kontrolliert und welche Netze unabhängig sein oder bleiben können.

Die Schwingungen, die wir mit unseren Gedanken und Gefühlen aussenden, entsprechen bestimmten Frequenzen. Wenn ich an einen bestimmten Menschen denke, so kann er das spüren. Diese Fähigkeit der Wahrnehmung der ausgesendeten Frequenzen sollte sich im Luftreich stärker ausprägen. Das hat zur Folge, dass wir mehr Verantwortung für unser Denken und Fühlen übernehmen sollten, denn es wird für viele lesbarer sein als im Erdreich, wo nur die Fakten und nicht die nicht-naturwissenschaftlichen, nicht-messbaren Schwingungen zählten.

Drachenkopf und Drachenschwanz

Astronomisch gesehen sind der südliche und der nördliche Mondknoten – Drachenschwanz und Drachenkopf genannt – die beiden Schnittpunkte der Sonnen- und der Mondbahn vom Standpunkt der Erde aus gesehen. Sie spielen bei der vertieften Horoskopdeutung eine besondere Rolle, wenn man sich für das Thema der Entwicklung des Seelischen interessiert.

In einer Welt, deren Vorstellung der Zeit linear ist, gibt es die Geburt, das Leben und den Tod. Die persönlichen Verbindungen zu anderen Daseinszuständen fallen in den Bereich der Spekulation, denn so etwas ist nicht »beweisbar«. In der indischen Kultur gibt es die Lehre von der Wiedergeburt; sie ist dort ein Bestandteil der Kultur. Dort ist dieses Thema etwas ganz Normales. Für die westliche Welt ist das nicht so. Wir können nicht behaupten, dass jemand schon einmal gelebt hat, das entspricht nicht unserem Kulturkanon. Man kann das aber als eine Geschichte präsentieren, die das Empfinden anspricht, ohne dass sie einen Anspruch auf Faktizität hat. Und dennoch kann es wirklich sein. Das kann aber nur jeder einzelne Mensch für sich entscheiden, es ist eine persönliche Wirklichkeit, was nicht bedeutet, dass es subjektiver Quatsch ist.

Manche Menschen haben das Gefühl, dass sie eine andere Person irgendwoher kennen, aber es gibt keinen Anhaltspunkt für eine konkrete Begegnung. Dann sagt man: »Wir kennen uns aus einem anderen Leben«, und schon ist eine Brücke gebaut.

Wer kann sich denn anmaßen zu wissen, ob das so ist oder nicht? Die Naturwissenschaften schließen ja gern das aus, was faktisch nicht analysierbar ist. Die Esoteriker des Erdreichs behaupten einfach, ihre Sichtweise sei die Wahrheit, was genauso vermessen ist wie der intellektuelle Hochmut der anderen Seite.

Der Umgang mit dieser Frage erfordert also Respekt vor etwas, das wir nicht wissen können. Letztendlich geht es um die Frage nach einer Verbindung und eine sich daraus ableitende Verantwortung. Der Drachenschwanz, auch südlicher Mondknoten genannt, symbolisiert eine Gewohnheit, eine Prägung, die das Resultat vergangener Erfahrungen ist. Diese Erfahrungen können von den Eltern, den Großeltern oder anderen Vorfahren gemacht worden sein, sie können aber auch aus der soziokulturellen Umwelt stammen. In der indischen Astrologie brächte man sie aus seiner vergangenen Inkarnation mit; das nennt man Karma. Karma bedeutet die Summe der Erfahrungen mit den Konsequenzen der ungelösten Themen. Man weiß um seine ungelösten Themen; wenn man sie nicht auflösen kann, so nimmt man sie »in das nächste Leben« mit. Auf einer gesellschaftlichen Ebene bedeutet das, dass die ungelösten Probleme einer Generation in den Folgegenerationen immer wieder auftauchen, und zwar so lange, bis sie gelöst oder erlöst sind. Dieser Gedanke passt noch in das sogenannte Fischezeitalter, dessen zentrale Figur der Erlöser war. Aber in das Wassermannzeitalter passt sie nicht mehr.

Im individuellen Leben geht es um ungeklärte Beziehungen, bewusste falsche Verstrickungen, einseitige Vorteilnahme und vieles mehr. Man wird den verdrängten Themen immer wieder begegnen, bis man herausgefunden hat, wo das Problem lag und was erledigt werden muss, damit Frieden herrscht. Ungelöste Bindungen wirken stark in das Leben hinein, auch wenn man sich dessen nicht bewusst ist.

Am Ende einer (Lebens-)Reise stünde dann die Frage, welche ungeklärten Beziehungen oder Themen man in die Zukunft mitnimmt. Schicksal in diesem Sinne würde bedeuten, dass man seiner Vergangenheit nicht entfliehen kann und dass sie, egal in welchem Gewand, immer wieder zurückkommt.

Im Erdreich war es einfach zu verdrängen, weil diese Art der Kausalität durch das Wirklichkeitsnetz der faktischen Analyse gerutscht ist und somit kein Bestandteil der Wirklichkeit war. Wir erleben gegenwärtig weltweit, dass der Rassismus stärker geworden ist. Daran lässt sich erkennen, wie tief unterhalb des Tagesbewusstseins die Schlacken einer solchen lebensfeindlichen Gesinnung über Generationen hinweg überlebt haben. Es können sogar einzelne Generationen übersprungen werden, und plötzlich taucht das Thema wieder auf. Der Rassismus ist einer der dunkelsten Schatten des Karmas. Rassismus ist nicht wirklich eine Gesinnung, sondern eine Kompensation für eigene verdrängte negative Gefühle, die auf eine Gruppe projiziert werden, damit man sich seine eigenen Verstrickungen in manipulative Strukturen nicht anschauen muss.

Warum taucht das zu diesem Zeitpunkt auf? Die kausal denkenden Erdreichbewohner werden sagen: »Weil die Umstände so sind, und nun müssen wir uns zur Wehr setzen.« Es interessiert den Weltgeist aber nicht, was ein paar in der Konsequenz ihres ausschließenden Denkens beschränkte Zeitgenossen behaupten. Wir haben es mit einem mächtigen Epochenwandel zu tun. Eine neue Zeit beginnt. Die Dinge, die endlich »erledigt« werden müssen, müssen in die Sichtbarkeit kommen, weil sie dem Geist der Zukunft nicht mehr entsprechen. Alle Bewegungen um dieses Thema sind wie ein riesiges Geschwür, anhand dessen man erkennen kann, was nicht mehr geht.

Der vernetzte Schicksalsbegriff des Luftzeitalters bedingt eine viel stärkere Verantwortung des Einzelnen für ungelöste, oder besser: noch nicht neu vernetzte Verstrickungen.

Was ist der Aszendent?

Nun soll es etwas astrologischer werden, damit die Leser*innen den Schlüssel zur Pforte ihres jeweils persönlichen neuen Königreichs finden können.

Zunächst geht es darum, an welchem Punkt im individuellen Horoskop die große Jupiter-Saturn-Konjunktion, die das zweihundertjährige Königreich eingeleitet hat, stattgefunden hat. Die Struktur eines Horoskops besteht aus den sogenannten Häusern, auch Felder genannt. Sie sind analog zum Tierkreis, also gibt es in jedem Horoskop zwölf Häuser. Man kann sich das vorstellen wie ein Brettspiel, auf dem es Felder gibt, die jeweils ein besonderes Thema haben und in denen sich Spielfiguren – das wären in unserem Fall die Planeten – befinden. Die Frage dabei ist, wie gut die Spielfiguren respektive Planeten in das jeweilige Feld passen.

Es geht dabei darum, welche Figuren bei der Geburt in welchen Feldern stehen und durch welche Felder die aktuellen oder zukünftigen Konstellationen am Himmel wandern. Die aktuellen weiterlaufenden Planeten können nämlich neue Aufgaben in alte Lebensbereiche bringen. Manchmal ist das eine Herausforderung, es mag beschwingend sein oder sogar überraschend.

Wenn es sich, wie dieses Mal, um eine epochale Konstellation handelt, die den Umbruch einer etwa zweihundert Jahre umfassenden Ära einleitet, dann geht es um wesentlich mehr. Diese Konstellation birgt die herausragende Chance eines kompletten Neubeginns, wie wir sie in dieser Weise nur einmal in unserem Leben haben werden. Wenn die Welt sich ändert, so wirkt sich das natürlich auf unser persönliches Leben aus. Im und durch den Lebensbereich, in dem die große Konjunktion, die Analogie zum Stern von Bethlehem, stattgefunden hat, finden wir unseren ganz persönlichen Weg in das Königreich der Lüfte.

In den vergangenen zweihundert Jahren haben sich viele Menschen mit großer Leidenschaft mit Themen auseinandergesetzt, die so gar nicht in die Zeit des Erdzeitalters passen wollten. Mancher mag sich dann gedacht haben, dass sich die Welt grundsätzlich nicht für diese Themen interessiert. Einer der vielen schönen Aspekte der Astrologie ist, dass man mit dieser Sprache eben auch die Qualität einer sich verändernden Zeit beschreiben kann. So können, wenn eine neue Phase beginnt, auch neue Themen für die Welt relevant werden. Was wiederum bedeutet, dass viele Visionen, Ideale oder daran gekoppelte Vorhaben auf scheinbar wundersame Weise für die nun kommende Zeit bedeutsam und umsetzbar werden.

Vielleicht waren viele Menschen schon im Begriff, manche ihrer Leidenschaften ad acta legen zu wollen, weil sie müde wurden, ihre Themen immer wieder gegen den Zeitgeist behaupten zu müssen. Nun steht man mit diesen ehemals verkannten Themen im Brennpunkt der Aufmerksamkeit. Wie bereits erwähnt: In einer Epoche kann nur das realisiert werden, was dem Geist der Zeit entspricht.

Gegen Ende eines langen Winters, wenn die Natur völlig leblos wirkt und die Büsche und Bäume sich mit letzter Kraft gerade noch aufrecht zu halten scheinen, kann man sich kaum vorstellen, dass dieses triste Szenario sich wieder ändern wird. Aber dann sprießen plötzlich über Nacht die ersten Frühlingsknospen aus dem Boden, und man hat den Eindruck, dass die ganze Welt wie in einem beschleunigten Zeitraffer von wunderbaren Farbtönen überzogen wird. Auf einmal sind Lebendigkeit und Wärme zurückgekehrt.

Ein Epochenwandel ist so etwas wie ein Jahreszeitenübergang im Großen. Ähnlich wie der Übergang vom Winter zum Frühling findet ein Epochenübergang auch nicht von einem Tag auf den anderen statt. Es ist wie gesagt ein Übergang, und da kann es bei einer zweihundertjährigen Epoche schon einmal zwei bis vier oder mehrere Jahre brauchen, bis eindeutig sichtbar wird, dass es sich in dieser Zeit nicht um eine Krise gehandelt hat, nach deren Beendigung das Leben so weitergeht wie zuvor, sondern dass wir in eine andere Phase der menschlichen Geschichte vorgedrungen sind.

Wie finden wir denn heraus, wo die Anfangskonstellation des Luftkönigreichs in unserem individuellen Horoskop stattgefunden hat? Auf vielen Internetseiten kann man sein Horoskop gratis berechnen lassen (zum Beispiel www.astro.com). Dafür benötigt man seinen Geburtstag, die – am besten – exakte Geburtszeit und den Geburtsort. Wenn man dann seine Horoskopzeichnung vor sich hat, erfährt man über die Kennzeichnung »AC« seinen Aszendenten. Um herauszufinden, in welches Haus die Jupiter-Saturn-Konstellation fiel, die auf ungefähr 1° Wassermann stattgefunden hat, sucht man zuerst nach dem Tierkreiszeichen Wassermann und dann nach 1° in diesem Zeichen. Jeder Tierkreis hat 30° und die Zählung beginnt immer links, gegen den Uhrzeigersinn. In dem Lebensbereich (Haus – innen oder außen in der Zeichnung, durch die Ziffern 1 bis 12 gekennzeichnet), in den die Königskonstellation fällt, braucht es ein neues Königreich. Das ist nicht nur eine Aufgabe, es ist eine einzigartige Chance.

Hinweis: Wenn die 1° bis zu 5° vor dem darauffolgenden Haus stehen, sollte man sich zunächst die Thematik des darauffolgenden Hauses durchlesen. Zusätzlich kann man sich die Deutung des Hauses durchlesen, in welches die 1° exat fallen. Meistens stellt man fest, welches dem gegenwärtigen Erleben eher entspricht.

Das erste Haus, der Aszendent

Mit dem Aszendenten beginnt das erste Haus. Der Aszendent symbolisiert den Anfang, die Geburt. Er sagt aus, was zur Zeit dieser Geburt in das Leben gebracht werden will. Jeder enthält bereits im Keim die Substanz, die sich im Laufe der Zeit in die Entfaltung bringen möchte. Der Aszendent und seine Konstellationen können sogar Auskunft über die Umstände der Geburt geben.

»Nomen est omen«, sagt man, der Name sei ein Vorzeichen. Wie entstehen unsere Vornamen? Manchmal sind sie im Vorfeld durch die Eltern festgelegt, manchmal sind sie Resultat der Anschauung des Neuankömmlings. Namen haben Bedeutungen. Wird man das, was der Name aussagt? Ist also der Name die Ursache? Oder erahnen die Eltern intuitiv, wer da kommen wird, und wählen einen adäquaten Namen für ihr Kind?

Kausallogisch wird man dieser Frage nicht auf den Grund gehen können. Hier geht es um mehr. Es handelt sich um eine Vernetzung über die Intuition des Wissens oder Erahnens dessen, was kommen könnte, mit dem, was dann auch wirklich eintritt. Wie ein Echo aus der Zukunft. Es gibt wirklich viel Anlass, sich über die Bedeutung des Namens Gedanken zu machen.

So verhält es sich mit dem Aszendenten. Er ist so etwas wie das Omen des beginnenden Lebens, das astrologische Zeichen, unter dem man geboren wird. Dieses Zeichen enthält das Geheimnis des sich entwickelnden Lebens. Es enthält Hinweise auf die Vorgeschichte und die Umstände oder sogar die Gründe der Entstehung dieses Menschen. Diese Gründe müssen den Erzeugern nicht bewusst sein. Hier verbinden sich die Umstände der Familie, in welche das neue Geschöpf hineingeboren wird, mit dem persönlichen Antrittsmotiv der sich inkarnierenden Seele. Dieses Band ist ein ganz besonderes. Es führt uns hin zu grundsätzlichen Fragen über den Ursprung des Lebens, besonders dann, wenn man das Gefühl hat, dass die faktischen, naturwissenschaftlichen Erkenntnisse darüber diesen Grund nicht berühren.

Wo ist der Ursprung für die Umstände meines gegenwärtigen Lebens? In welcher Beziehung stehe ich persönlich dazu? Sehe ich mich nur als kausallogisches Produkt der Umstände, oder gibt es etwas dahinter, das eine Aufgabe darstellt, zu der ich nur ganz persönlich eine Beziehung aufbauen kann? Das würde bedeuten, dass man die eigene Verantwortung für den Grund des eigenen Lebens übernimmt. Ob man nun an die Wiedergeburt glaubt oder nicht, ist hierbei nicht relevant. Das sind kulturell geprägte Bilder für eine Anschauung, über die man keine Glaubenskriege zu führen braucht.

Der Aszendent symbolisiert also den Grund, warum man hier ist. Wenn man davon ausgeht, diesen irgendwie selbst mitzuverantworten, wird er zu einer selbstgewählten Aufgabe. Über die sollte man sich nicht beschweren, sondern sie selbstverständlich und infolgedessen eigenverantwortlich annehmen. Wir kämpfen aber oft gegen die selbstgewählte Aufgabe, lehnen somit diese Verantwortung ab und machen uns zum Opfer einer scheinbar ungerechten Aufgabenzuteilung.

Der Aszendent ist der wichtigste, weil individuellste Punkt im Horoskop. Er wird durch den Zeitpunkt und den Ort der Geburt berechnet. Die Konstellationen der Planeten teilen wir mit allen Menschen weltweit, die am gleichen Tag geboren sind. Der Aszendent gibt ihnen eine besondere, durch sie in diesem Leben zu verwirklichende Aufgabe. Da die Planeten nie ganz gleich zueinander stehen, wiederholen sich die Konstellationen aller Planeten zueinander auch nicht. So stehen sie jeden Tag anders, und durch die unterschiedlichen Aszendenten werden den Planeten unterschiedliche Aufgaben zuteil. Daran kann man erkennen, wie sehr sich alle Horoskope voneinander unterscheiden.

Die Planeten sind die Werkzeuge und der Aszendent der Job, der mit ihrer Hilfe umzusetzen ist. Nun können die Werkzeuge unterschiedlich gut für bestimmte Aufgaben geeignet sein. Wenn sie zueinander passen, dann gelingt vieles im Leben ohne größere Komplikationen. Wenn das nicht der Fall ist, muss das nicht bedeuten, dass dieses Leben zum Scheitern verurteilt wäre. Im Gegenteil: Man muss sich etwas einfallen lassen, also kreativ werden, um Möglichkeiten zu finden, den Auftrag des Aszendenten zu erfüllen. Daher kann gerade bei »unpässlichen« Anlagen etwas Neues oder Besonderes herauskommen.

Nicht alle Anlagen sind von Anfang an ausgebildet. Wir wachsen langsam in unser Leben und uns selbst hinein. Wir sind noch nicht, wir werden erst. Daher erklärt sich eine selten begründete, aber oft getätigte Aussage, nämlich dass man den Aszendenten erst ab der Lebensmitte leben würde. Es braucht mitunter Erfahrung, um in den eigenen Lebensauftrag hineinzuwachsen und ihn bewusst anzunehmen. Doch es gibt durchaus Menschen, die das Motiv des Aszendenten schon ziemlich früh zum Ausdruck bringen, auch wenn sie sich dessen erst wesentlich später bewusst werden.

Wenn das Schicksal in diesem Sinne an die Geburt gekoppelt ist und in diesem Leben verwirklicht werden will, so gehört zu dem Motiv des Aszendenten auch eine bestimmte Grundenergie dem Leben gegenüber. Das Thema bestimmt die Kraft.

Die zwölf Aszendenten

Widder – der Kämpfer

Ein Widderaszendent braucht den Kampf, das ist sein Schicksal. Die Hausposition des Planeten Mars bestimmt dann, auf welcher Ebene gekämpft werden muss. Also braucht es, neben der Anlage, gern mal mit dem Kopf durch die Wand zu gehen, eine gewisse Grundspannung im Naturell. Das kann bedeuten, dass einem Dinge schnell zu

Kopf steigen und man rot anläuft. Wenn das zu Kopfschmerzen oder Migräne führt, so liegt das dann daran, dass die Energie nicht adäquat umgesetzt wurde.

Die Schicksalsfrage lautet: Warum muss man denn in diesem Leben kämpfen? Ist der Kampf eine Vollendung eines unvollendeten Kampfes, oder ist sein Anliegen nach vorn, in die Zukunft gewandt?

Stier – Absicherung folgt

Das Antrittsmotiv eines Stieraszendenten ist das Bewahren oder Festhalten, damit nichts verloren geht. Was ist denn in der Vorgeschichte verloren gegangen? Wo gab es einen Mangel? Wo wurde zu nachlässig oder zumindest zu wenig bewusst mit den Ressourcen umgegangen? Eine unangemessene Verschwendung kann auf einen Mangel von Respekt gegenüber der Substanz der Ressourcen hinweisen. Wenn man nicht aus Notwendigkeit, sondern Gier nach Luxus die Meere oder Seen leerfischt, so wäre das ein Beispiel für eine unangemessene Verschwendung, die zur Rückbesinnung aufruft. Der Begriff der Sicherheit erfordert eine ganz persönliche Neudefinition.

Zwillinge – die Talente

Bei den Zwillingen geht es um die Bewegung und das Begreifen. Das Gegenteil der Bewegung ist die Statik – was war zu festgefahren und zu unbeweglich? Welche Art von Mangel an Flexibilität ist dadurch entstanden und wurde zum Anlass, auf eine bestimmte Art und Weise immer wieder von Neuem anfangen zu müssen? Man kann und darf die Welt neu entdecken und dabei herausfinden, was man wirklich gut machen könnte. Wer man ist und was man kann, das findet man nur durch praktisches Ausprobieren heraus. Vielleicht stecken in uns Talente, die eine Vorgeschichte in der Vergangenheit der Vorfahren oder anderswo haben, die aber aufgrund festgefahrener Umstände nie ausgebildet werden konnten?

Krebs – die Mutter

Der Krebs symbolisiert die Mutter. Wo ist sie? Wer war sie? War sie überhaupt? Was ist in der Vergangenheit unvollendet geblieben? Jede Geschichte hat einen Ursprung, und manchmal werden wir von ihm abgeschnitten. Es geht grundsätzlich darum, das Thema einer Geschichte neu aufzurollen. Die Geschichten wurden nicht angemessen zu Ende erzählt, also muss ein neuer Ursprung dafür geschaffen werden. Vielleicht muss auch etwas geheilt werden? Verschiedene Fäden nicht vollendeter Beziehungen müssen immer wieder aufgenommen werden, damit daraus eines Tages ein großer gewebter Teppich emotionaler Erfahrungen wird. Ein Ende kann erst dann erreicht werden, wenn die Gefühlslagen geklärt sind.

Löwe – das Alphatier

Der Löwe symbolisiert den Vater. War er eine adäquate Autorität? Hat er seine Rolle angemessen gespielt? Ist er der Verantwortung für seine Macht gerecht geworden, oder hat er sie missbraucht? Vater sein ist eine Rolle, die konsequent zu Ende gespielt sein will. Die Familie oder das Rudel braucht ein Alphatier, das sie anführt und schützt. Der Löwe soll seiner Gruppe und nicht seinem eigenen Ego mit seiner Kraft dienen. Zu dieser Aufgabe gehört es, die Versuchungen des Stolzes und einer potenziellen, durch ihn provozierten Arroganz zu meistern. Man kann sich nicht damit begnügen, vorhandene

Leitwolfverhaltensweisen zu übernehmen. Mit diesem Aszendenten sollte man selbst herausfinden, was verantwortliche und liebevolle Führung bedeutet.

Jungfrau – die Kunst des Dienens

Organisation ist das halbe Leben. Eine überstrukturierte Ordnung kann zwanghaft sein und muss nicht den wirklichen Abläufen entsprechen. Man stülpt dem Leben eine unorganische Organisation über, und das nur, damit alles ordentlich erscheint. So werden Regeln zum Selbstzweck und geben dem Leben eine nur scheinbare Struktur. Die Kunst der Jungfrau besteht in der Anpassung der Umstände und der Lebensweise an eine sich ständig verändernde Umwelt mit ihren flexiblen Bedingungen. Das lässt kein starres Regelwerk zu, sondern es erfordert eine emotionale Wachsamkeit, damit das Lebendige liebevoll unterstützt, korrigiert und gefördert werden kann. Entweder ich spule einen starren Terminplan herunter, oder ich lasse mich auf die Situation ein und beschäftige mich mit der permanenten beweglichen Optimierung der Umstände. Das nennt man dienen.

Waage – Brücken bauen

Brücken baut man zwischen Welten, die nicht miteinander verbunden sind. Ohne diesen Impuls kann nichts Neues entstehen, denn jeder würde in seinem Reich sitzen bleiben. Der Brückenbauerimpuls ist auch ein Überlebensschutz, denn man lädt den anderen, den Fremden und unter Umständen auch den Feind ein, damit man sich kennenlernen kann. So macht man aus der Not der Bedrohung eine Tugend der Begegnung. Es können Vorurteile abgebaut werden und sich dadurch neue Sichtweisen ergeben. Wenn das (selbstgewählte?) Schicksal es will, dass man immer neue Brücken bauen soll, dann geht es nicht darum anzukommen, sondern darum, die Schönheit der stets neuen Welten, die bei einem anklopfen, zu einer scheinbar nicht homogenen Geschichte werden zu lassen.

Skorpion – Kontrolle ist gut, Vertrauen ist besser

Das Leben ist ein riskantes Geschäft. Es gibt Gewinner und Verlierer, vor allem wenn man aufeinander angewiesen ist – und das sind wir nun mal. Also ist es sinnvoll, die Bedingungen des Miteinander so zu gestalten, dass man auf der sicheren Seite ist. Das ist der Fall, wenn man den anderen so einbindet, dass er für einen selbst keine Gefahr darstellt. Oder man hält sich ganz heraus, dann gibt es kein Risiko. Wo es aber kein Risiko gibt, da gibt es auch kein Wachstum. Die Sorge beschwert die Gedanken und führt zu keiner lebendigen Entscheidung. Was fehlt? Nicht die angestrebte Absicherung gegenüber dem Gefühl des Ausgeliefertseins, sondern das Vertrauen. Wo fängt das an? Bei einem selbst.

Schütze – Weg oder weg

Bin ich auf dem Weg irgendwohin, oder laufe ich weg? Wenn ich weglaufe, wovor laufe ich weg? Wenn ich einen neuen Weg suche, warum ist das so? Ein Weg sollte sinnvoll sein. Einen Weg einzuschlagen, nur um einfach loszugehen, ist noch nicht mit Sinn behaftet. Wonach suche ich? Nach einem Inhalt, der mir die Möglichkeit gibt, mich an ihm und durch ihn weiterzuentwickeln. Wenn wir gemeinsam einen weiten Weg vor uns haben, auf dem ich mich entfalten kann, dann ergibt das Sinn. Was aber voraussetzt, dass ich bereit bin, mich auf dieses Abenteuer einzulassen. Die Grenze zwischen »weg« und »Weg« ist haarscharf. Wenn ich weglaufe, habe ich mich nicht eingelassen, habe aber die Illusion der Vorwärtsbewegung.

Steinbock – Anspruch, Euer Ehren

Ab dem Steinbock wird die persönliche Aufgabe überpersönlich. Es geht nicht um mich, meine Familie oder meine Partnerschaften, sondern um die soziale oder gesellschaftliche Verantwortung. Entspricht die selbstgewählte Aufgabenstellung einer Vorstellung von einem gesellschaftlichen Status quo, oder ist es ein von innen gewachsener Qualitätsanspruch? Zwischen beiden liegen Welten. Die Motivation zum Erreichen des Status quo allein kann einem sozialen Minderwertigkeitsgefühl entstammen, das wie ein Stachel wirkt und einen persönlichen gesellschaftlichen Aufstieg stimuliert. Das Bewusstsein von Qualität hingegen kommt aus einer tief empfundenen Liebe und Verantwortung für die zu verrichtenden Aufgaben.

Wassermann – von außen

Der Wassermann liebt den Blick auf das Geschehen aus der Vogelperspektive. Nur aus der emotionalen Distanz zum Geschehen kann er dessen Strukturen und Muster erkennen. Das befähigt zu einer gewissen Objektivität und kann erstaunliche Erkenntnisse oder Einsichten bringen. Dadurch bleibt man mitunter außerhalb des Geschehens, als wäre man durch eine Glasscheibe vom Leben getrennt. Man kann eine Existenz als erfolgreicher Klassenclown führen oder aber seine Erkenntnisfähigkeit in den Dienst der Gesellschaft stellen. Mit diesem Aszendenten wird man sich im Luftzeitalter nicht mehr so fremd im Leben fühlen, weil es dann mehr um Netzwerkaktivitäten als um traditionelle Beziehungen gehen wird.

Fische – der Zurückbringer

Die Fische symbolisieren den Ozean, die unergründbare endlose Weite der noch verborgenen Welten. Wir haben immer nur einen Überblick über einen kleinen Ausschnitt des Geschehens. Daran halten wir uns fest und definieren unseren Begriff von Wirklichkeit, doch ist diese so viel größer, als wir es uns vorzustellen vermögen. Der Fisch bringt das, was wir nicht erahnen oder wissen, was aber zu uns gehört. Vielleicht haben wir vor langer Zeit einen vergessenen Impuls ausgesandt, der nun, über viele Umwege und nach langer Zeit, in Form einer unerwarteten Gestalt vor uns steht oder zu uns zurückkommt. Er verbindet das, was zusammengehört, und heilt es. Manchmal kann man das Gefühl haben, sich in diesem endlosen Ozean der verborgenen Wirklichkeiten zu verlieren.

Die zwölf persönlichen neuen Königreiche

1. Haus – der persönlichste Auftrag

Wenn die Königskonstellation, nämlich die Konjunktion von Jupiter und Saturn vom 21.12.2020, in das erste Haus oder auf den Aszendenten fiel, so ist man das erste Mal in seinem Leben an einem Punkt, an dem man das Gefühl haben kann, wirklich die Regie über das eigene Leben übernehmen zu wollen. Egal wie selbstständig man zuvor bereits war, es hing immer irgendeine andere Person, eine Institution oder sogar die Familie mit drin. Das soll und wird sich ab jetzt ändern. Das ist ein ganz neuer Schritt, der auch irrsinnig viel Mut einfordert, und zwar den Mut zum Loslassen von alten Sicherheiten, die einen in den letzten Jahren sowieso eingeengt haben. Und es braucht den Schritt zu einem Neuanfang, dessen konkrete Richtung noch nicht ganz greifbar ist.

Diese Konstellation bringt sicherlich den radikalsten Neubeginn, wenngleich er nicht mit einem totalen Bruch mit der Vergangenheit einhergehen muss. Saturn symbolisiert das in der Zeit Entstandene und die Erfahrung; auf die selber gemachten Erfahrungen der Vergangenheit kann man jetzt bauen, indem man sich aus bestimmten Verstrickungen befreit und den Weg allein weitergeht. Das Radikale an dieser Konstellation ist, dass man die Beziehung zu seinem eigenen Leben und seinen persönlichen Aufgaben und somit auch zu seinem Schicksal komplett neu definieren will. Für manche kann das bedeuten, dass man überhaupt den ersten Schritt in die eigene Verantwortung für den tieferen Sinn der persönlichen Lebensaufgabe übernimmt. Dafür ist es ja nie zu spät. Egal wie alt man gerade ist, ob 25 oder 67, man ist erst jetzt reif genug zu begreifen, wie viel Autonomie man haben kann und will.

An einer solchen Zeitenwende gibt es Menschen, die sich auf die neue Epoche freuen, und solche, die es dort eher schwer haben werden. Diese Konstellation betrifft zum großen Teil Menschen mit dem Aszendenten im Zeichen Wassermann, aber auch Menschen mit dem Aszendenten Steinbock.

Der Wassermannaszendent hat eine besondere Aufgabe: Er soll den Menschen dabei helfen, auf das Leben aus der Vogelperspektive zu blicken, es also überpersönlich zu betrachten. Das kann er den Menschen nur deswegen beibringen, weil er selbst mit diesem Aszendenten nicht ganz auf der Erde gelandet ist. Mindestens ein Teil von ihm bleibt immer draußen. Diese Konstellation erfordert eine verbindlichere Dimension des Einsteigens in das irdische Leben, als es dem betroffenen Menschen bisher jemals möglich war. Das Rumpelstilzchen soll aus dem Wald kommen.

Es kann auch einige Menschen geben, die sich zu diesem Zeitpunkt völlig aus der Gegenwart »herausbeamen« und den Kontakt zu sich selbst verlieren. Diejenigen, die zuvor ihr Empfindungsvermögen im wörtlichen wie im symbolischen Sinne haben »botoxen« lassen, werden an einen Punkt des Entweder-Oder kommen: Entweder sie lassen sich von nun an auch emotional auf das Leben ein, oder die Betäubung des Empfindens wird chronisch. Dann merken sie aber auch nicht, dass sie nichts mehr merken.

Die anderen, und das werden natürlich die meisten sein, sind hungrig nach einer neuen Aufgabe. Diese Aufgabe kann oder sollte eine Quintessenz der eigenen Erfahrungen der Vergangenheit sein. Nun ist man an einem Punkt der Entwicklung angekommen, an dem man selbst die volle Verantwortung übernehmen will. Das kann auch den Beginn einer Selbstständigkeit bedeuten. Wenn man bereits selbstständig ist, dann kann das einen weiteren Schritt in noch mehr Unabhängigkeit und Authentizität mit sich bringen.

Wenn man zu diesem Zeitpunkt noch sehr jung ist, kann das bedeuten, dass man eine Aufgabe in einer Größenordnung zugewiesen bekommt, die man noch kurz vorher für nicht zu bewältigen hielt. Oder man entscheidet sich selbst für eine große neue Herausforderung. Probleme würden mit dieser Konstellation eher durch eine Unter- als durch eine Überforderung entstehen.

Die Inhalte der Aufgaben sollten überpersönlicher Natur sein, etwa indem man im sozialen, ökologischen, politischen oder gar kulturellen Bereich etwas Neues für die Welt schafft. Das Thema darf durchaus fortschrittsbezogen oder sogar visionär sein. Man wird erwachsener, indem man seine persönliche Originalität einem besonderen Projekt zur Verfügung stellt, anstatt sie zum Selbstzweck oder zur Selbstdarstellung zu nutzen. Es geht nicht um das Ich als Ich, sondern um das Ich im Dienst einer altruistischen Mission. Man kann ein Vorbild für eine immer dringender nötige Solidarität in der Gesellschaft werden.

In der Zukunft wird es weniger darum gehen, dass eine Administration sich um alle Belange des gesellschaftlichen Lebens kümmern soll. Jeder Einzelne wird mehr und mehr gefordert sein, sich bei der konkreten Gestaltung seiner Umwelt aktiv zu beteiligen. So war im Frühjahr 2021 zu beobachten, dass Menschen auf eigene Initiative den Müll im öffentlichen Raum zu entsorgen begannen. Aufgrund des Lockdowns und der geschlossenen Restaurants nahmen die Menschen oft Essen mit in die Parks und verzehrten es dort aus Einweggeschirr. So entstand viel mehr Müll als während eines regulären Betriebs der Gastronomie. Die Müllabfuhr war den großen Müllmengen nicht mehr gewachsen, doch die Menschen zeigten sich verantwortlich für ihre Umwelt, anstatt zu warten, dass das vonseiten des Amts geschah. Das ist ein einfaches Beispiel für ein großes soziales Engagement, was im Luftreich immer wichtiger werden wird. Darin drückt sich ein stärker ausgeprägtes Verantwortungsgefühl bei der Mitgestaltung der Umwelt aus, das während der PR-Zeit 1982 bis 2020 aufgrund der Selbstbezogenheit der Menschen sehr verkümmert war.

All diese Veränderungen werden sich auch im persönlichen Erscheinungsbild ausdrücken. Die Ausstrahlung verändert sich, wird konturierter und somit greifbarer. Man gewinnt an Würde und Respekt. Oder man entscheidet sich für ein neues Styling, welches das neue Lebensgefühl besser zum Ausdruck bringt. Man möchte im positiven Sinne seriöser, konturierter und weniger exzentrisch erscheinen. Die eventuelle Exzentrik der Vergangenheit war ein Ablenkungsmanöver, um als Rumpelstilzchen nicht wirklich erkannt zu werden und seine Persönlichkeit preisgeben zu müssen. Diejenigen, die in der Vergangenheit ihre Eigenart durch farbloses Auftreten als graue Maus getarnt haben, dürfen nun auch in ihrem Styling mehr Farbe bekennen.

Die vitale körperliche Energie ist von diesem Neuanfang ebenfalls betroffen. Man muss mehr auf seinen Schultern tragen und damit auch mehr auf seine Gesundheit achten. Unter Umständen muss man die ein oder andere Gewohnheit ändern und mehr Aufmerksamkeit auf die körperliche Fitness verwenden.

Diese Konstellation ist wie eine persönliche Neugeburt. Man wünscht sich ein neues Projekt, das für etwa zwölf Jahre (Zeit des Umlaufs von Jupiter, der an der Konstellation beteiligt ist) einen Sinn macht und ab dann eine Neuaufladung braucht. Begleiten wird einen das Thema jedoch für die kommenden 28 bis 30 Jahre (Zeit des Umlaufs des Saturns, des anderen Planeten der Konjunktion). Dann, also von 2049 bis 2051, wird man sich fragen, ob das Projekt in der dann gegenwärtigen Gestalt noch die Substanz für weitere 28 bis 30 Jahre haben kann oder ob man dann wieder etwas Neues braucht. Der persönliche Beitrag wird, egal in welcher Größenordnung, seine Wirkung in der gesamten Zeit des Luftreichs entfalten können.

Da die persönlichen Anliegen im Einklang mit dem Zeitgeist stehen, sind bei dieser Konstellation die Aussichten auf Erfolg besonders groß. Vielleicht fühlen sich viele auch das erste Mal überhaupt richtig erkannt oder endlich sogar nützlich, indem sie dem großen Ganzen dienen dürfen. Bei keiner anderen Konstellation trifft sich das große kollektive Thema mit dem individuellen Weg so wie bei dieser.

Für die ganz persönliche Beziehung zum Leben oder zum Schicksal ergibt sich: Der Wassermann symbolisiert die Verbundenheit mit anderen Menschen oder Themen über eine Schwingungsfrequenz und nicht über die Blutsbande. Das ermöglicht eine Loslösung von der persönlichen Vorgeschichte durch Eigenverantwortung.

Man hört dann auf zu behaupten, dass die Eltern an bestimmten eigenen Problemen schuld seien, weil man erkannt hat, dass es an einem selbst liegt, welche Entscheidungen man trifft und mit welchen Frequenzen man sich ganz bewusst verbinden möchte. Das bedeutet nicht, dass man seinem Ursprung gegenüber respektlos sein soll, sondern dessen Rolle bei der Entwicklung in das eigene Leben hinein als die richtige Unterstützung oder das notwendige Übel anerkennt. Ohne die Vorgeschichte wäre man nicht da, wo man heute ist.

Wir haben für diese Konstellation ein ungewöhnliches Beispiel, keinen Menschen, sondern das Horoskop der Verfassung der Vereinigten Staaten von Amerika. Die »darf« eine neue Beziehung zu ihrer Identität und ihrem Schicksal aufbauen und ein komplett neues Selbstverständnis von sich und ihrer Bedeutung entwickeln. Es ist bei der US-Präsidentschaftswahl 2020 mehr als deutlich geworden, dass das Wahlsystem der Gegenwart ihrer Wirklichkeit überhaupt nicht mehr entspricht und dringend erneuert werden müsste.

2. Haus – die Existenzgrundlage

Das zweite Haus folgt dem ersten und symbolisiert die Grundlage des eigenen Lebens: den Körper, seine chemische Zusammensetzung und die Energiezufuhr, die er zum Leben braucht. Für seinen Körper ist jeder selbst verantwortlich.

Auf einer anderen Ebene symbolisiert das zweite Haus Geld, Besitz und alles, was der Selbstabsicherung dient. Aus der Beziehung zum Thema der Sicherheit leitet sich das persönliche Wertesystem ab. Was hat die höchste Priorität im eigenen Leben? Natürlich das, was zunächst einmal die Grundlagen der eigenen Existenz absichert. Man könnte beispielsweise die Frage stellen, ob man unbedingt Fleisch essen muss oder ob man sich nicht mehr und mehr vegetarisch oder gar vegan ernähren könnte. In der Beziehung zum Essen drückt sich bereits eine Wertigkeit gegenüber dem eigenen Körper aus. Das wiederum spiegelt den Respekt vor den Ressourcen der Natur wider. Wie ich mich meinem eigenen Körper gegenüber verhalte, zeigt, wie meine Beziehung zur Umwelt ist. Was verleibt man sich ein? Wenn man die Dinge unreflektiert konsumiert, in sich hineinstopft, kann das Wertesystem nicht außerordentlich differenziert sein.

Nach dem Essen kommt der Besitz. Was möchte man haben? Was meint man zu brauchen, um sich sicher zu fühlen? Nach dem Besitz kommen die Beziehungen – welchen Wert gibt man ihnen in seinem Leben?

In einer Zeit, die sehr stark vom Konsum geprägt war, mussten wir unsere Beziehung zu unserem Wertesystem nicht so grundlegend reflektieren. Alles war verfügbar, man konnte sich des materiellen Lebens bedienen wie im Supermarkt. Der ultimative Wert war nicht die Ware, sondern das Geld, das man haben muss, um sie zu erwerben. Wenn das Geld der höchste Wert ist, dann geht die Beziehung zu den Produkten und die Reflexion über ihren wirklichen Wert verloren. Der Wert ist abstrakt und nur numerisch darstellbar. Wer am meisten Geld besitzt, der hat am meisten, weil er sich am meisten kaufen kann. Die Kaufkraft wird zum eigentlichen Grundwert. Bedenkt man, dass Geld physisch gar nicht vorhanden ist, sondern nur als Zahl auf dem Kontoauszug auftaucht, wird ersichtlich, wie abstrakt die Beziehung zum wirklichen Wert ist. Geld existiert nur im Kopf. Wenn man genug hat, dann muss man nicht reflektieren.

Wenn die Königskonstellation ins zweite Haus fällt, wird das persönliche Wertesystem infrage gestellt. Durch das Wertesystem wird festgelegt, wofür es sich zu handeln lohnt. Es ist somit auch die Grundlage des persönlichen Verhaltens. Die Auswirkung dieser Konstellation ist enorm, denn eventuell sind einem plötzlich viele Dinge oder Themen nicht mehr wichtig, und man muss sich deshalb neu überlegen, wofür man künftig seine Energie einsetzen will. Vielleicht stellt man fest, dass man in der Vergangenheit viel Energie für Themen verschlissen hat, die einem jetzt nichts mehr bedeuten.

Durch die Konsequenzen des Weltgeschehens ab 2020 wurden die Menschen grundsätzlich gezwungen, ihr eigenes und das kollektive Wertesystem infrage zu stellen. Da die Ernährung die Grundlage des Wertesystems ist, hat diese Konstellation für die Betroffenen nicht nur mit dem Werteempfinden an sich, sondern auch mit der Beziehung zum eigenen Körper zu tun. Dieser ist der unmittelbare Repräsentant der Welt, in der man leben möchte! Es empfiehlt sich, bewusster darauf zu achten, ob sich die Bedürfnisse oder die Verträglichkeit bestimmten Nahrungsmitteln gegenüber verändert haben.

Finanziell gesehen ist es eine Zeit für eine große Investition, sofern das möglich ist. Man sollte seine Mittel nicht für kurzfristige Vergnügungen oder Statussymbole aus dem Fenster werfen. Es empfiehlt sich, nur in persönlich Substanzhaltiges zu investieren. Die Betonung liegt auf »persönlich«: Es sollte zur eigenen Geschichte passen und eine stabile Grundlage für die nächsten 28 bis 30 Jahre bilden. Dabei gilt es nicht auf irgendwelche gierigen Finanzberater zu hören, die den schnellen Gewinn mit einer Sache versprechen, die einen thematisch gar nicht betrifft.

Das Wertesystem verändert sich, somit auch die Erwägungen, was für einen selbst denn langfristig gesehen Substanz und Qualität verspricht. Normalerweise steht diese Konstellation für den Kauf einer Immobilie. »Immobil« heißt unbeweglich, in diesem Fall ist gemeint, dass man das Kapital in etwas Festes und Bleibendes steckt. Jeder, der diese Konstellation hat, wird für sich selbst herausfinden, was ihm und seiner Zukunft diese Art von Stabilität verspricht. Auch eine Investition in unkonventionelle Energiegewinnungsmethoden oder zukunftsträchtige Netzwerke wäre eine Alternative. Da das Geld dann ruhen und sein Wert langsam, aber sicher steigen soll, geht es nicht um kurzfristige Gewinne.

Es wäre sinnvoll, wenn sich die persönlichen Interessen mit den Motiven des sich wandelnden Zeitgeistes verbinden. Dann wäre das eigene Interesse mit dem Gemeinwohl kompatibel, was mehr Wachstum verspricht. Eine diesbezügliche Option wäre die Investition in alternative Ressourcenbildung oder in Lebensmittelforschung. Eine persönliche Empfehlung ist, all das wachsam zu beobachten, was sich um das Thema Pilze entwickelt.

Interessanterweise findet diese Konstellation im Horoskop der Vereinigten Staaten von Amerika statt. In der jüngsten Vergangenheit hat sich gezeigt, wie ungeklärt die Themen des Erdreichs in den USA bis heute sind. Die Diskrepanzen in der Bevölkerung spiegeln eine starke Uneinigkeit über die Grundwerte wider. Da dieses Land ein Gemisch vieler Völker der Welt ist, sollte der Pluralismus eine Grundlage des Wertesystems sein. Wie wenig er das noch ist, war an den Rangeleien um die Präsidentenwahl des Jahres 2020 zu erkennen. Auch dieses Land muss die Transformation in das Luftreich schaffen, wenn es dort substanziell bestehen möchte. Vielleicht aber waren die auf Ausschluss zielenden und demokratiefeindlichen Gesinnungen des Landes eine Erinnerung daran, was noch zu klären ist.

Auch der 2020 gewählte Präsident der Vereinigten Staaten, Joe Biden, hat diese Konstellation. Das ist besonders vor dem Hintergrund interessant, dass er persönlich das gleiche Thema wie sein Land hat. Das könnte definitiv ein Hinweis darauf sein, dass er die richtige Person ist, die den Wandel in diesem Land anschieben kann.

Wen wundert es da, dass auch Angela Merkel und Warren Buffett diese Konstellation haben? Wer hat das visionäre Potenzial, einen solch grundlegenden Wertewandel durch seine ganz persönlichen Erfahrungen zu begleiten und sie den kollektiven Entwicklungen unterstützenderweise zur Verfügung zu stellen?

3. Haus – was kann ich?

Kaum etwas trägt so viel zu einem gesunden Selbstbewusstsein bei wie das persönliche Können. Damit sind Fertigkeiten und Talente gemeint, also Dinge, die wir uns nicht nur im Kopf vornehmen, sondern die wir auch konkret umsetzen können. Kinder entwickeln ihr Selbstbewusstsein über das Ausprobieren und das Gelingen. Man bleibt damit im positiven Sinne bei sich selbst, auch wenn man bisweilen die Bestätigung der Umwelt braucht. Man beschäftigt sich zwar mit einer Materie, indem man kocht, etwas schnitzt, zusammenbaut oder zeichnet, baut aber gleichzeitig eine Beziehung zu sich selbst auf. In der Vergangenheit gab es den Begriff »Hobby«. Ein Hobbykeller bestand meistens aus einer Werkzeugkammer, er war also ein Ort, an dem man(n) sich frei von den Erwartungen der Berufswelt manuell verausgaben konnte. Über eine manuelle Tätigkeit kann sich ein inneres Gleichgewicht herstellen; man holt sich Bestätigung aus dem Gelingen. Die Hand verbindet das wörtliche »Begreifen« mit dem Verstehen. Wenn man etwas kann, dann kann man auch im Leben mehr. Dieser Zusammenhang ist ein wenig aus der Mode gekommen, da wir meist nur noch mit dem Kopf in den Gedanken unterwegs sind und die Wertschätzung für handwerkliche Tätigkeiten im PR-Zeitalter abhandengekommen war. Die Finger werden meistens nur noch zum Bedienen von Tastaturen oder dem Wischen auf Tablets eingesetzt. Etwas mit der Hand Geschaffenes stellt eine einzigartige Wertigkeit dar. So wundert es nicht, dass in der jüngsten Vergangenheit, auf dem Weg in das neue Zeitalter, eine Rückbesinnung auf handwerkliche Qualität begann.

Kinder, die Erfolgserlebnisse nur am Bildschirm haben, verlieren ihren Bezug zu einem echten Wert und dessen Substanz. Sie bekommen im übertragenen Sinne Wasserköpfe und haben ein vorgestelltes und kein reales Selbstbewusstsein. Wenn man als Kind auf einen hohen Baum klettert und damit über eine persönliche Mutgrenze steigt, dann stabilisiert sich das Selbstwertgefühl durch das Erreichte. Ein Sieg in der virtuellen Welt bewirkt nicht das Gleiche: Er ist nicht so substanziell, konkret und greifbar.

Die Ausbildung eines Könnens könnte also wieder bedeutsam werden. Das klingt vordergründig unzeitgemäß und wenig luftig, doch jemand, der etwas kann, hat mehr Substanz als einer, der nur labert und sich dabei selbst inszeniert.

Die Substanz wird im Zeitalter der Kooperation und Eigeninitiative besonders gefragt sein. Damit das Leben in dieser Zeit nicht zu luftig wird, braucht es konkrete Gestaltungsräume. Erst auf der Basis einer nutzbaren Wirklichkeit kann sich die Schönheit einer komplexen Vernetzungskultur richtig zum Ausdruck bringen. Das Wurzelnetzwerk der Pilze, das diese Vernetzung auf wunderbare Weise symbolisiert, ist ein Informationsübertragungssystem, das konkrete Aktivitäten seiner lokalen »Ausführungsorgane« braucht. Die Luft braucht ganz viel Erde, um Sinnvolles zu erschaffen.

Was heißt das nun für die einzelne Person, die diese Konstellation in ihrem Horoskop hat? Soll sie auf hohe Bäume zu klettern beginnen? Wenn das in der eigenen Biografie noch nicht stattgefunden hat, dann auf jeden Fall. Das ist natürlich im übertragenen Sinne zu verstehen, wenngleich das konkrete Klettern auch deswegen so schön ist, weil es den gesamten Körper und nicht nur die Hände einbezieht.

Wenn das dritte Haus zum neuen Königreich werden soll, dann wird die Entwicklung der eigenen Fertigkeiten zur neuen Königsdisziplin. Vielleicht hat man seine eigenen Möglichkeiten noch gar nicht so richtig ausgelotet. Oder man weiß um sein Vermögen, hat es aber nicht so wichtig genommen, weil andere Fähigkeiten gefragt waren. Nun aber gilt es, Verantwortung für seine Fertigkeiten zu übernehmen. Man muss nicht mit etwas Neuem beginnen.

Gibt es eine Fähigkeit, die schon präsent war, nun aber gehörig weiterentwickelt werden sollte? Das ist keine Zeitverschwendung!

Der Begriff »Hobby« ist ein Produkt des Erdzeitalters, in dem eine Aktivität nur dann sinnvoll war, wenn sie zum Gelderwerb eingesetzt wurde. Das ist eigentlich eine respektlose Sicht auf die Tätigkeit. Also lassen wir das Hobby im Erdreich und definieren eine analoge Tätigkeit neu: eine Tätigkeit, an der man sich ausprobieren und durch die man sich vor allen Dingen weiterentwickeln kann. Diese aktiv tätige Entwicklung verankert sich in der Persönlichkeit anders als eine rein gedankliche. Die Reflexion über wichtige Lebensthemen bekommt durch das praktische Tun einen substanziellen Unterbau. Die psychologische Persönlichkeit entwickelt sich bodenständiger.

Es ist ein Unterschied, ob man sein Selbstbewusstsein aus der Selbstdarstellung im Internet oder aus einem konkreten Können bezieht. Das Netz ist voll von Selbstdarstellern, bei denen man sich oft fragt, was sie wirklich können. Dieses Phänomen ist ein Produkt des PR-Zeitalters.

Zurück zu unseren Dritthauskönigen: Vielleicht traute man sich in der Vergangenheit auch aufgrund des Zeitgeists, dem echtes Talent nicht am Herzen lag, nicht, zu seinen originären Fähigkeiten zu stehen. Saturn wünscht sich, dass man von nun an Verantwortung für seine angeborenen Möglichkeiten übernimmt. Dazu würde gehören, dass man sie auch ausübt. Jupiter sagt, dass es einen neuen Entwicklungsschub braucht, also eine Fortbildung oder eine Ausweitung der Möglichkeiten. Dabei kann es hilfreich sein, dass man je nach Alter, in seiner Geschichte nach hinten schaut, um Anhaltspunkte zu finden:

Gab es vor zwölf Jahren einen eventuell euphorischen Entwicklungs- oder Erkenntnisschub beim Erlernen einer Sache? Womit hat man sich damals befasst? Was fühlte sich zu der Zeit wie eine beginnende Abenteuerreise an?

Für welchen Weg hat man sich vor 28 oder 29 Jahren entschieden? Welche Fähigkeiten wurden damals eingefordert? Handelte es sich dabei um die wirklichen Talente, oder hat man sich bei der Entscheidung so an die gesellschaftlichen Normen anpassen müssen, dass es zu einem Kompromiss kam?

Diese Fragen sind wichtig zum Verständnis, welche Beziehung man zu seinen Talenten hat. Echter Erfolg und substanzielle Erfüllung stellen sich nur dann ein, wenn man seine Anlagen entwickelt und damit etwas Sinnvolles tun kann. Das fordert auch den Mut, sich das zuzutrauen.

Diese Konstellation im Zeichen Wassermann bezieht sich auf Fertigkeiten, die etwas mit Vernetzung zu tun haben. Das könnte konkret mit der persönlichen Intuition zusammenhängen. Vielleicht hat man in der Vergangenheit seine Intuition den Sachzwängen des rationalen Denkens untergeordnet und sich nicht getraut, Sprünge zu machen?

Je mehr Erfahrung man in seiner Disziplin hat, desto einfacher kann man nun entspannter mit den Regeln der Sprache umgehen. Alles wird zur Sprache. Die Art, wie man Dinge denkt, schreibt, baut oder kocht, wird zu einer Geschichte, und die wird zu einer Sprache. Sprache ist die Art und Weise, wie sich eine Gestaltung erzählt.

Die Königskonstellation fordert auch zu einer »königlichen« inhaltlichen wie strukturellen Klarheit in der eigenen Sprache auf. Für diejenigen, die nicht mehr nach ihrer Anlage suchen, sondern bereits mit ihr arbeiten, wäre Folgendes der nächste konkrete Ansatz:

- Wo bin ich nicht klar und verbindlich genug in meiner Artikulation?
- Warum war ich das bisher nicht?
- Vor welcher Klarheit habe ich mich bisher aus welchem Grund gedrückt?

Die Klarheit der Sprache gibt auch der Persönlichkeit eine schärfere Kontur. Man kann sich Zeit nehmen, um in dieses neue Verhalten oder diesen neuen Umgang mit dem eigenen Können hineinzuwachsen. Es geht um eine ganz langfristige Entwicklung und nicht um einen Schnellschuss. Der Umgang mit den eigenen Anlagen kann auch vorbildlich für die Weggefährten beim Aufbau neuer Strukturen für das Luftreich sein. Die Verantwortung für das eigene Können wird zu einer würdevollen Pflicht.

4. Haus – die Kraft der Wurzel

Mit dem vierten Haus verlassen wir die Welt des Ichs und betreten die Welt des Wir. Dieses Wir wird zunächst durch die Familie, in welche wir hineingeboren wurden, symbolisiert. Man ist ja nicht allein. Die Familie wiederum ist eingebettet in einen größeren Zusammenhang, die sie umgebende Kultur. Hier geht es um das geschützte Leben im Rudel und das Gefühl des Vertrauten und der Zusammengehörigkeit.

Wie entsteht diese Zusammengehörigkeit? Die erste Brücke ist die Mutter, aus der wir physisch hervortreten und die unser unmittelbarstes Band zur Sippe ist. Somit wird das Ich an das Wir gebunden. Durch sie werden wir in der ersten Phase unseres Lebens genährt. Diese Urverbindung baut das Urvertrauen in das Leben auf und gibt ein Gefühl des Schutzes. Die Mutter ist der Ursprung.

Was gehört noch zum Ursprung? Es gibt die kulturellen Gepflogenheiten der Welt, in der man aufgewachsen ist. Die frühesten Eindrücke prägen uns tief, und sie sind meistens an das Rudel in der Umwelt gebunden. Es gibt Umgangsformen, Gewohnheiten und Rituale, die jeweils eine familienkulturspezifische Eigenart haben. Auch der Stallgeruch ist ein wichtiger Teil davon; er verbindet uns mit einer bestimmten Herkunft.

Was gehört noch in die persönliche Geschichte? Sie nimmt mit der Geburt ihren Anfang, aber irgendwann entwachsen wir dem Herkunftsrudel und bauen unser eigenes Leben auf. Das kann viel

Wesentliches enthalten, das wir auf unserem Weg gefunden und in unsere Art zu sein integriert haben. Das können neue Gewohnheiten sein, wie wir kochen, miteinander umgehen usw.

Besonders spannend wird es, wenn wir unsere eigene Familie gründen, dann zeigt sich, wie präsent die Prägung in die Gegenwart hineinwirkt. Es gibt Menschen, deren eigenes Familienleben dem der Herkunftsfamilie in vielen Dingen, etwa Sonntagsbraten oder ähnliche Gewohnheiten, gleicht. Das gibt Vertrautheit. Es gibt aber auch Menschen, die manches, was sie geprägt hat, als beengend empfinden und die sich neue Varianten der Gestaltung des Miteinanders suchen.

Heimat ist also nicht nur der Ort, von dem man abstammt im Sinne des Stammes, sondern auch all das, was man an Bord genommen hat und das ein unverzichtbarer Bestandteil des eigenen Lebens geworden ist. Auch die Kultur kann ein Ursprung sein.

Nun, da wir uns am Übergang in eine neue Zeit befinden, wird sich der Begriff des Ursprungs wandeln. Somit wird sich auch unsere Beziehung zu diesem Thema verändern. Die lokalen Revierabgrenzungszonen des Erdreichs passen nicht mehr in die Gegenwart und die Zukunft. Natürlich stammen wir alle von unseren Müttern ab, aber wir sind auch ein Teil der gesamten Menschheitsfamilie und auf dieser Ebene mit allen verbunden. Das führt uns zu folgenden Fragen:

- Was ist das Besondere an einer eigenen Prägung im Vergleich mit der Vielfalt des Lebens der Zukunft?
- Was ist die Geschichte der Geschichte eines jeden Einzelnen?
- Womit war ich früher identifiziert, womit bin ich es heute?
- Hat sich die Beziehung zur Herkunft geändert?
- Wenn ja, wie hat sie sich geändert?
- Habe ich meine Herkunft früher geleugnet?
- Wenn ja, warum?
- Welche positiven Konsequenzen kann ich aus meiner Geschichte ziehen?

Die Zeit lässt sich nicht zurückdrehen, doch was können wir aus ihr lernen? Wir haben die Möglichkeit, das Thema Herkunft neu aufzusetzen. Das setzt aber eine Entscheidung und die Übernahme von Verantwortung voraus. In vielen Ländern der Erde war gegen Ende des Erdzeitalters eine Rückkehr zu territorialen Absicherungen und nationalistischen Tendenzen zu beobachten, was sich als ein Festhalten an alten Sicherheiten und Vorstellungen von Kontrolle interpretieren lässt. Man wollte den Wandel der Epoche nicht wahrhaben.

Jeder Einzelne, der diese Konstellation hat, braucht also einen neuen »königlichen« Heimatbegriff für sein Leben. Wie soll der ausschauen? Wo soll die neue Heimat sein? Wer gehört dazu, wer nicht (mehr)? Vielleicht kehren Menschen oder Themen aus der fernen Vergangenheit zurück und finden ihren Platz an unserem Tisch?

Eine Rückkehr kann eine Neubewertung vergangener Erfahrungen stimulieren. Gibt es jemanden in unserem Leben, dem wir nach Ewigkeiten verzeihen können? »Die Zeit heilt alle Wunden«, sagt man. Das muss nicht, aber kann durchaus so sein. Wir sollten dem zumindest eine Chance geben. Wenn man Groll oder gar Hass auf eine Person beenden kann, so ist das auch eine Befreiung für die eigene Seele, denn Hass bindet genauso wie Liebe. Wenn dadurch ein Konflikt gelöst werden kann, ist das eine Befreiung am Ende eines Kreislaufs. Danach kann man sich endlich dem Neuen zuwenden.

Im Luftzeitalter geht es um die Vernetzungen. Im Hinblick auf das Thema Familie meint das eine Öffnung des eigenen Hauses für die Wahlverwandtschaft. An die Stelle der territorialen Kleinfamilie können neue Modelle des Zusammenlebens treten. Familie und Partnerschaft können getrennt werden und die Menschen beispielsweise in einer funktionellen Elternschaft leben, ohne das Leid und die Freuden des Liebeslebens. Die werden dann ausgelagert. Die persönliche Wahl ist entscheidend für diese Konstellation.

Der persönliche Umbau spiegelt das, was auch im Kollektiven vor sich geht, daher trägt auch in diesem Bereich jeder Einzelne mit seinen Entscheidungen zum Übergang aller in die neue Epoche bei. Es empfiehlt sich nicht, Verdrängtes unbearbeitet zu lassen. Das könnte den Neuanfang behindern oder überhaupt sein Zustandekommen verhindern.

Auf einer praktischen Ebene ist diese Konstellation eine Einladung, seine konkrete Inneneinrichtung im Dienst der neuen Ideen zu verändern. Das kann durch eine Renovierung umgesetzt werden. In manchen Fällen steht vielleicht sogar eine Sanierung der Gemäuer an. Wenn man seinen Lebensraum neu gestaltet, kann das wie ein Umzug wirken. Farben haben eine starke Wirkung, wenn man sie nicht nur als ästhetische Wand- oder Objektdekoration begreift. Jede Farbe ist eine Schwingungsfrequenz des Lichts und wirkt somit auf unser Gemüt und den Geist. Farbe kann die Atmosphäre eines Raums verändern. Die Umgestaltung der Möbel kann auch zu einem gänzlich neuen Raumgefühl führen.

Natürlich gibt es auch die Option eines Umzugs in eine Welt, in der man sich sicher und gut für die Zukunft aufgestellt sieht. Wenn es den einen oder anderen in ein fernes Land zieht, so ist das auch im Sinne der Konjunktion. Vielleicht entdecken manche, dass sie gar nicht in einer immobilen Behausung leben möchten, und fangen an, den nomadischen Anteil ihrer Seele zu kultivieren.

Wenn man einen Neubeginn wagen möchte, so ist es sinnvoll, eventuell einen abschließenden Blick auf die Vergangenheit zu werfen.

- Wie stehe ich zu meiner Geschichte?
- Welche Themen oder Beziehungen sind noch ungeklärt und blockieren meine Zukunft?
- Wie steht es um die Beziehung zur Mutter?
- Welchen Platz hat sie in meinem Leben?
- Wo habe ich mich aus Vergangenem gelöst und etwas Eigenes geschaffen?

Die Konstellation fordert zu einem eigenverantwortlichen, konstruktiven Umgang mit einer eventuell abzuschließenden Vergangenheit heraus. Ungeklärte Situationen oder Beziehungen können gerade bei einem solchen Epochenwandel den Neuanfang verzögern, wenn nicht sogar verhindern.

5. Haus – der innere König

Innerhalb der Familie haben wir unsere Rolle. Der kann man nicht entkommen, auch wenn man der Meinung ist, dass man sich in seinem Verhalten im Laufe der Zeit verändert hat. Die Rolle innerhalb der Familie ist von Anfang an festgelegt. Sie ist definitiv auch ein Produkt der Abfolge der Geburten der Geschwister. Manchmal suchen wir deswegen das Weite und verlassen die Familie, um an einem anderen Ort in eine neue Rolle hineinwachsen zu können.

Diese Rolle hat etwas mit der Position innerhalb der Sippe zu tun, daraus leiten sich die persönlichen Verhaltensweisen oder Aufgaben ab. Die frühkindliche Rolle wirkt bei der Berufswahl auf die Position, die wir einnehmen können oder werden. Rolle ist Schicksal, wie schon Goethe in seinen »Orphischen Urworten« sagte:

»Wie an dem Tag, der dich der Welt verliehen,
Die Sonne stand zum Gruße der Planeten,
Bist alsobald und fort und fort gediehen
Nach dem Gesetz, wonach du angetreten.
So mußt du sein, dir kannst du nicht entfliehen,
So sagten schon Sibyllen, so Propheten;
Und keine Zeit und keine Macht zerstückelt
Geprägte Form, die lebend sich entwickelt.«

Ein Rollenwechsel scheint daher ausgeschlossen. Es stellt sich die Frage, wie gut oder intensiv wir unsere Rolle ausfüllen. Wenn etwa ein Schauspieler viele Jahre eine bestimmte Rolle in einer Fernsehserie innehatte, fällt es später schwer, ihn in einer anderen Rolle zu akzeptieren, denn man hat sich an das bekannte Gesicht dieser Funktion gewöhnt.

Die Rolle ist nicht nur eine Momentaufnahme, man wächst mit ihr und in sie hinein. Ein Mensch kann mit einer Anlage zur Fürsorge auf die Welt kommen, die aber in jungen Jahren noch gar nicht erkennbar oder zu erahnen ist. Mit dem Alter kommt mehr Verantwortung. Verantwortung konturiert die Persönlichkeit. Ein Mensch, der keine Verantwortung für andere trägt, kann in seiner Persönlichkeit nur bedingt eine gewisse Reife und Authentizität entwickeln. Je größer die Herausforderungen an eine verantwortliche Rolle sind, desto stärker wächst die Persönlichkeit.

Die Verantwortung jedes Einzelnen für soziale Projekte oder Engagements wird im Luftreich zunehmen. Jeder wird gefordert sein, aktiv an der Gestaltung der Umwelt teilzunehmen. Es geht nicht mehr nur darum, seine eigenen Pfründe zu sichern und sich weniger um die kollektiven Belange zu kümmern. Verantwortung fängt im kleinsten Kreis an. Entscheidungen werden bewusst getroffen, und sie beziehen deren Konsequenzen für die Umwelt stärker ein als in der Vergangenheit. Das kann sich bei einem Thema wie der Müllentsorgung zeigen: Ist es einem egal, was mit dem Unrat geschieht, sobald er die eigenen vier Wände verlassen hat, oder geht man bewusst mit der eigenen Verursachung von Müll um?

Immer wieder kommt es vor, dass ein Erbe das Unternehmen seines Vaters übernehmen muss, weil er der Erstgeborene oder einzige Mann in der Familie ist. Vielleicht ist er aber vom Typ her gar nicht geeignet, diese Rolle so auszufüllen wie sein Vater. Oder er ist grundsätzlich keine Führungspersönlichkeit, kann sich aber diesem Auftrag nicht entziehen.

Im Luftreich wird sich das Thema Führung stark verändern. Die eindimensionale Hierarchie des Patriarchats passt nicht mehr; wir brauchen ein kooperatives Gruppenbewusstsein mit lokalen Hierarchien, so wie es uns die Pilze vormachen. Darunter ist zu verstehen, dass jemand auf einem bestimmten Gebiet fachkundiger ist als die anderen und dort themenbezogen die Leitung übernimmt. Diese Leitung setzt Verantwortung voraus, sie ist aber nicht mit einem persönlichen Streben nach Allmacht vereinbar.

Für Menschen, bei denen die große Konjunktion in das fünfte Haus gefallen ist, stellt sich die Frage nach einer Neudefinition der eigenen Rolle. Vielleicht ist es an der Zeit, mehr Verantwortung zu übernehmen? Um das erfüllen zu können, braucht man eine Aufgabe, die auch einen gewissen Abenteuercharakter haben sollte. Somit wäre ein Spannungsbogen garantiert, und man kann lange bei der Sache bleiben. Die persönlichen Erfahrungen der letzten zwölf oder sogar 28 Jahre sollten sich mit einer dem großen Ganzen dienlichen Tätigkeit verbinden. Je nachdem, wie alt man ist, könnte es sich auch um ein zusätzliches Ehrenamt für soziale Zwecke handeln. Vielleicht steht man vor der Entscheidung, die Verantwortung für eine Familie zu übernehmen. Dabei müssen nicht Blutsbande vorhanden sein, es könnte auch ein neuer Verbund aus der alten und neuen Wahlverwandtschaft entstehen.

Ist man an dem Punkt, beruflich eine Führungsposition zu übernehmen? Jetzt wäre die Zeit gekommen, sich selbst mehr zuzutrauen. Die Freude über den ungewissen Ausgang der nun beginnenden Reise ist eine gute Voraussetzung für deren Gelingen.

Bei allen Entscheidungen sollte die innere Persönlichkeit mit der äußeren »Persona« übereinstimmen. Man sollte keine Rolle spielen, der man mit seiner Persönlichkeit nicht entspricht.

Für andere kann sich die Frage stellen, ob zur Verantwortung eine Akzeptanz des Loslassens gehört. Wenn man die anderen zum Zuge kommen lassen möchte, wird man seiner Verantwortung am ehesten dadurch gerecht, dass man sie gewähren lässt. Ob man sich bewusst für die Führung entscheidet oder dafür, den Platz frei zu machen – beides dient der Verantwortung.

Eine weitere Variante dieser Konstellation bezieht sich auf die persönlichen Herzensangelegenheiten. Besteht der Wunsch nach einem kreativen Ausdruck? Wo braucht es mehr spielerische Leichtigkeit? Wenn jemand etwas auszudrücken oder zu sagen hat, dann ist diese Zeit bestens dafür geeignet, damit anzufangen.

Wie ist man bisher mit seinen Kindern umgegangen? War man zu streng, und könnte man von nun an etwas gelassener mit ihnen umgehen? Oder war man zu unverbindlich, und nun steht es an, bewusster Verantwortung zu übernehmen? Kinder brauchen Führung, was nicht mit der autoritären Erziehung der Vergangenheit gleichzusetzen ist. Den Begriff »Erziehung« brauchen wir auch nicht mehr im Luftreich, denn man sollte Kinder fördern und begleiten, aber nicht an ihnen herumziehen.

Man kann sich auch an verantwortlicher Stelle für ein soziales Projekt einsetzen und dort eine Führungsrolle einnehmen. Wichtig an dieser Konstellation ist, dass man die Kraft seiner Persönlichkeit in den Dienst von etwas Lebensförderlichem steckt.

6. Haus – Neuorganisation

Das sechste Haus symbolisiert, wie wir uns an die sich immer wieder verändernden Lebensumstände anpassen. Alles bleibt in Bewegung, und wir müssen unser Verhalten und die Dinge ständig nachjustieren oder korrigieren. Wenn wir in ein anderes Land reisen, muss sich die Verdauung erst an die ausländische Küche anpassen. Auch mit dem persönlichen Verhalten reagieren wir auf unsere jeweilige Umwelt. Dass es in Südspanien deutsche Bierkneipen mit Schlagermusik gibt, in denen man seine Currywurst und die *Bild*-

Zeitung erwerben kann, ist definitiv kein Ausdruck von Anpassungsvermögen.

Der Körper ist im Gleichgewicht, wenn seine Organe gemäß ihrer spezifischen Funktion einsatzfähig sind. Das ähnelt einem Orchester: Jedes Instrument spielt seine Noten und hat eine Funktion, die seinem Klang entspricht. Jedes Einzelteil dient an seinem Ort mit seiner Funktion dem großen Ganzen, sei es der Körper oder das Orchester.

Wenn sich Lebensgewohnheiten ändern, muss sich der Körper daran gewöhnen. Passt die neue Gewohnheit nicht, kann es Komplikationen in den organischen Abläufen geben. Organisieren bedeutet, jedes Organ gemäß seiner Funktion zum Einsatz für das Ganze zu bringen.

Menschen, die sich schwer anpassen können, haben es oft schwer. Einem solchen Verhalten mag eine Vorstellung von Eigenwilligkeit zugrunde liegen. Doch damit wird man auf lange Sicht gesehen alt, aber nicht reif.

Charakterstärke und Anpassungsfähigkeit schließen sich nicht aus – im Gegenteil, sie bedingen einander. Nicht umsonst heißt es: Der König ist der erste Diener seines Landes. Ein selbstbewusster Mensch mit einer starken Persönlichkeit ist sich nicht zu schade dafür, seine Kraft in den Dienst anderer zu stellen. Es veredelt seinen Charakter, statt ihn zu schwächen.

Nun liegt es auf der Hand, welche Frage auf diejenigen zukommt, die diese Konstellation haben: Was muss im eigenen Leben wie neu organisiert werden, damit mehr Freiraum entsteht?

Es lohnt sich, diverse Abläufe des eigenen Lebens zu überprüfen, um festzustellen, welche noch lebendig und welche bereits statisch geworden sind. Mitunter kann eine solche Konstellation mit sich bringen, dass man in seinem Lebensraum Dinge umbauen muss, damit der Betrieb weiterlaufen kann. Gibt es ein Netzwerk, das am Arbeitsplatz die Abläufe optimieren könnte?

Wie steht es um die eigene Position im unmittelbaren privaten oder Arbeitsumfeld? Nimmt man die Stelle ein, an der man sich kraft seiner Persönlichkeit sowohl selbst am besten entfalten als auch dem Team dienlich sein kann? Wenn sich bei dieser Frage ein Unwohlsein bemerkbar macht, kann das ein Hinweis darauf sein, dass man entweder in der falschen Funktion oder am falschen Arbeitsplatz ist. Wenn man dort nichts ändert, kann sich nichts verbessern – im Gegenteil: Die Probleme würden sich verhärten und chronisch werden.

Das gleiche Prinzip ist auf die Gesundheit anzuwenden. Die Zeit ist ideal, um sich schlechte Angewohnheiten, die etwa den Organismus in seinen Abläufen irritieren, abzugewöhnen. Vielleicht verträgt man auf einmal bestimmte Lebensmittel nicht mehr, was oft damit einhergeht, dass sie einem auch nicht mehr schmecken.

Die Veränderung einer Gewohnheit hat eine ungeheure Wirkung auf die Persönlichkeit. Eine Gewohnheit ist wie eine Stütze der Faulheit des Charakters, an die er sich lehnt, um sich nicht anstrengen zu müssen. Das unterfordert die Kreativität. Man muss sich in dem Moment, in dem die gewohnten Abläufe nicht mehr funktionieren, etwas einfallen lassen, was neue Möglichkeiten eröffnen kann.

»Wer denkt, Abenteuer seien gefährlich, der sollte es mal mit Routine versuchen – die ist tödlich«, so der brasilianische Dichter Paulo Coelho. Er meint damit, dass das Unerwartete, das zu einem Abenteuer gehört, vielleicht schwer planbar ist, aber dem Wesen des Menschen mehr entspricht als die immer gleiche Wiederholung der gleichen Vorgänge oder Situationen. Wir sind ja keine Ameisen.

Organisieren heißt organisch strukturieren, und das beinhaltet Bewegung und Veränderung. Man hört nicht auf zu organisieren, jeden Tag gibt es etwas Neues, was bearbeitet und in die Abläufe integriert werden will oder soll.

Es ist keine Kunst, am Feierabend, in seiner Freizeit oder im Urlaub lebendig zu sein. Die meiste Zeit verbringen wir bei der sogenannten

Arbeit. Diese Zeit darf auch mit Schönheit angereichert werden, dann ist die Diskrepanz zwischen Frei- und Arbeitszeit nicht so groß. Wer das ausschließt, hat vermutlich den falschen Beruf gewählt.

Jupiter verspricht das Abenteuer, und Saturn fordert die Verantwortung. Diese Konstellation macht den Menschen aufmerksamer für die kleinen und feinen Zusammenhänge des Alltags. Wer genau hinsieht, entdeckt im mikrokosmischen Alltag die makrokosmischen Strukturen und Muster.

Durch die gewonnene Aufmerksamkeit können wir auf einmal die Schönheit in scheinbar banalen Dingen entdecken. Kultiviert man das, verleiht man den gewöhnlichen Dingen einen Zauber, der als kleines Dankeschön das Lebensgefühl leichter und erfüllter werden lässt.

7. Haus – die Beziehung als Spiegel

Mit dem siebten Haus betreten wir die Welt der Begegnung mit anderen Menschen. Jeder Einzelne begegnet im Laufe seines Lebens einer ganz bestimmten Auswahl von Menschen.

Es wird gern behauptet, viele der Begegnungen, die man im Laufe seines Lebens habe, seien rein zufälliger Natur. Was fällt denn wem zu? Die Menschen, die unseren Weg kreuzen, haben eine Botschaft an uns und wir an sie. Es entwickelt sich eine Geschichte von Begegnungen und Beziehungen. Darin wird sichtbar, dass wir im Endeffekt nur diejenigen anziehen, die auf der gleichen oder einer ähnlichen Frequenz schwingen wie wir selbst. Diese Schwingung muss nicht nur positiv sein, sie kann auch Schattenanteile der eigenen Persönlichkeit aufzeigen. Wenn man nur im Ursache-und-Wirkung-Prinzip denkt, trennt man die Begegnung mit einem Menschen von der Beziehung, die wir zu dieser Begegnung haben könnten. Das nennt man dann Zufall.

Für die Partnerwahl gibt es einen Wahrnehmungsfilter in unserem System, der nur diejenigen Menschen oder Situationen in unser Leben lässt, die unseren Vorstellungsbildern entsprechen. Diese Vorstellungen werden aus diversen Quellen mit Informationen und Bildern beliefert:

- Vorstellungsbilder der Herkunftsfamilie und von deren Umfeld
- Unbewusste (epigenetische) Prägungen der Vorfahren
- Vorstellungsbilder des Zeitgeistes, wie Werbung und Fernsehen
- Ein Gemisch aus Vorprägung und eigenen Erfahrungen

Auch die Werbung arbeitet intensiv mit Vorstellungen und Stimmungen, die mit einem zu vermarktenden Produkt assoziiert werden. Der Kunde verbindet dann das Produkt meistens unbewusst mit Bildern und vielleicht auch Klängen, und das löst dann den Kauftrieb aus.

Wenn man das Produkt erworben hat, glaubt man, sich auch die in der Werbung suggerierte wundervolle Welt angeeignet zu haben. Wenn man alle Bilder umgesetzt hat, indem man alle Produkte gekauft hat, müsste man ja theoretisch ein glücklicher Mensch sein. Doch eine Befriedigung der Vorstellung bewirkt nicht automatisch eine Befriedigung des Gemüts, auch wenn das so in der Werbung suggeriert wird.

Die Vorstellung findet im Kopf statt und nicht im Gemüt. Sie wirkt vom Kopf auf das Gemüt. Wir denken dann, dass wir zufrieden sein müssten, wenn wir all das haben, was wir glauben besitzen zu müssen. Aber das Gemüt braucht kein Bild, sondern ein wirkliches Gefühl.

So begegnen wir Menschen, die vielleicht rein äußerlich unserer Idealvorstellung entsprechen, doch das Beisammensein mit ihnen fühlt sich nicht richtig gut an. Wenn wir an der Vorstellung, also dem Idealbild, haften bleiben, übergehen wir unser Empfinden.

Ebenso kann es passieren, dass wir mit jemandem zusammenkommen, mit dem es sich wunderbar anfühlt, obwohl dieser Mensch unserer Vorstellung überhaupt nicht entspricht. Natürlich gibt es auch viele Begegnungen, die sich zwischen diesen Extremen befinden. Mal bestimmt der Kopf mehr, mal der Bauch.

Wenn das neue Königreich in die Welt der Vorstellungen, also das siebte Haus, fällt, kann das weitreichende Folgen haben. Dann brauchen wir neue Bilder, die aber mit denjenigen des Erdreichs nicht mehr vereinbar sind. Das Zeichen Wassermann, in dem diese Konstellation stattgefunden hat, braucht weiträumige Vernetzungen und keine engen Erdreichbindungen. Vielleicht hat man jahrelang eine Beziehungsform gelebt, die einem in der Tiefe des eigenen Wesens gar nicht entsprach. Da es aber alle so taten, hat man einfach mitgemacht. Es ist ja auch nicht immer lustig, ein Außenseiter zu sein.

Diese Konstellation betrifft zum größten Teil Menschen, die einen Löwe- oder einen »späten« Krebsaszendenten haben. Mit diesen Aszendenten möchte man für seine Persönlichkeit und deren Entscheidungen große Anerkennung finden. Dazu gehört auch eine vorzeigbare Partnerschaft. Der Partner steht nicht nur für sich, er sagt auch etwas über uns selbst aus. Bestenfalls sollte er unsere eigene Großartigkeit spiegeln. Das Ich spiegelt sich in seiner Beziehung. Wenn man in den Spiegel der Beziehung schaut, möchte man nur Gutes sehen.

Hier lässt sich wunderbar erkennen, wie viel eine Beziehung mit den Bildern der Vorstellung zu tun hat. »Meine Frau und ich, wir lieben mich bis zum Wahnsinn«, würde es konsequenterweise heißen.

In das siebte Haus gehört auch das Thema Narzissmus. Im Mythos entsteht die Selbstverliebtheit, als Narziss sein Spiegelbild auf der Wasseroberfläche entdeckt und sich darin verliebt. Der Narzissmus des siebten Hauses spiegelt sich in der Partnerschaft, man könnte sagen, er benutzt den Partner zur Bestätigung seiner selbst. Wenn die Menschen Selfies machen, dann schauen sie nicht natürlich, sondern ziehen eine Schnute und setzen einen bestimmten Blick auf. Man schaut so, wie man glaubt (aus)schauen zu müssen, um begehrenswert zu sein. Man versucht also, einem Ideal zu entsprechen, egal wie man in Wirklichkeit aussieht. Unter Umständen beginnt man sogar an das ideale Spiegelbild von sich selbst zu glauben und verwechselt es dann mit der Realität. So entfernt man sich langsam, aber sicher von seinem Wesenskern hin zum vorgestellten Idealbild.

Alle Ideale, die zwischen uns und unseren Beziehungen stehen, sind Abstandshalter der zwischenmenschlichen Wirklichkeit. Wenn meine Beziehung ideal ausschaut, so wirft das ein gutes Licht auf mich.

Die folgenden Fragen sollen helfen, die eigenen Vorstellungswelten genauer zu durchleuchten:

- Welche Ideale habe ich auf meinen Partner projiziert?
- Wo steht die Beziehung in der Gegenwart?
- Welchen Zusammenhang gibt es zwischen diesen Idealen und einer eventuellen Krise in der Beziehung?
- Brauche ich diese Ideale noch, um mein Ego zu bestätigen?
- Was bleibt von der Partnerschaft, wenn die Ideale an Wichtigkeit verlieren?

Es ist vorstellbar, dass die Partnerschaft durch den Abbau der Ideale enorm an Qualität gewinnt. Vielleicht entdeckt man, wie viel schöner der andere Mensch in Wirklichkeit ist, wenn wir die rosarote Brille der Vorstellungen abnehmen.

Es kann sich aber auch zeigen, dass ohne diese Vorstellungen wenig Bindungssubstanz vorhanden ist und dass man an vielen Punkten fröhlich nebeneinanderher gelebt hat, ohne dass man sich wirklich begegnet ist. Bilder können richtig gefährlich sein. Wenn man sie als Reiz- oder Lockmittel versteht, das einen dazu stimulieren soll, überhaupt in die Begegnung zu gehen, ist alles wunderbar. Verwechselt man sie jedoch mit der Wirklichkeit, dann kann das grausam werden. Menschen, die totalitär denken, sind von Vorstellungen besetzt, die sie für die Wirklichkeit halten, und versuchen dann, sie ihr überzustülpen.

Der Kampf gegen die Vorstellungsbilder kann also höchst fruchtbar für die Weiterentwicklung einer authentischen Persönlichkeit sein. Da aber in der PR-Zeit die Bilder mächtiger als das Empfinden waren, wurde es schwer, sich von ihnen nicht gänzlich einnehmen zu lassen, ohne zum Außenseiter zu werden. Diese Bilder werden im Luftreich nicht mehr gebraucht, und es stellt sich die Frage, welche neuen Bindungskriterien von jetzt an für jeden Einzelnen gelten.

8. Haus – Verbindlichkeit

Im achten Haus geht es um die Bedingungen, die einer Bindung zugrunde liegen. Die waren im Erdreich eindeutig: Im Zentrum stand die materielle Absicherung aller Beteiligten. Ein großer Teil der Ehen wurde aus wirtschaftlichen Motiven geschlossen. Manchmal ging es auch um die Zusammenführung zweier Familien, die dadurch einen Machtzuwachs erhalten wollten.

Wenn man sich auf jemanden oder etwas einlässt, kann das ein großes Risiko sein. Man investiert in ein Gemeinsames, ohne genau zu wissen, wohin die Reise führt, geschweige denn, wie lange sie sein wird. Um das Risiko zu minimieren, kann man versuchen, vorab Kontrolle über die gegenseitigen Abhängigkeiten zu erlangen. Wenn das Risiko bei 50 Prozent für beide Beteiligten liegt, gibt es keine Gewissheit darüber, ob man im Falle eines Scheiterns der Bindung als Gewinner oder als Verlierer dastehen würde. Also versucht man die Oberhand zu behalten. Dadurch kommen Bedingungen in die Beziehung: »Ich zahle, und du tust, was ich sage.« Natürlich können diese Arten der Manipulation viel subtiler sein, sie dienen in jedem

Fall dem Versuch, kein wirkliches Gleichgewicht zwischen beiden entstehen zu lassen. Die Nichtemanzipation der Frau machte sie zu einem Spielball der Vorstellungswelten der Männer.

Warum fällt es so schwer, mit offenem Visier und ohne Kontrollmechanismen in eine Bindung einzusteigen? Man fragt sich, ob oder wie sehr man seinem Partner wirklich trauen kann. Warum traut man dem anderen nicht? Wir haben im Erdzeitalter gelernt, dass Vertrauen gut ist, Kontrolle aber besser. Eine solche Botschaft senkt die Bereitschaft zu vertrauen. Vertrauen ist eine Auszeichnung. Wenn man einem Menschen, wie man so schön sagt, Vertrauen schenkt, so ist das ein Angebot, eine Einladung, das Bestmögliche in ihm und in sich zu aktivieren: die Ehre. Wenn ich mir wünsche, dass Menschen respektvoll mit mir umgehen, so sollte ich die ersten Schritte tun und nicht abwarten, dass der andere das macht. Genauso verhält es sich beim Thema Vertrauen.

Man kann Kinder mit Druck »erziehen« und an sie Erwartungen richten. Man kann ihnen aber auch Vertrauen für eine anstehende Aufgabe schenken und sie dadurch noch stärker dazu motivieren, sie aus eigenen Stücken und somit authentisch zu bewältigen. Vermutlich bindet man sein Gegenüber durch einen Vertrauensvorschuss mehr, als wenn man es unter Druck setzt. Der Vertrauensvorschuss stimuliert die Eigenverantwortlichkeit, und das ist es, was wir im Luftreich brauchen. Daher darf man in der Zukunft getrost sagen: »Kontrolle ist gut, Vertrauen ist besser.« Das ist nicht als Einladung zu einem naiven Weltvertrauen gemeint – natürlich gibt es Kreaturen, denen man sein Wertvollstes definitiv nicht überlassen sollte.

Im Zeitalter der Kooperation wird eine Veränderung der Vertragsbedingungen des Miteinander unabdingbar, sonst entstehen keine neuen Verbindungen. Das birgt die ungeheure Chance, alte Abhängigkeiten hinter sich zu lassen. Es gibt nicht mehr nur den einen Menschen, der ein bestimmtes Problem in unserem Leben lösen kann – im Netzwerk wird sich immer wieder ein anderer Mensch finden, der sich diesem Thema widmet. Dadurch ist auch wesentlich mehr Entwicklung innerhalb der Themen und der eigenen Beziehung dazu möglich. Die Folge davon kann sein, dass viele Bindungen nicht mehr für die Ewigkeit geschlossen werden, sondern für eine gewisse Entwicklungszeit. Das schließt lange gemeinsame Wegstrecken nicht aus, aber sie sind nicht mehr die einzig mögliche Variante des Miteinander.

Worin wird die Sicherheit in den Partnerschaften des Luftzeitalters bestehen? Es ist eine charmante Aussicht, dass das gegenseitige Vertrauen ganz andere Dimensionen der Eigenverantwortung freisetzen kann. Wenn Bindungen an ein Netz gekoppelt sind und nicht mehr nur zwei Menschen betreffen, dann teilen sich die Verantwortlichkeiten. Das setzt das Risiko herunter, was aber in anderer Hinsicht riskant ist: Die Verbindlichkeit ist weniger gefordert und kann in verschiedenen Situationen auf der Strecke bleiben. Das wiederum kann den Beziehungen ein wenig an Tiefe nehmen – sie werden zu »luftig«.

Dann stellt sich die Frage, wie tief die Menschen noch in die Themen eintauchen. Wenn man nicht richtig tief in ein Thema einsteigen kann, dann holt man dort auch nicht so viel heraus. Je tiefer man sich einlässt, desto größer wird die Intensität. Das wird eine der größten Herausforderungen des Luftzeitalters werden.

»Ich verlange in allem – Leben, Möglichkeiten des Daseins,
und dann ist's gut; wir haben dann nicht zu fragen,
ob es schön, ob es hässlich ist.
Das Gefühl, daß, was geschaffen sei, Leben habe,
stehe über diesen beiden und sei das einzige Kriterium in Kunstsachen.«

Georg Büchner, *Lenz*

Intensität oder auch Leidenschaft sind eine besondere Qualität, die nur dann entstehen kann, wenn man bereit ist, sich mit Haut und Haar auf etwas einzulassen. Leidenschaft in diesem positiv gemeinten Sinne sorgt für Resonanz im Gegenüber: Es kann nur das zurückkommen, was zuvor hineingegeben wurde. Was geschieht oder möglich ist, hängt nicht vom anderen ab, sondern von einem selbst.

Im individuellen Horoskop bringt diese Konstellation die zentralen Fragen nach der Bereitschaft zur Hingabe und Leidenschaft mit sich:

- Welche Bedingungen verhindern ihr Entflammen?
- Welche Beziehungen gibt es in meinem Leben, die noch ganz von den Bedingungen des Erdreichs bestimmt werden?
- Wie müssten die Beziehungen der Zukunft für mich gestaltet sein?
- Vor welchem Verlust fürchte ich mich?
- Ist diese Verlustangst noch angemessen?
- Wo fehlt mir der Mut, mich tiefer einzulassen?

Diese Konstellation fordert definitiv mehr Mut als die anderen elf. Es geht um die Ungewissheit, die man selbst nicht im Griff haben kann, weil sie durch das Gegenüber erzeugt wird und zusätzlich die eigene Neupositionierung voraussetzt. Wo das Risiko größer ist, kann der Gewinn es auch sein. Bei Einlösung des Versprechens winkt dem Gewinner eine numerisch nicht zu bemessende Dimension der Freiheit.

9. Haus – wo wollen wir hin?

Wir Menschen brauchen eine Perspektive und das Gefühl, dass es im Leben immer irgendwo weitergeht. Wenn wir stagnieren, dann fühlt sich das so an, als würde etwas in uns absterben. So schmieden wir viele schöne Pläne für die Zukunft. Sie sollen uns stimulieren und versprechen uns eine Aussicht auf das Morgen.

Was war das Zukunftsziel des Erdreichs? Die Anhäufung von immer mehr Materie, am besten in Form von Besitz oder Aktien oder Geld. Wachstum bezog sich auf die Vervielfältigung materieller Güter. In Kombination mit einem linearen Entwicklungsbegriff sollte das Wachstum nicht zyklisch, sondern immer linear ansteigend sein. Man könnte sogar von einem Wachstumszwang sprechen, der in letzter Instanz zu einer Ausbeutung der natürlichen und emotionalen Ressourcen geführt hat. Nicht ohne Grund gehört die Gier zu den sieben Todsünden. Sie ist der Drang, immer mehr zu besitzen und damit sein Selbstwertgefühl ins Unermessliche zu steigern. Die Geschichte vom Fischer und seiner Frau erzählt die Entwicklung von einer Person, die durch immer neue Wünsche das Gefühl für ihre Grenzen verliert und größenwahnsinnig wird, wodurch ihr am Ende wieder alles genommen wird, was sie zuvor erhalten hat. Wo sind die natürlichen Grenzen des materiellen Wachstums?

Im neunten Haus stellen sich folgende Fragen:

- Welcher Art sind meine Ziele und Wünsche?
- Was sagen sie über mein Wesen aus?
- Wie gierig bin ich?
- Verfolge ich eigene oder fremde Ziele?
- Was würde meinem Leben eine echte Perspektive geben?

Zu diesem Haus gehört auch die geistige Entwicklung einer Person. Man lernt auf seinem Weg stets dazu und erweitert dadurch seinen Horizont. Eine Methode dafür kann das Reisen sein.

Was war früher der Sinn einer Reise? Das Studium anderer Kulturen oder die Erforschung eines Themas. Deshalb hat man sich einst auf den weiten Weg gemacht. Goethes Reise nach Italien war gewiss nicht als Urlaub geplant. Damals reiste man mit der Kutsche, allein das machte ein solches Vorhaben ausgesprochen beschwerlich und langwierig. Jedenfalls war der Begriff der Reise gänzlich anders definiert als heute.

In der jüngeren Vergangenheit war die Reise eher ein Kontrapunkt zum Alltag, dem man hin und wieder zu Erholungszwecken entkommen wollte. Erholung war wichtiger als Bildung(sreise). Beides muss sich ja auch nicht ausschließen. Für viele Menschen ist der Urlaub ein Hauptziel. Man lebt nicht seinen Alltag, sondern von einem Urlaub zum nächsten. Die Möglichkeit, für wenig Geld um die Erde zu fliegen, gab es seit Aufkommen des Billigfliegertums zuhauf. Man besuchte Urlaubsziele, um sich in die Sonne zu legen, ohne zwangsläufig der lokalen Kultur zu begegnen. Die wurde dann allenfalls in klischeehaften Entertainment-Darbietungen im Rahmen eines Unterhaltungsprogramms eines Ferienclubs präsentiert. Durch die Pandemie wurde dieser gesamte Urlaubskomplex lahmgelegt. Das könnte man zum Anlass nehmen, über die Notwendigkeit dieser Art der rasenden Reiserei im Luftzeitalter zu sinnieren.

- Was bedeutet mir eine Reise?
- Was suche ich auf der Reise?
- Wovor laufe (fliege) ich weg?
- Könnte ich meine Suche anderweitig ausrichten?
- Welcher Sinn, den ich in der Ferne suche, fehlt mir in meinem Leben?
- Wie würde eine Reise verlaufen, die nicht nur dem Urlaub dient, sondern auch meinen Horizont erweitert?

Wenn wir im Luftzeitalter die Reisen nicht konsumieren wie die Chips beim Fußballschauen und uns über die ökologischen Folgen dieser unreflektierten Art des Tourismus Gedanken machen, hätte das nicht nur einen positiven Einfluss auf die Natur, sondern auch auf unser Bewusstsein. Vielleicht würden wir viel mehr Zeit mit vertiefenden Studien zu bestimmten Themen verbringen und dadurch fantastische Reisen im Geiste antreten. Die Auseinandersetzung mit einem bestimmten Thema ist einer Partnerschaft nicht unähnlich. Man geht einen Weg und kann sich an dem und durch das Thema in seinem Können, seinem Verständnis und seiner Persönlichkeit weiterentwickeln. Es gibt kritische Momente, in denen man nicht weiterkommt. Dann findet man wieder einen Ansatz, um die nächste Wegstrecke zu beschreiten.

Die Auseinandersetzung mit einem Thema wie der Astrologie ist eine endlose Reise. Man kommt nie an einen Punkt, an dem man nicht immer wieder etwas Neues entdecken kann. Daher kann uns ein solches Thema ein ganzes Leben lang begleiten. Da gibt es die Verwaltertypen, die ein bestimmtes Niveau an Erfahrung, Wissen und Können erreichen und ihren dadurch erreichten Status im Dienst der Wirtschaftlichkeit in die Breite und nicht in die Tiefe multiplizieren. Dann mehrt sich das materielle Vermögen, aber nicht zwangsläufig das geistige Verständnis. Um in die Tiefe vorzudringen, braucht es nämlich eine gewisse Beweglichkeit und Offenheit für die anstehenden Zusammenhänge und Vernetzungen. Natürlich muss man von etwas leben können, hier geht es also um das Gleichgewicht der verschiedenen Wachstumsoptionen. Vom Geld allein jedoch ist noch kein Mensch glücklich oder erfüllt geworden.

In welche sinnvolle Zukunfts- oder Wachstumsperspektive möchte man in den kommenden Jahren seine Energie stecken? Was wäre denn sinnvoll in dieser Zeit? Wäre es die Bereicherung des Egos? Dann ginge es einem selbst gut, aber was wäre mit all den anderen Menschen? Kann man ein erfülltes Leben haben, wenn man selbst alles hat, es aber den Menschen um einen herum nicht gutgeht? Hat Sinn nicht primär mit einem Miteinander zu tun? In Beziehungen liegt grundsätzlich immer Wachstumspotenzial.

- Mit wem möchten und können wir uns in der nächsten Zeit weiterentwickeln?
- An welchem oder durch welches Thema können wir uns zusammen oder auch jeder für sich weiterentwickeln?

- Haben wir einen ähnlich weiten Horizont?
- Wie offen sind wir gemeinsam für Neues, das uns beide oder mehrere Menschen miteinander inspirieren kann?
- Verbindet uns eine Vision der Großzügigkeit?
- Wie neugierig sind wir auf das, was wir uns gegenseitig an neuen Impulsen bieten können?

Diese Fragen zielen weg von einer berechnenden strategischen Beziehung hin zu einem experimentelleren Umgang miteinander.

In der Vergangenheit lag die Vermittlung der Sinnsuche in den Händen von Predigern oder Gurus. Das entsprach einer grundsätzlich hierarchischen Orientierung. Deren Konsequenzen wurden oft offenbar in dem Größenwahn, in dem sich sogenannte geistige Führer verloren haben; sie nutzten ihr Amt zur Bestätigung ihres persönlichen Egos. Das steht eigentlich im Widerspruch zu den vermittelten nicht-hierarchischen spirituellen Inhalten. Wie es uns der Pilz so schön vormacht: Wir brauchen im Luftreich derartige Hierarchien nicht mehr. Es soll um die Exzellenz des besonderen Könnens oder Wissens gehen, ohne dass sich das Individuum als Person über die anderen stellt. Ein Papst als Repräsentant des Göttlichen – so etwas finden die Pilze nicht mehr zeitgemäß.

10. Haus – die höheren Ziele

Das zehnte Haus symbolisiert den Status quo, den man erreicht hat oder zu dem man noch aufsteigen möchte.

- Was möchte man genau erreichen?
- Wer möchte man werden im Unterschied zu dem, der man am Anfang seiner Lebensreise war? Man kommt ja irgendwo her und möchte sich irgendwohin entwickeln.
- Welchen Status möchte man (irgendwann) mal innehaben?

- Welche gesellschaftliche Anerkennung wünscht man sich?
- Welches Ansehen möchte man haben?

All diese Fragen beziehen sich auf Maßstäbe, die von der Gesellschaft und der Zeit, in der man lebt, gesetzt werden. Diese Maßstäbe können rigoros sein, denn sie erlauben bestimmte Kriterien, während andere ausgeschlossen sind. Es ist wie vor einem anonymen Gericht oder einer Prüfungskommission. Wenn man mit den Regelwerken der Zeit im Einklang ist, kann man durch die verschiedenen Stadien hindurchmarschieren und langsam, aber sicher aufsteigen.

Wenn man sich als junger Mensch Ziele setzt, so sollte man sich dabei von Anfang an fragen, ob diese Ziele die eigenen sind oder ob sie lediglich der Versuch sind, im Rahmen der Maßstäbe der Gesellschaft anerkannt zu werden oder Bedeutung für sich und sein Schaffen zu erlangen. Was verspricht man sich vom Erreichen dieser Ziele? Man kann Ruhm und Ehre ernten und zu einer angesehenen Persönlichkeit heranreifen.

Entsprechen diese äußeren Leistungsmerkmale denn wirklich der inneren Person? Falls nicht, hat man zwei Möglichkeiten: Entweder man trennt sich von seinem Innenleben ab, oder man versucht, einen Kompromiss zu schließen. Selbstverständlich ist der erste Weg einfacher: Man spürt sich dann selbst nicht mehr so richtig, ist aber dafür mit seiner Rolle gut identifiziert und kann gut funktionieren. Dann hat man alles erreicht, was es zu erreichen gibt, und ist, zumindest im Kontext der zu erreichenden Ziele, erfolgreich. Ob man damit glücklich wird, zeigt sich oft erst viel später.

Was bedeutet Erfolg? Im Erdzeitalter waren Unternehmer wie Dagobert oder Donald erfolgreich. Sie saßen, jeder auf seine Art, auf ihren Dukaten. Dagobert hatte einen Steinbockaszendenten: Er war geizig, und deswegen baute er einen dicken Bunker um sein Vermögen, damit es so sicher wie Fort Knox war.

Donald hatte einen Löweaszendenten. Er war größenwahnsinnig und glaubte, dass er es nicht nötig habe, einen Bunker zu bauen, sondern dass es besser für ihn und die Welt sei, wenn er der wichtigste Mann wird, weil er das ja ohnehin schon sei. Und das hat den Nebeneffekt, dass man selbst so eine Art Bunker wird.

Die Normen einer Zeit bestimmen, was als relevant erachtet wird. Ist die gesellschaftliche Anerkennung wichtiger als die Liebe der Mutter? Vielleicht ist es für manche einfacher, gesellschaftliche Anerkennung zu erlangen, als Zuwendung von der eigenen Mutter zu erhalten. Unter Umständen ist der Aufwand, um einen bestimmten gesellschaftlichen Status quo zu erreichen, eine Kompensation für eine vermisste Anerkennung seitens eines Elternteils. Man gibt hier alles, denn es geht ja darum zu beweisen, wie erfolgreich respektive eigentlich liebenswert man ist. Vielen ist diese Motivation nicht bewusst, weshalb sie nicht verstehen können, warum sich trotz wirtschaftlichen Erfolges und gesellschaftlicher Anerkennung ein Gefühl der Sättigung immer noch nicht einstellen mag.

Der Ursprung des Ehrgeizes bestimmt, wohin die Reise geht:

- Warum suchen wir eine bestimmte Anerkennung?
- Was soll durch sie kompensiert werden?
- Wem meinen wir etwas beweisen zu müssen?
- Entsprechen die äußeren Ziele dem inneren Wesenskern?

Wenn das Bedürfnis nach Anerkennung die Quelle des Ehrgeizes ist, so wird sich niemals eine Erfüllung einstellen, weil das Motiv falsch ist. Wenn die (im besten Sinne gemeinte) Leidenschaft oder Liebe zu einem Thema der Antrieb zu seiner Durchdringung ist, so ist der Erfolg nicht das Ziel, sondern die Konsequenz. Die Intensität der Beziehung zu dem Thema bestimmt, wie weit oder tief man damit verschmilzt, dass man es auf eine neue Ebene bringen kann.

Es gibt Menschen, die wollen den Status quo erreichen, um ein Gefühl der Bedeutsamkeit zu erfahren. Der Status quo ist in diesem

Fall wie ein Anzug, den man sich kauft, weil es gerade »in« ist, ihn zu tragen. Selbst wenn er einem gar nicht passt oder steht, bildet man sich das aber ein und fühlt sich großartig darin.

Was ist der Unterschied zwischen Menschen, die sich aufgrund ihrer inneren Bestimmung einem Thema widmen und damit sehr weit kommen, und solchen, denen es nur um die Anerkennung geht? Der aus seiner inneren Bestimmung Handelnde braucht keinen Ehrgeiz; es ist seine Leidenschaft, die ihn dazu treibt, das Bestmögliche zu erreichen. Der Ehrgeizige jedoch geizt mit seiner Ehre, indem sein Handeln berechnend ist. Beim Ehrgeiz geht es um die Anerkennung der Person und nicht des Werks. Das Werk wird funktionalisiert, um der Ehre der Person zuträglich zu sein. Wenn man das Werk so benutzt, fehlt die Liebe. Das ist anstrengend, weil es nicht zur Erfüllung führen kann.

Das Schönste am zehnten Haus ist der Erfolg, der sich als Konsequenz der Hingabe an das Werk einstellt. Er ist eine Belohnung für den authentischen Einsatz für die Sache und nicht für die eigene Person. Hier geht es um den Beitrag, den der Einzelne für das größere Ganze bewirken kann und nicht für sein Ego. Manche Menschen allerdings versuchen auf geschickte Art und Weise so zu tun, als ob sie sich voll mit ihrem Tun identifizierten, um über eine scheinbare Hingabe an das Werk dem Ego noch einen Heiligenschein aufzusetzen. Es ist durchaus verständlich, dass die Politik besonders im Erdreich ein perfektes Forum für scheinbar aus der Sache heraus motivierte Selbstinszenierungen aller Art war.

Brauchen wir das im Luftreich noch? Die Pilze sagen Nein, denn wir benötigen hochkompetente Fachkräfte für all die komplexen und vielfältigen Themen der Zukunft, damit wir gemeinsam das Werk der Vernetzung gestalten können. Und es ist so viel schöner, einem Thema wegen der Freude, die man an ihm hat, auf den Grund zu gehen, als stets daran zu denken, welchen Status man damit meint erreichen zu müssen. Es wird nicht mehr so wichtig sein, wer großartiger als der andere ist, denn alle sind großartig.

11. Haus – die Netzwerke

In den Netzwerken befinden sich die Verbündeten; man unterstützt sich gegenseitig dabei, die eigenen und gemeinsamen Visionen vom Leben umzusetzen. Eine Idee kann sich nicht allein behaupten. Je mehr Menschen sie mittragen, desto stabiler wird ihre Position in der Welt. Das stärkt auch die Position des Einzelnen, der die Idee vertreten möchte.

Was ist ein Netz? Ein Charakteristikum physischer Netze ist, dass die Löcher der Maschen gleich groß sind und das Material, aus dem es besteht, eine homogene Dicke hat. Eine Analogie hierzu wäre die Frequenz. Ein immaterielles Netz besteht aus einer Frequenz, die all die Punkte in Raum und Zeit zum Mitschwingen bringt, die sich auf der gleichen Frequenzebene befinden. Rupert Sheldrake spricht vom »morphischen Feld«, das eine Übertragung von Informationen von einem an den anderen Ort ermöglicht.

Die Töne der Musik sind keine Festsetzung oder Erfindung der Menschen; es sind naturgegebene Schwingungen. Sie zeigen in ihren Relationen verschiedener Frequenzen zueinander natürliche Harmonien und Proportionen, mit denen wir arbeiten. Die Zwölftonmusik dagegen ist ein Konstrukt des menschlichen Hirns und kein Abbild natürlicher Schwingungen. Daher regen uns bestimmte Klänge an, denn sie regen Frequenzen in unserem Körper, unserem Geist und unserem Gemüt an, die wiederum bestimmte Befindlichkeiten auslösen können.

Die Klangschalentherapie ist uralt. Sie ist zwar gegenwärtig noch nicht mittels der Methodik der exakten Naturwissenschaften bestätigt, was aber nichts über ihre mögliche Bedeutung aussagt. Die

Schwingungen der Klangschalen, die auf dem Körper platziert werden, lösen in den verschiedenen Regionen des Leibes Resonanzen aus, wodurch sich die Schwingungen dieser Zonen, vielleicht sogar der Zellen verändern können. Man spricht nicht umsonst von einem »Wohlklang« oder aber von »Katzenmusik«. Der Wohlklang entspricht den Frequenzen des Körpers und der Natur. Bekanntermaßen kann bestimmte Musik auf Embryos und Babys sehr beruhigend wirken. Techno-Musik gehört nicht dazu. Sie ist ein interessantes Phänomen des Erdreichs. In der Natur gibt es keine hundertprozentig präzisen Rhythmen wie beim Techno, sie schwanken immer, und das empfinden wir als natürlich. Die Menschen, die auf einen Rave gehen, begeben sich als Gruppe in den Fremdrhythmus, um ein Gefühl der Freiheit in der Einheit zu empfinden. Für das Ohr eines Menschen, der diese Musik unfreiwillig hört, ist der Rhythmus aufdringlich; er penetriert den Kopf auf eine unorganische Weise, und man kann sogar das Gefühl haben, manipuliert zu werden.

Orte haben Schwingungen. Auch jeder Farbton ist eine Schwingungsfrequenz von Licht. Daher kann man mit der bewussten Wahl eines Farbtons die Atmosphäre eines Raums total verändern. Da Farbe meistens nur als dekoratives Element verwendet wird, merken die meisten Menschen das aber gar nicht.

Schwingungen wirken sehr stark, wir spüren es, wenn jemand hinter uns läuft und eine eigenartige Energie hat. Oder wir denken an jemanden, und genau in diesem Moment ruft er an.

Wir senden unsere Schwingungen meistens leider unbewusst aus, das passt aber nicht mehr ins Luftreich. Wir sollten an der bewussten Wahrnehmung unserer »Aussendungen« arbeiten, um einen konstruktiven Beitrag zu den diversen Wegen der Vernetzung leisten zu können.

Menschen sind auch seelische und geistige Nahrung, sie haben eine spezifische Frequenz. Die Menschen, mit denen wir uns umgeben, spiegeln den Horizont unserer Frequenzen. Deshalb ist es besonders wichtig, genau hinzuschauen, mit wem man etwas zu tun haben möchte. Die Frequenzen können sich auch verändern. Wenn jemand sich weiterentwickelt und beispielsweise der Freund das nicht tut, so fängt man an, nicht mehr auf der gleichen Wellenlänge zu sein. Das wird dann zu einem Trennungsgrund. Sollte der Partner sich in eine andere Frequenzrichtung entwickeln, dann helfen auch keine klärenden Gespräche mehr, weil sich die Wirklichkeit auf einer anderen Ebene, nämlich einer nonverbalen Schwingungsebene, befindet. Es ist dann sinnvoller, sich zu fragen, warum man sich für eine bestimmte Zeit mit dieser Frequenz verbunden hat. So gewinnt man Klarheit, und das Alte muss in der Gegenwart oder Zukunft nicht mehr nachschwingen.

Wenn man sich die Freunde eines Menschen anschaut, dann erfährt man sehr viel über ihn selbst. Freunde sind keine Blutsverwandtschaft, die man sich (scheinbar) nicht aussuchen kann, sondern wir haben sie selbst gewählt. Sie sind Repräsentanten der Welt, die wir gerne hätten. Sie verkörpern unsere Vision des Lebenswerten in der Welt. Was geschieht, wenn man keine Freunde hat? Wer diese Frage mit dem Hinweis auf mangelnde Möglichkeiten zu Freundschaften in dieser Welt oder Desinteresse daran beantwortet, bleibt in der kausalen Argumentation des Erdreichs stecken. Damit übernimmt er keine Verantwortung dafür, warum er in vielen Lebensbereichen freiwillig unterhalb seiner schöpferischen Möglichkeiten bleibt, sowie für die eigene Kreativität und somit die eigene Freiheit. Sondern er bleibt in einem Kokon der kindlichen, nicht ausgeschöpften Möglichkeiten stecken.

Der Freund ist immer auch ein Mentor. Er ist ein Mensch, der einen in der, wenn vorhanden, Vielfalt der Persönlichkeitsfacetten kennt und somit einen Überblick über den Charakter haben kann. Er erkennt und fördert die Entfaltung der schöpferischen Möglichkeiten um ihrer selbst willen, ohne sie in eine Richtung lenken zu wollen.

Die Intentionen der Freundschaft sind andere als die der Partnerschaft. In Letzterer geht es immer auch um Bedingungen. Bedingungen sind aber wie ein Wahrnehmungsfilter in Bezug auf die andere Person, von der man ja etwas will. Der Freund will nicht, er erfreut sich an der gegenseitigen Unterstützung und der Inspiration. Er kann einen selbst objektiver, weil intentionsloser spiegeln als der Partner.

Die Seilschaften des Erdzeitalters dienten in erster Linie der Stabilisierung der eigenen (politischen und wirtschaftlichen) Position in der Gesellschaft. Die Netzwerke bestanden aus Parteigenossen, gemeinsam bildete man einen Klüngel. Im Luftreich hingegen wird die Komponente der Inspiration wichtiger werden, denn es geht ja um Kooperation und nicht um Konkurrenz.

Die Freundschaft wird somit im Luftzeitalter vielleicht von ganz besonderem Wert sein und kann zu einem schönen Symbol des Miteinander dieser Epoche werden. Die folgenden Fragen sollen die Klärung der eigenen Netzwerke unterstützen:

- Welche Frequenzen (Menschen) gehören meiner Vergangenheit an?
- Welche Themen verbinden mich in der Zukunft mit den Menschen?
- Welche Visionen des Miteinander ziehen mich besonders an?
- Bin ich bereit für die Kooperation?

Das Zeichen Wassermann symbolisiert die Aufhebung der Polaritäten, das entspricht einer Neutralisierung des spezifischen Stallgeruchs. So fällt es Menschen, die eine starke Betonung dieses Zeichens in ihrem Horoskop vorweisen, oft schwer, sich auf eine passende Frequenz im anderen einzustellen, respektive sie überhaupt zu finden. Eine starke Betonung meint den Aszendenten, die Sonne, den Mond oder die Venus. Der eingebaute persönliche Frequenzsucher ist zu neutral und somit unspezifisch eingestellt. Vielleicht waren die

Bindungsmodalitäten des Erdreichs auch einfach zu gravitätisch für diese Wesen, die lieber von oben und mit Abstand auf das Geschehen hinunterschauen. In der Zukunft könnte es ihnen leichter fallen, sich auf die eher freundschaftlichen Beziehungsmodelle einzulassen.

Das Zeichen Krebs ist das Gegenteil davon. Hier ist die Identifikation mit einer Frequenz übergroß, und es fällt mitunter schwer, sich davon zu lösen. Für den Übergang in die neue Ära ist eine Reinigung von manchen Schwingungen der Vergangenheit besonders empfehlenswert.

Jedes Netz entspricht einer bestimmten Frequenz. Mit welchen Frequenzen wollen wir uns weiterhin bewusst umgeben?

12. Haus – das Verborgene

Das Besondere am Netz sind nicht die Schlaufen, sondern die Löcher. Jedes Netz kann nur die Frequenz erfassen, die in ihm hängen bleibt. Wir können uns die Wirklichkeit aus einer anderen Perspektive vorstellen: Sie besteht aus unendlich vielen Netzen, die gleichzeitig und parallel den Raum durchspannen. Jedes Netz steht für einen Ausschnitt der Wirklichkeit. Alle bekannten Netze beschreiben das, was wir wirklich nennen. Nun gibt es aber sehr viel »Wirkliches«, das durch die Netze nicht erfasst wird, weil dessen Frequenzen noch nicht erfasst werden konnten oder wollten.

Viele Entdeckungen werden erst dann gemacht, wenn das, was sie an Neuem in die Welt bringen, für diese auch nutzbar oder anderweitig sinnvoll ist. So verhält es sich auch mit der Erforschung der Pilze. Das Myzel vernetzt seit Jahrtausenden unter der Erde, aber erst jetzt können wir davon profitieren, indem wir es uns zum Vorbild nehmen und uns zu vielerlei Ideen inspirieren lassen. So entdecken und erforschen wir diese vielschichtige Welt immer weiter.

Was ist »neu«? Neu ist etwas, wenn es aus der verborgenen Welt in die Sichtbarkeit tritt. Das heißt, es war unter Umständen schon lange oder immer da, aber wir haben es nicht wahrgenommen. Es gibt aber auch versteckte Wahrheiten, die nicht ans Licht kommen sollen. Es gibt also eine Beziehung zwischen dem Verborgenen in uns und dem Verborgenen in der Welt. Folgende Fragen stellen sich dazu:

- Welche verborgenen Wirklichkeiten da draußen interessieren mich?
- Was sagt mein Interesse an ihnen über meine verborgenen Wirklichkeiten aus?
- Was sagt mein Interesse an ihnen über meine Beziehung zu meinen verborgenen Wirklichkeiten aus?
- Ist mir klar, was ich glaube verbergen zu müssen?
- Muss ich es in der Zukunft noch verbergen?
- Welche Schlupflöcher habe ich in meinem Leben für meine verborgenen Wirklichkeiten geschaffen?
- Braucht es die noch?
- Was würde sich verändern, wenn meine verborgenen Wirklichkeiten ans Licht kämen?

Es gibt viele Geschichten von Politikern oder sogenannten hochrangigen Leuten aus der Wirtschaft, die im Erdreich mithilfe ihrer Seilschaften verborgene Gelder von A nach B verschoben haben oder in Bestechungsaffären verwickelt waren. Das kam dann irgendwann heraus und kostete sie ihr Amt. In den Schlupflöchern des Erdreichs befanden sich Schweizer Konten, gefälschte Bilanzen, das Gold enteigneter Menschen, geheime Dokumente oder von der Pharmaindustrie aufgekaufte Patente für naturheilkundliche Rezepturen.

Was wird sich in den Schlupflöchern des Luftreichs verbergen? Zum Beispiel die Zugangsdaten zu den Netzwerken.

- Kann man die im Netz überhaupt noch verstecken?
- Welchen Ort müsste ein Versteck im Netz haben, um unauffindbar zu sein?
- Gibt es diesen Ort überhaupt?

Das Netz sorgt für eine Transparenz, die es vorher in dieser Form nicht gab. Es war einfacher, etwas in der physischen Welt zu verstecken, als das im Netz zu tun. Was für Verstecke werden wir in der Zukunft brauchen? Natürlich birgt eine solche Struktur die Gefahr der gegenseitigen Kontrolle. Aber wen würde das interessieren? Ist das Bedürfnis nach Kontrolle nicht die Konsequenz einer Verlustangst, die eigentlich in das Erdreich gehört? Fordert die Vernetzung nicht etwas anderes? Liegt es nicht in der Hand eines jeden, eigenverantwortlich mit dem Thema der Kontrolle umzugehen? Wie gut passt Kontrolle zur Kooperation?

Wir müssen nach dem Ursprung des Verborgenen fragen. Er ist immer etwas, das nicht mit den Spielregeln, die innerhalb der Netze gelten, vereinbar ist. Im Erdzeitalter ging es um Profit. Im Luftzeitalter könnte es um Schlüsselpositionen innerhalb der Netze gehen. Die würden nicht mit patriarchaler Dominanz erobert werden können. Aber man kann Netze und Vernetzungen auch simulieren. Es gibt auch Versuche, in getarnten Netzwerken zu wirken und Gedankengut oder auch Gedankenunrat zu verbreiten. Aber solange die wiederum im Netz bleiben, werden sie irgendwann ein sichtbarer Bestandteil desselben. Die beste Tarnung ist immer die Simulation, also die Vortäuschung der Realität (siehe Abschnitt »Neptun in den Fischen – verborgene Wirklichkeiten«).

Wo Intentionen des Erdreichs, zum Beispiel die Konkurrenz, nachwirken, braucht es dann Kontrolle. Wenn die Intentionen des Luftreichs, zum Beispiel die Kooperation, den Umgang bestimmen, gibt es weniger Anlass zur Kontrolle. Kontrolle ist anstrengend, sie bindet wertvolle Kraft.

Welche persönlichen Schlupflöcher möchte man aufgeben, weil sie so viel Kraft kosten? Es geht nicht ganz ohne Geheimnisse, dann wäre das Leben ja langweilig. Ein Geheimnis hat etwas Anziehendes. Es stimuliert uns dazu, auf die Suche zu gehen. Diese Suche wiederum stimuliert unsere größten kreativen Potenziale. Blickt man auf die Natur aus der Perspektive der Tarnung, hat man den Eindruck, hier habe sie ihre feinsten Fähigkeiten ausgeprägt, um im Spiel der gegenseitigen Täuschungen immer wieder mit neuen Simulationen zu überraschen. Wenn die Tarnung vollendet ist, wird die Wirklichkeit zu einer Matrix. Was ist dann noch als Tarnung zu erkennen und was nicht? Vielleicht wird dann alles irreal?

Wir gelangen auf dem Weg der schlussfolgerichtigen Analyse nicht an den Ursprung. Wir werden höchstens wahnsinnig und verstehen gar nichts mehr. Der Ursprung ist klug; er offenbart sich im Gleichnis, aber nicht in der Erklärung. So verhält es sich auch mit den Versuchen, den Ursprung des Universums auf numerischem Weg zu erkunden. Wir enden beim Begriff der Unendlichkeit, den wir nicht begreifen können. Er ist ein Konstrukt des menschlichen Hirns.

Dennoch wäre es langweilig, wenn wir nicht nach dem Ursprung suchen würden. Die Frage ist, wie wir es machen, und nicht, ob wir es machen. Muss es den einen Ursprung eigentlich geben? Ist der Urknall nicht eine Wunschvorstellung des menschlichen Denkens? Ist die Vorstellung des Urknalls nicht auch ein wenig größenwahnsinnig? Sie ist immerhin ein Produkt des Erdzeitalters. Die Vorstellung sucht etwas, das mit unserem echten Sein gar nicht kompatibel ist.

Im Zyklus gibt es einen Anfang. Immer wieder, Tag für Tag, Monat für Monat, Jahr für Jahr, und nach dem Luftzeitalter kommt das Wasserzeitalter. Aber es gibt nicht den einen Anfang. Das Element Wasser steht für die Verbundenheit. So auch das hier besprochene 12. Haus.

Womit möchten wir in den nächsten zweihundert Jahren verbunden sein? Wer mit dieser Konstellation das Verbundene trennen möchte, der verliert nicht nur den Sinn, er bekommt auch nicht mehr genug Luft zum Atmen.

Der Wertewandel: Uranus im Zeichen Stier

Die Welt schien seit 2020 aus den Angeln gehoben zu sein; heute wissen wir, dass gerade ein Epochenumbruch begonnen hatte. Da kann und soll natürlich nicht alles so bleiben, wie es war. Etwas Neues kann sich naturgemäß nicht durchsetzen, wenn das Alte einfach so weiterläuft wie zuvor. Für die meisten war es schwer zu erahnen, wohin die weitere Reise gehen würde, denn man war der Meinung, die Pandemie sei eine Krise, die irgendwann behoben sein würde. Niemand war auf einen Epochenwandel eingestellt. In den Köpfen und Gemütern der Menschen herrschte ein ziemliches Chaos, man wusste nicht mehr, welchen Zahlen und Nachrichten man überhaupt noch trauen konnte. Auch die Politik schien die Lage nicht mehr im Griff zu haben, zu widersprüchlich waren ihre Entscheidungen. So etwas hatte man ja auch noch nie erlebt. Wir wissen, dass der Mensch von Haus aus eher ein Gewohnheitstier ist, das Veränderungen scheut.

Manche bekamen in der Krise Jobangebote, die eine Fortführung der bisherigen Tätigkeit waren, zuzüglich der Möglichkeit eines beruflichen Aufstiegs. Aber eine Stimme in ihrem Inneren wollte dieses Angebot nicht annehmen. Die Intuition war richtig: Das Angebot wäre eine lineare Weiterführung ihres Wirkens in der nun alten, getrennten Welt gewesen, und das wollten sie nicht. Sie spürten, dass die eigentliche Herausforderung, also ihr neues persönliches Königreich, hier, an der alten Arbeitsstelle, definitiv nicht mehr zu finden war.

Dieser Aufstieg, gekoppelt an ein scheinbar lukratives Angebot, war irgendwie doch nicht verlockend. Man wusste, dass der nächste Schritt nicht in der linearen Fortführung der bisherigen Tätigkeit bestand, sondern ein Sprung in eine neue, unbekannte, aber dafür herausfordernde Welt sein sollte. Die neuen »alten« Angebote bekam man auch in der Welt der Beziehungen, das betraf die Liebe wie die Freundschaft. Man könnte fast sagen, dass sie eine Art Versuchung darstellten, doch sie boten nicht die Möglichkeit, in die neue Epoche einzutauchen.

Dann gab es ein weiteres interessantes Phänomen: Man hatte auf einmal so viel mehr Zeit als unter sogenannten normalen Umständen. So wurde man auch viel mehr auf sich selbst zurückgeworfen. So etwas hatte es in den letzten Jahrzehnten nicht gegeben.

Wenn man nicht mehr wie gewohnt in seiner Umwelt funktionieren kann, kommen viele Fragen auf. Man wurde förmlich mit der Nase auf Sinn- und Wertefragen gestoßen. Alle wichtigen Themen des Lebens konnten neu unter die Lupe genommen werden.

- Was bedeutet mir meine Arbeit neben dem Aspekt der Existenzsicherung?
- Habe ich das Gefühl, dass meine Tätigkeiten sinnvoll sind?
- Welchen Zielen bin ich in der Vergangenheit hinterhergelaufen?
- Sind sie noch relevant?
- Was ist mir wirklich wichtig?
- Wie ist meine Beziehung zu meiner Familie?
- Wie sinnvoll und erfüllend sind meine Partnerschaften?
- Wie wichtig ist mir die Beziehung zur Umwelt?
- Wie viel Verantwortung möchte ich in Zukunft für die Umwelt übernehmen?
- Ist der Wohlstand das einzig sinnvolle Ziel?
- Wie sehr habe ich mich in der Vergangenheit um die Menschen in meiner Umwelt gekümmert?
- Welche Beziehungen haben noch Substanz, welche nicht?

Es gibt natürlich noch sehr viel mehr Fragen, die genannten sollten nur eine Anregung sein, die Themen der Zeit aufzunehmen. Wenn man einmal begonnen hat, sich Fragen zu stellen, werden sich wie in einem Dominoeffekt weitere anschließen.

Eine Neureflexion der Werte war so etwas wie die Grundlage für den Beginn des Epochenwandels. Eine Epoche wird durch ihre Wertesysteme bestimmt, die Werte bilden die Grundlage des Handelns. Aus ihnen definieren sich die Zielsetzungen.

Der Planet Uranus steht für eine scheinbar plötzlich auftauchende Veränderung, die wie eine Mutation ist. Eine Mutation ist ein plötzlicher Strukturwandel, der sich vermutlich schon angebahnt hat, aber dann von einer Sekunde auf die andere in die Sichtbarkeit tritt. Der Planet Uranus beherrscht die große Konjunktion von Jupiter und Saturn, welche die Luftepoche einleitete, weil ihm das Zeichen Wassermann zugeordnet wird. Die neue Zeit beginnt also direkt mit einem ganz grundlegenden Wertewandel.

Das Zeichen Stier bezieht sich auf die materiellen Grundlagen des Lebens. Dem entsprechen der individuelle Körper und in diesem Sinne auch der Körper unseres Planeten mit allem, was auf ihm wächst und gedeiht. Stier ist ein fruchtbares Zeichen.

Angesichts der Tatsache, dass am Ende des Erdzeitalters viele natürliche Ressourcen aufgrund unseres gierigen Raubbaus ziemlich erschöpft waren, bezieht sich die Wertereflexion auch auf unseren Umgang mit der Erde. Wir sind ein Teil der Erde, und wenn wir sie respektlos ausbeuten, schaden wir auch unserem eigenen Körper. Dieses Bewusstsein war nur schwer mit der Gier des Erdzeitalters vereinbar. Für das Luftreich stellen sich in dieser Hinsicht die folgenden Fragen:

- Wodurch und wie können wir im Luftzeitalter die materiellen Grundlagen der Existenz sichern?
- Was müssen wir für die Zukunft ändern, um die Ressourcen unseres Planeten nicht zu erschöpfen?

- Wie können und müssen wir unsere Ernährung umstellen, um wieder mehr im Einklang mit den Ressourcen der Natur zu leben?
- Was brauchen wir wirklich für unsere Grundversorgung?
- Worauf können wir in der Zukunft verzichten?
- Wann wird uns klar, dass wir die Ressourcen der Erde nicht endlos ausbeuten können, ohne dafür einen hohen Preis zahlen zu müssen?

Wenn alles so läuft wie immer, dann stellt man sich keine Fragen und macht einfach so weiter wie bisher. Es lief jedoch nicht mehr, und so wurde die Frage danach, was man zukünftig tun kann, existenziell. Das waren jetzt keine Luxusprobleme mehr, es ging um grundsätzliche Fragen des Überlebens: Was ist ab jetzt wirklich wichtig, woraus bezieht man seine Sicherheit?

Viele Menschen konnten in der Pandemie ihre Berufstätigkeit nicht mehr ausüben und waren in ihrer Existenz gefährdet. Diese von vielen Menschen erlebte existenzielle Verunsicherung war eine drastische Entsprechung der astrologischen Konstellation. Aber sie leitete auch das notwendige Umdenken und eine Neudefinition der Werte ein.

Viele dachten verständlicherweise, dass nun alles zu Ende sei. Das war es in gewisser Weise auch, aber anders als vermutet. Eine Epoche, mit der wir uns zweihundert Jahre lang identifiziert hatten, kam zu einem Ende, und natürlich fühlte sich das manchmal wie das Ende der Welt an. Die sich anbahnenden Naturkatastrophen hatten auch einen apokalyptischen Charakter.

Aus astrologischer Sicht war das ja »nur« der Übergang in eine neue Epoche. Das entstandene Chaos würde auf lange Sicht die Brutstätte für neue Visionen werden. Ein Chaos ist immer die Voraussetzung für die Geburt des Neuen. Uranus ist als Umschwung bewirkende Kraft so etwas wie ein kosmischer Quirl, der die bestehenden Verhältnisse erst einmal so richtig aufmischt, damit Platz für das Neue geschaffen werden kann.

Zu dieser Zeit drang auch der Pilz immer mehr in unser Bewusstsein – einer der ältesten Bewohner dieses Planeten, ohne den die Erde nach wie vor »wüst und leer« wäre. Wie schon erwähnt, kann der Pilz mit seinen »Energiefabriken« zum neuen Energielieferanten, zur Lebensmittelquelle, zur Basis neuer Medikamente, zum Umweltreiniger und zu vielem mehr werden. Er wartet schon lange auf seine Aufgaben, aber erst in dieser Vernetzungsepoche können wir Menschen mit ihm bewusst kooperieren. Er wird uns dabei helfen, die Erde in Ruhe zu lassen und sie nicht weiter auszubeuten, sondern mit ihr zu kooperieren.

Uranus symbolisiert die Vernetzung, Stier die Erde. Uranus im Stier ist der Pilz mit seinen überraschenden Möglichkeiten aus der Erde.

In dem astrologischen Haus, in dem in unserem Horoskop das Zeichen Stier steht, suchen wir ganz besonders nach Sicherheit. Die alten Sicherheiten sollten jedoch von nun an im Dienst des neuen Luftreichs grundsätzlich und konsequent infrage gestellt werden. Das mag für den Einzelnen bedeuten, liebgewonnene Bequemlichkeiten und Gewohnheiten loszulassen und sich aus der Komfortzone des Horoskops hinauszubegeben und zu experimentieren. Man könnte auch sagen: aus den alten, voneinander getrennten Erdlöchern herauskrabbeln und mit der Vernetzung beginnen. Halten wir an den alten Sicherheiten fest, so wird uns die Geburt in die neue Epoche äußerst schwerfallen. Oder wir verhindern sie dadurch sogar.

Die uranische »Auf-Gabe« (im Sinne von aufgeben) ist kein Opfer, sondern eine epochale Chance.

Freiheit oder Langeweile? Zwölf »Auf-Gaben« für das Luftreich

Damit wir das neue Leben im neuen Königreich auch so richtig hinbekommen und es nicht nur eine idealistische Luftblase bleibt, müssen wir auch einen kleinen Preis bezahlen. Dieser Preis ist eine Herausforderung, die, wenn wir sie bestehen, sogar zu einem Gewinn wird. Der Planet, der die Königskonstellation beherrscht, ist der Uranus. Der Herrscherplanet bestimmt, was die von ihm beherrschten Planeten tun sollen. Uranus befindet sich im Zeichen Stier, das die Sicherheit symbolisiert, die wir meinen zu brauchen. Diese Vorstellung von Sicherheit stammt noch aus dem Erdreich, taugt aber nicht mehr für das Luftreich. Uranus im Zeichen Stier bedeutet einerseits eine Veränderung des persönlichen Wertesystems, was bedeutet, auch von alten Sicherheiten loszulassen. Das ist vielleicht zunächst einmal eine kleine Überwindung, wird aber dann zu einer Befreiung von etwas, das einen von diesem Zeitpunkt an nur noch eingeengt hätte. Die Freiheit von etwas, das uns eingeengt hat, setzt vor allen Dingen viel Kreativität frei. Auf einmal traut man sich Sachen zu, die man vorher aus Sicherheitsgründen vermieden hat.

Vielleicht ist man zunächst einmal etwas ängstlich, denn man hatte sich über Jahre hinweg an diese Sicherheit gewöhnt, selbst wenn es einem in der letzten Zeit schon ein wenig langweilig damit geworden ist. Lässt man aber nicht los, wird sich die Langeweile garantiert verzehnfachen. Nicht nur das: Es droht Erstickungsgefahr, wenn wir in den alten Höhlen des Erdreichs stecken bleiben.

Nun schauen wir uns die zwölf möglichen Hauspositionen im Hinblick auf die anstehenden Übungen zum Loslassen an. Wo befindet sich das alte Erdloch, aus dem wir steigen sollen, um ins Netz der neuen Zeit einzusteigen?

1. Haus

Wenn Uranus im Stier in das erste Haus der Persönlichkeit fällt, wird man aus seinem eigenen Trott geworfen. Das Hauptanliegen war es, sichere Verhältnisse zu schaffen, damit die Stürme des Lebens keine Kollateralschäden im System hinterlassen. Man war bisher so etwas wie der Bewahrer und Stabilisator. Man war selbst das Erdloch, aus dem man nun schleunigst herauskrabbeln sollte.

Bisher war es die Hauptstrategie, bestimmte Umstände und Situationen einfach auszusitzen. Die Schimmelpilze lassen wir mal außen vor. Die Energie war nicht auf Konfrontation aus, sondern auf das Bewahren von dem, was sich als angenehm herausgestellt hat. So hat sich eine Unmenge alltäglicher oder zumindest wöchentlicher Rituale und Gewohnheiten etabliert. Für einen selbst war das auch nie langweilig, es vertiefte sich eher die Freude am Vertrauten. Und wenn sie nicht gestorben wären, dann würden sie noch ewig so weitermachen. Auf einmal wollen jedoch, allein wegen der Pandemie, diese gewohnten Rituale nicht mehr so richtig funktionieren, und man wird unsanft aus seinem Trott geworfen.

Im Erdreich waren diese Gewohnheiten an einen Ort, an bestimmte Menschen und Speisen und Getränke gebunden. Vielleicht geht es um das Thema Gewohnheit und Variation. Unter Umständen merkte man selbst, dass die alten Gewohnheiten keine Lebendigkeit mehr hatten wie früher. Es ist jedenfalls kein Zufall, dass das Gewohnte nicht mehr so bleibt, wie es war. Die neunmalklugen Erdreichler werden diese Zäsur natürlich ausschließlich mit der Pandemie und den damit verbundenen Beschränkungen begründen wollen. Dann ist wieder einer schuldig und man selbst nur ein Opfer. Es gäbe jedoch auch die Möglichkeit, umzudenken und sich zu überlegen, welche alternativen und neuen Möglichkeiten der Gemeinschaft es gibt.

Die Krise als Chance zur Innovation, um eine eventuell am Horizont aufsteigende chronisch werdende Lethargie frühzeitig abzuwehren? Wenn man eine Situation zu lange aussitzt, kann es irgendwann zu spät werden, denn das Leben zieht dann weiter, und man selbst bleibt in der Vergangenheit hängen. Die Aufgabe ist also für diese Konstellation gewaltig: Schluss mit dem Aussitzen! Stattdessen gilt es zu fragen:

- Wo steht ein Schnitt an?
- Wo hängt man an etwas fest, was einen vom Weitergehen abhält?
- Aus welcher Bequemlichkeit hält man an bestimmten Situationen fest?

Die gegenwärtige Konstellation ist wie eine Neugeburt. Werden bestimmte alte Gewohnheiten nicht aufgegeben, so werden diese ein Hindernis wie beispielsweise eine Nabelschnur um den Hals eines Säuglings bei der Geburt. Dann bleibt man für weitere zweihundert Jahre mit dem Alten verbunden, ist aber nicht mehr lebendig. Und man wird dabei behäbig. Diese Konstellation betrifft das gesamte Sein des Menschen.

Das Luftzeitalter bietet viele Möglichkeiten, um neue Gewohnheiten zu etablieren, die auch neue Genussdimensionen eröffnen. Wer kann einem solch verlockendem Angebot schon widerstehen?

2. Haus

Das ist das Haus, welches dem Zeichen Stier entspricht, in dem Uranus sich zur Zeit des Epochenumbruchs befindet. Die Menschen, die diese Konstellation haben, erleben am eigenen Leibe, was draußen in der Welt vor sich geht, nämlich einen grundlegenden Wertewandel. Wir entwickeln im Laufe unseres Lebens aufgrund der eigenen Erfahrungen Kriterien für das, was wir für wertvoll halten. Oftmals ist das eine Mischung aus Erlebtem und dem, was der »Anlageberater« vorschlägt. Was erachten wir als Grundlage unserer Sicherheit? Woraus ziehen wir Sicherheit?

Diese Frage ist zutiefst mit dem Thema Ernährung verbunden:

- Was brauchen wir zum Überleben?
- Was braucht unser Körper?
- Wie viel braucht er?
- Wo haben wir zu viel, weil wir Sorge um einen Mangel haben?
- Wo bunkern wir mehr, als wir wirklich brauchen?
- Was nährt uns?

Das Thema Sicherheit war im Erdzeitalter immer von einer Angst vor dem Mangel begleitet. Diese Angst war ein Stachel in der Werbung und bei der Vermarktung von Produkten. Mit der Angst konnte man Geschäfte machen. So verwundert es nicht, dass die Boulevardpresse höhere Absatzzahlen verbuchen konnte, wenn sie Negativschlagzeilen zu vermelden hatte. Stattdessen sollte man sich fragen:

- Habe ich meine Sicherheit aufgrund eines Mangelgefühls aufgebaut?
- Brauche ich das noch?
- Wo halte ich deshalb noch an alten Sicherheiten fest, die gleichzeitig meine Kreativität zur Entwicklung von neuen Erwerbsquellen blockieren?

Wenn man sich im Leben gegen alles Mögliche absichern möchte, dann gibt es bald kein Risiko mehr. Ohne Risiko gibt es aber auch keine Weiterentwicklung. Die Stagnation führt zum Tod. Was ist eigentlich der Ursprung für das Bedürfnis, sich gegen jedes Risiko im Leben abzusichern? Vermutlich die Angst vor dem Tod. Also erschaffen wir uns Konstrukte, die uns das Gefühl geben, sicher zu sein, was bedeutet, diese Angst nicht mehr so sehr spüren zu müssen und sie damit einigermaßen im Griff zu haben.

Wir sammeln Sicherheiten als Bollwerk gegen die Endlichkeit. Doch wir sollten uns fragen:

- Macht uns das wirklich sicherer?
- Was geschieht mit uns, wenn wir immer satt sind?
- Ist es so verkehrt, ab und zu hungrig (aufs Leben) zu sein?

Mit dieser Konstellation empfiehlt es sich, bezüglich möglicher Investitionen die Projekte im Auge zu behalten, die etwas mit der zukunftsbezogenen Weiterentwicklung der Arbeit mit Pilzen zu tun haben.

3. Haus

Wenn wir denken, dass wir wissen, was wir können, dann ist das ein Irrtum, auf dem wir uns bequem ausruhen. Der Stier ist ein Gewohnheitstier. Wenn er im dritten Haus steht, kann uns das dazu verführen zu glauben, dass all das, was wir wissen, was wir gelernt haben und was wir bereits können, ausreichend und solide genug für die weitere Entwicklung sei. Sicherlich gibt es die Alleslerner, die tausend Kurse belegen und viele Themen anreißen, ohne sich auch nur eines richtig zu eigen zu machen. Die sind gern auf der Flucht vor sich selbst, denn das, was man kann, also auch die Talente, hat viel mit einer Beziehung zu uns selbst zu tun. Und dazu gehört die Vertiefung der eigenen Fertigkeiten und nicht das oberflächliche Anreißen einer Möglichkeit des Weiterlernens.

Hier steht ein Umbruch oder ein Neuanfang an. Was könnte einem als Tätigkeit liegen? Gibt es Anlagen, die unter Umständen bisher brachlagen, weil sie nicht kompatibel mit den Themen des Zeitgeistes waren? Vielleicht entdeckt man ein neues Talent in sich, das durch eine Kombination neuer Anforderungen entsteht. Unter Uranus lernt man nicht systematisch Schritt für Schritt. Man springt von einem Aspekt zum anderen und vernetzt im Geiste die verschiedenen Facetten des Neuen. So erkennt man für sich die Zusammenhänge.

Das Lernen des Erdreichs war stiergemäß: Man fraß den Stoff, käute ihn wieder und kotzte ihn in den Prüfungen wieder aus – Stichwort »Bulimielernen«. Man stopfte sich das Wissen in das Hirn, ohne es begriffen zu haben. Das nannte man auswendig lernen.

Mit dieser aktuellen Konstellation ist das Gegenteil gefragt, nämlich die Intuition. Die Intuition ist die beste Freundin der Kreativität. Im Prozess des Begreifens ist man als ganze Person aktiv gefordert. Die Intuition ist keine reine Kopfangelegenheit. Man kann sie nicht vom eigenen Sein abkoppeln. So kann das neue Lernen zu einem Abenteuer werden, wozu auch gehört, dass man nicht genau weiß, was am Ende dabei herauskommt. Intuition bedeutet auch, sich auf das Unerwartete einzustellen und offen für Überraschungen zu sein. Da ist kein Platz für Trott oder Verwaltung des Altbekannten.

Wir können davon ausgehen, dass Menschen mit dieser Konstellation gewaltige Entwicklungssprünge nicht nur hinsichtlich ihres Könnens, sondern auch in ihrer Persönlichkeitsentwicklung machen werden. Endlich wird sichtbar, wie wichtig das (manuelle) Vermögen und die Talente zur Ausprägung eines echten Charakters sind. Hoffentlich haben 99 Prozent aller Lehrer, Schuldirektoren und Angehörigen der Ministerialbürokratie in den Bildungsministerien diese Konstellation für ihren persönlichen Übergang ins Luftreich.

4. Haus

Das vierte Haus symbolisiert unsere Wurzel. Die ist meistens an einen Ort gebunden. Dazu gehören emotionale Gewohnheiten, die wir im Laufe der Zeit kultiviert haben. Ein Verweilen in dieser Komfortzone würde die persönliche Weiterentwicklung blockieren oder gar verhindern. Man mag durch diese Konstellation bereits seit einiger Zeit eine gewisse innere Unruhe verspüren, weil man das Gefühl nicht loswird, dass einen die gegenwärtigen Umstände vom Empfinden her einschnüren. Man findet auf einmal genau da keine Ruhe mehr, wo man sie vorher immer gefunden hat. Als ob das heiß geliebte Kopfkissen nicht mehr der Ort sei, auf den man des Nachts sein Köpfchen betten möchte. Wenn man nicht weiß, dass diese leichte Nervosität ein Anstifter ist, der Bewegung in ein rostiges Gefüge bringen soll, dann kann einen das schon beunruhigen. Das muss es aber nicht – der kosmische Quirl durchwirbelt das Innenleben und löst eine vorher so nie gekannte Ungeduld gegenüber Menschen aus, gegenüber denen man in der Vergangenheit besonders nachsichtig war. Vielleicht gibt es auch genug Anlass für diese Ungeduld, und man war vorher nur zu bequem, das zu artikulieren.

Im Erdzeitalter war die Wurzel immer an einen Ort gebunden. Wie könnte das in der Zukunft aussehen? Für manche Menschen mit dieser Konstellation könnte ein Umzug in eine komplett andere Umwelt anstehen. Man möchte sich an seiner Wurzel neu definieren. Für andere könnte es befreiend sein, falls vorhanden, eine Immobilie zu verkaufen, weil sie einen zu immobil, also unbeweglich macht. Alles, was einengt, muss jetzt weg.

Eine andere Variante des Umgangs mit dieser Konstellation könnte ein radikaler Umbau oder eine Renovierung der eigenen vier Wände sein. Das Bedürfnis nach Wohnlichkeit ist jetzt ein ganz anderes als zuvor. Man sollte mit dem Begriff »zu Hause« ruhig ordentlich experimentieren und umräumen, neu streichen, für andere Lichtverhältnisse sorgen und was einem sonst noch in den Sinn kommt, wenn man offen darüber reflektiert.

Diese Konstellation betrifft natürlich auch die Familie. Alte Familiengefüge können als einengend empfunden werden und den Wunsch nach Ausbruch wecken. Dem Uranus entspricht die Wahlverwandtschaft mehr als die Blutsbande. Sollte vom Alter her noch eine Familiengründung infrage kommen, würden konventionelle Lösungen jetzt nicht passen. Was der Einzelne mit diesem Thema erlebt, wenn er experimentiert und seine Wurzeln neu definiert, kann auch für die Entwicklung der Gesellschaft interessant sein.

Der letzte Punkt ist das persönliche Innenleben, das, was man das »Private« nennt. Jeder Mensch hat seine eigene Geschichte und ein Gefühl für sich selbst. Wir können uns stets weiterentwickeln, aber die Vergangenheit ist ein Teil von uns und sagt viel über uns aus. Wir können sie nicht ungeschehen machen, aber unsere Beziehung zu ihr ändern, indem wir sie klären. Das kann bedeuten, dass es an der Zeit ist, manche Geschichten aus der Vergangenheit zu beenden, damit man das Gefühl hat, einen inneren Neuanfang starten zu können. Vielleicht braucht man für eine gewisse Zeit mehr Raum für sich selbst und zieht sich zwischenzeitlich zurück. Dann kann man in Ruhe herausfinden, mit welchen emotionalen Energien und Verbindungen man sich in der Zukunft vernetzen möchte.

5. Haus

Im fünften Haus geht es um die Rolle, die man in seinem Gefüge innehat. Meistens haben sich, wenn sich das Zeichen Stier dort befindet, die Zuordnungen der verschiedenen Rollen innerhalb der Familie oder einer Gruppe schon vor langer Zeit eingespielt. Man kann sich auf seiner Rolle ausruhen, dann bleibt alles beim Alten.

Diese Konstellation bringt die Herausforderung mit sich, das gewohnte Rollenmodell zu verlassen und damit zu experimentieren. Man darf sich neu erfinden. Vielleicht spürt man dieses Bedürfnis von innen heraus bereits seit einiger Zeit und ist von seiner konventionellen Rolle total genervt. Man fühlt sich festgelegt und eingeengt, muss sie jedoch in jeder Lebenssituation von Neuem spielen. Das wird auf Dauer langweilig.

Vielleicht hat man auf einmal gar keine Lust mehr darauf, immer Führung oder Verantwortung zu übernehmen. Oder man war bisher in der Assistentenrolle und merkt auf einmal, dass diese Position es einem erlaubte, seine eigene innere Kraft zu verstecken. Egal aus welcher Perspektive man seine Rolle betrachtet, es geht nun entweder um das Gegenteil von dem, was vorher war, oder um eine schöpferische Neudefinition desselben.

Die alten Könige sollen ihre Throne räumen. Wer das nicht von sich aus tut, der wird wie mit einem Schleudersitz aus seiner alten Position geschossen. Wer also am Alten festhalten möchte, obwohl die gesamte Umwelt das nicht für richtig hält, der wird unfreiwillig rausfliegen. Er kann sich dann zum Opfer des verständnislosen Mobs machen, der ihn entthronte, um somit zumindest für sich selbst den Mythos des Königs aufrechtzuerhalten – ein verkannter Held, der auf dem Boden des Erdreichs sitzen bleiben möchte. Das sieht dann eher nach bockigem Kind aus, das aus Protest mit hochrotem Kopf auf dem Boden sitzt und sich verweigert.

Viele alte Hierarchien kommen nun zu einem Ende. Wir betreten das Zeitalter der Kooperation, und das ist mit den alten patriarchalen Vorstellungsstrukturen nicht mehr vereinbar.

Wie könnte eine Weiterentwicklung der eigenen Rolle noch ausschauen? Wenn man in der alten Position bliebe, so könnte man die Führungsrolle auflockern. In der vernetzten Welt muss viel mehr delegiert werden als zuvor. Es braucht Vertrauen in die Mitarbeiter, damit diese die volle Eigenverantwortung übernehmen und somit ihre eigene neue (Königs-)Rolle einnehmen können. Jemand, der bisher eher vornehm zurückhaltend bezüglich seiner Führungsansprüche war, könnte nun gefordert sein, die Zügel mehr und mehr in die Hand zu nehmen.

Unter dem Strich geht es bei dieser Konstellation darum, eine neue und wirklich andersartige Dimension seiner Kraft zu entwickeln. Das kann auch in hervorragender Weise durch eine neue kreative Tätigkeit geschehen, durch die man seine gerade erblühende Experimentierfreude zum Ausdruck bringt. Das Wichtigste im schöpferischen Prozess ist die Offenheit für den unbekannten Ausgang. Während einer solchen Konstellation kann man danach richtig süchtig werden.

6. Haus

Das sechste Haus zeigt unsere Anpassungsfähigkeit. Wir begreifen uns als einen dem Ganzen dienenden Teil einer Gruppe. Der Platz in der Gruppe wird durch die Rolle bestimmt, die einem zugeteilt wurde. Im fünften Haus, dem vorherigen, geht es auch um den darwinistischen Kampf um die Führung im Rudel, im sechsten darum, seinen Platz in der Hackordnung einzunehmen. Der Erstgeborene übernimmt traditionell das Erbe, auch wenn er kraft seiner Persönlichkeit dafür gar nicht geeignet ist. Also muss auch er sich anpassen. Manche könnten ihn um seinen Posten beneiden, er selbst wäre vielleicht lieber ganz woanders.

Es ist ein schönes Gefühl, wenn man den Eindruck hat, seinen Platz gefunden zu haben. Mit dieser Konstellation war das vielleicht in der Vergangenheit so, ist es aber jetzt nicht mehr. Vermutlich möchte man selbst schon seit geraumer Zeit ausbrechen und sich woanders niederlassen. Man fühlt sich durch die alltäglichen Abläufe und das immer Gleiche eingeengt und trägt einen großen Wunsch nach Abwechslung im Herzen.

Wenn man ein Kino, einen Konzertsaal oder eine andere Lokalität mit vielen Menschen betritt, sucht man sich meistens den gleichen Platz aus. Dieser Platz sagt viel darüber aus, welchen Ort man sich generell in einer Gruppe sucht. Nun geht es darum, mal etwas ganz anderes auszuprobieren. Sich auf einen anderen Platz zu setzen bedeutet, nicht nur sich selbst anders zu positionieren, sondern auch das Geschehen im Raum aus einer anderen Perspektive erleben zu können.

Das Gleiche gilt für Routinen und Alltagsgewohnheiten. Was macht man nach dem Aufstehen, nach dem Duschen, nach dem Frühstück? Was packt man als Erstes an? Diese Abläufe sind oft sehr automatisiert, und wir merken gar nicht, was das mit uns macht. Jede Veränderung fordert die Kreativität heraus, und das ist gut so. Was der eine als Verstörung erlebt, kann der andere als Geschenk empfinden, etwas Neues auszuprobieren und dabei schöpferisch zu sein. Wir passen uns an, weil wir dazugehören wollen. Ab jetzt wollen wir aber nicht mehr in der alten Art und Weise dazugehören.

Das sechste Haus symbolisiert auch die Verdauung, also die Aufnahme der Nährstoffe in unser System. Diese Konstellation kann es mit sich bringen, dass man, scheinbar über Nacht, bestimmte Nahrungsmittel nicht mehr verträgt oder mag und auf einmal seine gesamte Ernährung umstellen möchte. Diese veränderte Körperfunktion kann weitreichende Folgen nicht nur für die Gesundheit haben. Was wir innerlich, also organisch verdauen, wirkt auch auf unsere Seele und unseren Geist. Wir brauchen neue Nährstoffe zur Verarbeitung. Das betrifft konsequenterweise auch den Umgang mit den uns umgebenden Menschen. Aus althergebrachter Gewohnheit entstandene Beziehungen am Arbeitsplatz oder woanders im Alltag könnten unverdaulich werden, wenn sie nicht den neuen Situationen angepasst werden.

7. Haus

Das siebte Haus symbolisiert unsere Partnerschaften und die ihnen zugrunde liegenden Vorstellungsbilder in uns. Wenn sich hier das Zeichen Stier befindet, dann suchen wir nicht nur Genuss und

Freude, sondern wir wollen vor allen Dingen Sicherheit in der Beziehung. Dieser Sicherheitswunsch kann manchmal übertrieben sein, was einem aber nicht bewusst sein muss – man steckt ja in seiner eigenen Haut fest.

Früher, im Erdreich, da versprach man sich Liebe und Treue bis ans Lebensende. »Marmor, Stein und Eisen bricht, aber unsere Liebe nicht«, hieß es da. Oft war man lediglich auf der Suche nach einer Versorgungsbeziehung. Wenn dieser Aspekt wegfällt, dann sucht man die Sicherheit des Zeichens Stier anderswo im Miteinander. Da man sein Selbstwertgefühl und seine Grundlage aus der Partnerschaft bezieht, ist man schneller verunsichert, wenn es dort größere Veränderungen gibt. Diese Unsicherheit kommt nicht so sehr aus dem Gefühl, sie ist meistens eine Kopfsache.

Mit dieser Konstellation steht man vor der Aufgabe der »Auf-Gabe« seiner Sicherheitsvorstellungen in Beziehungen. Es gibt Menschen, die haben eine so große Angst vor einem potenziellen Verlust eines Partners, dass sie sich gar nicht erst tiefer auf eine Bindung einlassen. Damit ist aber das grundsätzliche Problem nicht gelöst. Im Gegenteil, indem man es nicht angeht, kann man es ja auch nicht transformieren.

Diese ängstlichen Vorstellungen passen nicht mehr ins Luftzeitalter, man sollte den Begriff »Sicherheit« durch »Substanz« ersetzen. Ein Partner, den man aus Sicherheitsgründen wählt, muss noch lange keine Substanz haben, auch wenn er reich ist. Das könnte ihn sogar eher zu einem Risiko machen, weil er dann wegen seinem Geld auch für andere begehrenswert sein könnte. Also suchte man sich im Erdzeitalter eher einen faden Typ, der gut verdient und einem auch nicht davonläuft. Ab jetzt jedoch geht es darum, dass man gemeinsam etwas Substanzielles erschafft. Das, was einen verbindet, sollte mit etwas Handfestem und Konkretem zu tun haben. Es kann auch etwas sein, das man gemeinsam aufbaut. Ein solches Szenario stärkt den Mut und reduziert die Verlustangst.

Diese Konstellation wirkt wie ein kosmischer Quirl in unseren Vorstellungswelten. Er wirbelt alle Bilder durcheinander und ordnet sie neu, jedoch erst, nachdem er einen großen Teil davon entsorgt hat. Die Vorstellungen entscheiden darüber, was wir als Ergänzung suchen und zulassen. Während Uranus durch das siebte Haus wandert – und das dauert ein paar Jahre –, beginnen wir uns mit den alten Vorstellungen zu Tode zu langweilen. Wir empfinden uns durch sie eingeschränkt und wollen uns davon befreien. Das kann auch den Wunsch nach einer Befreiung aus einer oder mehreren bestehenden Beziehungen mit sich bringen, wenn sie kein Potenzial zur Weiterentwicklung mehr haben. Es ist nicht immer einfach, eine Partnerschaft, deren Grundlage die Verlustangst war, in etwas Neues zu transformieren. Sollte es zur Trennung kommen, dann wäre das definitiv auch eine Befreiung. Man befreit sich nicht nur von einem nicht mehr passenden Gegenüber, sondern auch von seiner eigenen Sicherheitsvorstellung.

Was danach an neuen inspirierenden Varianten des Miteinander möglich sein wird, kann man sich noch gar nicht vorstellen, soll man ja auch nicht. Eines ist gewiss: Es wird aufregend.

8. Haus

Im achten Haus befinden sich unsere Verträge. Hier wird das Thema der Sicherheit verbindlich, denn es geht ausschließlich um alles oder nichts. Verträge sollen uns und alle an ihnen Beteiligten absichern. Man verpflichtet sich beispielsweise materiell. Ein emotionaler Vertrag ist schon ein wenig komplizierter. Suche ich die Sicherheit, indem ich von meinem Gegenüber eine Art Vorleistung durch eine Art Vertragsunterzeichnung einfordere? Die Ehe des Erdreichs war so ein Vertrag; er galt so lange, bis dass der Tod die Eheleute schied.

Natürlich waren Verträge im Erdzeitalter grundsätzlich gang und gäbe. Anwälte spezialisierten sich mehr und mehr auf einzelne Fachgebiete, um die Verträge so detailliert auszuarbeiten, dass maximale Sicherheit für alle Beteiligten gewährleistet werden konnte.

Im achten Haus geht es um die Tiefe des Sich-einlassen-Könnens. Wie intensiv gibt man sich einem Menschen oder einem Thema hin? Je mehr man liebt, desto unbedingter ist man gewillt, ein Risiko einzugehen. Man kann dann vielleicht gar nicht anders. Je größer die Leidenschaft, desto größer ist die Hingabe an ein Thema, einen Menschen. Je mehr man sich einem Thema hingibt, desto tiefer dringt man in es ein und desto besser kann man es erkunden und es zum Leben erwecken. Hingabe und Lebendigkeit sind in diesem Fall wie Ursache und Wirkung, aber nicht auf der faktischen Ebene. Daher sind Menschen, die etwas wirklich gut können, auch dementsprechend leidenschaftlich in ihrer Beziehung dazu. Man fragt nicht nach der Gegenleistung, man möchte einfach tiefer einsteigen und mit dem Thema »tanzen«. Man will alles herausholen und nicht abgeholt werden. Hingabe in diesem Sinne ist ein gebender, kein nehmender Akt.

Erfolg kann das Resultat einer solch intensiven Beziehung sein. Das nennt man auch Liebe. Man geht rein, bevor man etwas zurückhaben möchte, weil man das Gefühl hat, es sei genau das Richtige. Dazu stellen sich folgende Fragen:

- Wo konditionieren wir unsere Fähigkeit zur Hingabe?
- Wo und wie konditionieren wir unsere Fähigkeit zur Bedingungslosigkeit?
- Leben wir unsere Leidenschaft?
- Wo verhindern wir sie aus Unsicherheit?
- Was könnten wir ausleben, wenn wir uns dem Leben bedingungsloser hingeben würden?
- Was glauben wir verlieren zu können?
- Welche Konsequenzen befürchten wir?

- Sind die noch zeitgemäß?
- Welche Kontrolle müssten wir aufgeben, um mehr vom Leben erleben zu können?

Diese Konstellation ist eine ultimative Aufforderung zum Tanz. Alte innere wie äußere Sicherheitsvorkehrungen verhindern die persönliche Weiterentwicklung. Das bezieht sich auch auf die Entwicklung in der Beziehung zu Menschen oder Themen. Die Stagnation ist nur durch mehr Risikobereitschaft aufzuhalten. Uranus symbolisiert immer eine Einladung zum Experiment.

Es kann auch sein, dass man sich von alten Investitionen verabschieden möchte oder muss. Man muss sich deshalb keine Sorgen machen, unter dieser Konstellation wird einem nichts genommen, was einen weiterbringen kann, sondern nur das, was das Weiterkommen verhindert.

9. Haus

Wenn der Weg sicher ist, dann ist es auch die Zukunftsplanung. Diese war im Erdzeitalter in erster Linie von wirtschaftlichen Erwägungen geprägt. Dagegen ist ja auch nichts zu sagen, doch wenn das zum alleinigen Hauptkriterium wird, dann schließt man andere wesentliche Prozesse aus. Wenn man lediglich aus wirtschaftlicher Perspektive nach vorn schaut und diesbezüglich alles berechnet, dann steckt man im gegenwärtigen Rahmen fest und kann nicht darüber hinauswachsen. Selbst die eigene Zukunftsplanung langweilt dann, und man verliert die Lust an dem Weg, der vor einem liegen sollte.

Die Zukunft könnte ganz neue Einkommensoptionen hervorbringen, die gegenwärtig vielleicht noch gar nicht sichtbar sind. Also sollte die Planung vielfältiger Natur sein und unterschiedliche Wege einschließen. Natürlich braucht es etwas Optimismus, und man sollte auch an seine Sache glauben. Je tiefer man sich auf etwas eingelassen hat, desto größer ist die Gewissheit, dass man damit einen sehr weiten Weg gehen wird. Man braucht Planungssicherheit und bekommt Lust darauf, mehr im Hier und Jetzt zu leben und dann zu schauen, wohin der Weg geht. Vielleicht bricht man eine begonnene Ausbildung ab, weil sie einem zu überschaubar vorkommt.

Planung und Gewohnheit passen ab jetzt nicht mehr zusammen. Planung soll Kreativität stimulieren und zu einem Abenteuer mit ungewissem Ausgang verführen.

Früher hatte der Glaube etwas mit der Weltanschauung zu tun. Die Religion versprach den Weg ins Paradies, wenn man das Richtige tat. Das Ziel war im Jenseits. Die Weltanschauung kann auch ein Gefühl der Sicherheit geben. Sie erklärt das Unerklärbare im Rahmen einer Weltsicht. Der Himmel, der eigentlich in die für uns nicht begreifbare Unendlichkeit führt, fällt uns somit nicht auf den Kopf, sondern uns wird der Horizont erklärt. Dieser Horizont kann unterschiedlich weit sein. Wie weit geht das Verständnis? Wie viel Welt können wir verstehen? Je mehr Welten wir in der Welt kennen, desto mehr verändern sich die eigene Wahrnehmung und das Verständnis vom Leben.

- Wie ist meine ganz persönliche Sicht auf die Welt?
- Habe ich so etwas wie eine Lebensphilosophie?
- Habe ich einen Glauben? Wenn ja, woran glaube ich?
- Wie wünsche ich mir die Welt?
- Wie hängt dieser Wunsch mit meinem Glauben zusammen?

Mit Uranus im neunten Haus sollen wir all unsere Glaubensfragen neu definieren:

- Schränkt mich mein Glaube ein, indem er mir eine gedankliche Sicherheit gibt?
- Wo beschränke ich meine Weltsicht durch meine Philosophie oder meinen Glauben?

- Was würde passieren, wenn meine bisherigen Welterklärungsversuche nicht mehr greifen würden?
- Wo bin ich zu bequem oder sogar doktrinär in meinem Denken?

Die persönliche Weltsicht kann bequem oder einschränkend sein. Diese Konstellation fordert dazu auf, die bisherige Sicht radikal infrage zu stellen. Dazu gehört, dass man es aushalten kann, mal keine Antwort auf eine Frage zu bekommen. Vielleicht geht es auch darum, neue Fragen zu stellen. Mitunter kann es wichtiger sein zu fragen, als zu antworten. Der echte Philosoph sucht nach Fragen und nicht nach Antworten.

Mit welchen unbekannten Welten möchte man sich neu vernetzen?

10. Haus

Wenn das Zeichen Stier an der Spitze des zehnten Hauses steht, dann strebt man nach einem sicheren Status. Eine symbolische Entsprechung dieser Konstellation wäre der Beamtenstatus. Da bleiben die Verhältnisse konstant, und man muss sich keine Sorge um sein Auskommen machen. Der Stier zieht alle Maßnahmen, die der Absicherung dienen, dem Experiment und manchmal infolgedessen auch der Lebendigkeit vor.

Wenn man dann auf seinem Bestand sitzt, fühlt man sich wohl, aber es fehlen natürlich die Herausforderungen. Wenn nicht alles sicher ist, geht man in eine andere Art der Spannung dem Leben gegenüber – der Kampfgeist bleibt wach und frisch.

Mit Uranus im zehnten Haus fängt man an, sich in seinem gewohnt sicheren Trott zu Tode zu langweilen. Man merkt, dass es kaum eine substanzielle Entwicklungsmöglichkeit innerhalb des gegebenen Rahmens gibt, und beginnt ihn infrage zu stellen. Man konfrontiert sich mit dem, was man zuvor als den schlimmsten Fall empfunden hätte: dem Ausstieg aus dem sicheren Rahmen.

Dadurch ergibt sich auf einmal die Chance, über seine Grenzen hinauszugehen und seine schöpferischen Potenziale in den Beruf einzubringen. Verwaltung und Gestaltung schließen sich leider aus. Die Kreativität beginnt da, wo die Sicherheit aufhört. Sie strebt immer nach dem Unbekannten, und das findet sich nicht innerhalb des sicheren Rahmens.

Manche bemerken diesen Drang nach Veränderung nicht bewusst und wundern sich, dass sie auf einmal »gegangen werden« sollen. Eine Veränderung stellt sich nicht ein, wenn die Dinge ihren gewohnten Lauf nehmen. Es braucht mitunter einen radikalen Bruch, der einen zum Neuanfang zwingt.

- Ist das Bedürfnis nach einem sicheren Status immer noch angemessen?
- Woran halte ich fest, weil es mir Sicherheit gibt, obwohl es mich einengt?
- Was würde geschehen, wenn ich es wagen würde, eine (vermeintliche) Sicherheit aufzugeben?
- Warum bin ich der Meinung, dass ich es nicht schaffen würde?
- Stimmt das heute noch?

Erfahrungsgemäß bedeutet ein beruflicher Umbruch unter solchen Konstellationen einen enormen Entwicklungsschub hinsichtlich der Entfaltung der eigenen Möglichkeiten. Zunächst wird einem angst und bange, weil man noch nicht weiß, wohin die Reise geht. Nach einer Weile aber merkt man, wie bitter nötig ein Ausstieg war, um sein Eigenes zu verwirklichen. Das ist vor dem Hintergrund des hier besprochenen Epochenwandels umso notwendiger, weil es für jeden darum geht, seinen neuen Platz in der neuen Ära zu finden.

Ein Ausstieg aus einer strukturellen Sicherheit schleift nicht nur die Persönlichkeit, er verändert auch das Gefühlsleben. Wenn man immer in einem sicheren Rahmen lebt, so empfindet man dementsprechend, weil das Risiko und das Experiment nie existenziell sind. Wenn man ins Risiko geht, werden auch die Empfindungen intensiver; man lernt sich selbst besser kennen. Vielleicht macht man damit ja auch seiner Umwelt eine Freude?

11. Haus

Netzwerke dienen der Stabilisierung der eigenen Position in der Gesellschaft. Das sind Interessenverbände, Clubs, Vereine, Parteien oder Teams aller Art. Wir sind, wie im vorherigen Kapitel beschrieben, über Frequenzen miteinander verbunden. Wir suchen uns diejenigen, mit denen wir auf einer Wellenlänge schwingen. Je mehr gemeinsam schwingen, desto stärker wird eine Stimme und desto stabiler die Position.

Der Stier hält gern an Altgewohntem fest. Hinsichtlich der Netzwerke bringt das einerseits Treue und möglicherweise langjährige solide Freundschaften mit sich. Aber man hat auch die Neigung, nicht über den berühmten Tellerrand zu schauen. Man bleibt in seinen Kreisen und erklärt sich die Welt aus ihnen heraus. Der Weltausschnitt bleibt somit reduziert und kompakt.

Wenn Uranus kommt, soll nichts so bleiben, wie es war. Man leidet vielleicht an einem Mangel an Inspiration und beginnt sich mit dem Altbekannten ein wenig zu langweilen. Es kommen keine neuen Impulse mehr aus dem vertrauten Kreis. Da ist es geboten, sich in alle möglichen Richtungen zu öffnen und Ausschau zu halten, wo es interessante Themen und Menschen gibt, mit denen man sich neu vernetzen möchte. Neue Inspirationen stimulieren die schöpferischen Kräfte. Neue Menschen bringen neue Impulse, andere Sichtweisen und auch unerhoffte neue Beziehungen ins Leben. Doch das bedeutet auch, dass man sich ein wenig aus seiner gesellschaftlichen Komfortzone entfernen sollte, was beim Gewohnheitszeichen Stier manchmal einen doppelten Anlauf erfordert. Aber sobald das Neue beginnt Freude zu machen, trabt der Stier ewig weiter. Das führt zu folgenden Fragen:

- Worin lag die Begrenzung in den alten Kreisen?
- Gab es die Gefahr der Ignoranz anderen Lebenswelten gegenüber?
- Gab es die Gefahr der Arroganz anderen Gruppen gegenüber?

Die genannten Aspekte sind ausgesprochen kontraproduktiv, wenn es um die Kreativität gehen soll, denn die braucht Vielfalt als Hauptnährstoff. Die Vielfalt ist daher das höchste Ziel dieser Konstellation. Man ist aus den alten Netzwerken herausgewachsen, sie bieten weder Inspiration noch Sicherheit. Die neue Sicherheit kommt aus der Weite und der Unterschiedlichkeit der neuen Netzwerke. Das Leben kann zu einem Abenteuer werden. Trotzdem kann man ja ab und zu in seiner heiß geliebten Eckkneipe einen zwitschern gehen.

12. Haus

Wie ist unsere Beziehung zum Ursprung des Lebens? Diese Frage war im Erdreich weder besonders schick noch passte sie in das Mindset dieser Zeit. Dennoch ist sie unvermeidbar und gehört dazu. Es gibt diverse Versuche, den Ursprung zu erklären. Gäbe es den einen Ursprung, dann wäre die Frage erloschen. Vielleicht muss man diese Frage auch gar nicht so absolut stellen, wie wir Nach-Erdreichmenschen es in der Vergangenheit gelernt haben?

Mit einer linearen Zeitauffassung kommt man nicht an den Anfang, weil es ihn vermutlich so gar nicht gibt. Hat man das zyklische Wesen der Zeit erfasst, so stellt sich diese Frage gar nicht mehr so dringlich. Es muss keinen absoluten Anfang und kein absolutes

Ende geben. Die Vorstellung vom absoluten Anfang und absoluten Ende überfordert unser Bewusstsein sowieso. Vielleicht liegt das daran, dass es selbst zyklisch und nicht linear ist?

Wenn man alles zyklisch betrachtet, dann geht es um die Inhalte eines oder mehrerer aufeinanderfolgender Zyklen. Zwischen einem Zyklusende und einem Zyklusanfang gibt es ein »Übergabeprotokoll«. Darin steht, was man von dem nun zu Ende Gegangenen weiß. Aufschlussreich ist dann das, was man aus dieser Zeit nicht weiß. Es ist das Verborgene:

- Warum wurde es verborgen?
- Muss es weiterhin verborgen werden?
- Vor welcher Gefahr fürchtet man sich, wenn es »entborgen« wird?

»Der liebe Gott weiß alles«, wurde den Kindern in der Vergangenheit erzählt. Somit gab es eine moralische Instanz und einen Wachturmwärter, der immer aufpasste, was geschah. Dadurch fühlte man sich ständig beobachtet. Wo konnte man etwas heimlich tun, ohne gesehen zu werden, wo etwas verstecken? Was man meinte geheim halten zu müssen, beschäftigt einen mehr als das, was man meinte zeigen zu können.

Wenn man sich mit Familiengeheimnissen beschäftigt, kommt manchmal Erstaunliches ans Licht. Was man nicht weiß, übt großen Einfluss auf das Unterbewusstsein aus, weil es ungreifbar und somit manchmal erschreckend groß sein kann. Das Aufdecken verborgener Zusammenhänge aus den vergangenen Zyklen wird zur zentralen Aufgabe, wenn Uranus durch das zwölfte Haus wandert. Man kann nicht mehr an einer geglaubten Wahrheit festhalten, das macht ab diesem Zeitpunkt psychologisch unfrei. Also hat man das Recht, viele Fragen zu stellen. Die Antworten auf diese Fragen können die Beziehung zum persönlichen Ursprung verändern. Dadurch kann sich aber auch die Beziehung zum spirituellen Ursprung erneuern.

Unerwarteter als bei dieser Konstellation können die Überraschungen nicht sein. Und da, wo man die größte Überraschung vermutet, könnte sich herausstellen, dass da gar keine ist. Das ist Uranus, der Pilzvernetzer.

2021 – der Umbau hat begonnen

Die markanteste Konstellation des Jahres 2021 ist ein Quadrat zwischen den Planeten Saturn und Uranus, das die gewaltigen Umbrüche dieser Zeit einleiten wird. Das hier soll kein Astrologiekurs sein, dennoch ist es wichtig, einige Details zu erklären.

Der Planet Saturn symbolisiert die bestehenden Strukturen und das, was im Laufe der Zeit Gestalt angenommen hat. Der Fels ist ein schönes Symbol für den Saturn, denn seine kristallinen Strukturen sind über Jahrtausende entstanden. Ein »Fels in der Brandung« ist ein Symbol für Stabilität, eine Sache oder ein Mensch, worauf man sich verlassen kann.

Der Saturn symbolisiert auch das Rückgrat, das, was uns Menschen aufrecht gehen lässt und wodurch wir Verantwortung auf unseren Schultern tragen können. Bei einem Haus wäre das die tektonische Stabilität des Gebäudes. Saturnale Strukturen geben uns Schutz und Sicherheit durch Stabilität und Kontinuität. Er ist aber auch der Gott der Zeit, sein Siebener-Rhythmus bestimmt über den Auf- und Abbau der Dinge im Laufe ihrer Entstehungsgeschichte. Auf der gesellschaftlichen Ebene symbolisiert Saturn die politischen und wirtschaftlichen Strukturen sowie die Gesetze, die das Miteinander reglementieren.

All diese Faktoren sollen dem Miteinander einen adäquaten Rahmen geben, der Sicherheit bietet. Weil es Gesetze gibt, hat nicht nur der Stärkere recht, auch der Schwächere kommt zum Zuge. So ist es zumindest gedacht.

Saturn ist der Maßstab, an dem die Wirklichkeit gemessen wird. Er symbolisiert den Status quo einer Gesellschaft, einer Firma, einer Familie, einer individuellen Persönlichkeit. Somit steht er auch für all die Ziele, die im Rahmen dieses Status quo als bedeutsam und erreichbar gelten.

Jede Prüfung, die ein Mensch vor einer Kommission, einem Amt oder einer Institution besteht, wäre so etwas wie eine »saturnale Initiation«, also eine Art Einweihung in die Strukturen einer Gesellschaft. Der Saturn symbolisiert die verschiedenen Reifephasen und die dazugehörigen Prüfungen einer Entwicklung.

Regeln, Strukturen und Gesetze sind gut, doch sie müssen auch manchmal verändert werden. Wir müssen auf die sich verändernde Welt reagieren. Wenn Regeln wie in Stein gemeißelt sind, wird es wörtlich härter, also schwieriger, sie zu verändern. Genauso verhält es sich mit den Strukturen: Je größer und fester und beständiger sie sind, desto schwieriger wird es, sie dem sich verändernden Lauf der Zeit anzupassen. Ein Fertigbauhaus ist schneller wieder abzureißen als eine alte Villa aus Stein.

Was mit der Zeit hart wird, ist gut, wenn es um den Schutz geht, aber schlecht, wenn Gefühle oder Einstellungen im Spiel sind. Da sind Verhärtungen unerwünscht, sie nehmen den Menschen die Offenheit für Neues.

Wir haben es in diesem Epochenwandel mit ganz vielen Menschen und Gruppen zu tun, deren Ansichten verknöchert und doktrinär sind. Sie sind hart geworden, das zeigt sich auch in der politischen Gesinnung. Wenn sich die Umstände in einer Zeit und der Gesellschaft verhärten, so wie es geschieht, wenn eine Epoche und ihre alten Repräsentanten sich gegen das Ende dieser Epoche und damit gegen das Ende von deren Geist wehren, dann stößt das Alte unsanft gegen das Neue. Dieser Aufprall kann heftig sein. Veränderung geschieht leider nicht immer durch eine sanfte Anpassung an die neuen Lebensbedingungen und -situationen.

In der Zeit des Übergangs versuchten ganz viele Menschen und Gruppen, den »Mauerbau« zu propagieren, es kam zu vorher kaum für möglich gehaltenen Rückfällen in hierarchische, extremistische, rassistische und undemokratische Gesinnungen, wie das eigentlich kaum kompatibel mit dem Bild einer pluralistischen und multikulturellen Welt ist. Dieser Teil war laut, so wie es für das Aufbäumen einer zu Ende gehenden Epoche typisch ist. Wir wissen ja, wie das mit den Hunden ist, die bellen.

Andererseits gibt es auch viele Menschen, Organisationen und Strukturen, die den Umbruch begrüßen, sie sind flexibel und reagieren auf den neuen Zeitgeist. In einem chinesischen Sprichwort heißt es: »Wenn der Wind des Wandels weht, bauen die einen Windmühlen und die anderen Schutzmauern.« Doch dieser Teil, der sich mit der Zukunft und den neuen Wegen befasste, war leise und erregte nicht so viel öffentliches Aufsehen.

Wir haben also in der Politik Dinge erlebt, die wir nicht für möglich gehalten haben, aber sie sind die Konsequenz eines vom Zynismus der Vermarktbarkeit anästhesierten Bewusstseins. Nun gilt es, wieder aufzuwachen und, wenn man daran interessiert ist, eine klare Haltung für die Vielfalt zu beziehen und radikalpolitischen Positionen die rote Karte zu zeigen. Damit soll unsere Wahrnehmung für das wachgerüttelt werden, was für die neue Zeit wirklich von Wert ist.

Der durch die astrologische Konstellation beschriebene Epochenwandel ist viel stärker als die Meinung derjenigen, die sich gegen ihn zu stellen versuchen. Letztere werden mit der Unausweichlichkeit der Notwendigkeit eines Umbruchs konfrontiert. Die Intensität ihres Widerstands bestimmt die Härte des Aufpralls des Alten auf das Neue. Wer das Neue verweigert, fällt mit seinem gesamten Gewicht auf den neuen, steinharten Boden der Realität, die er nicht wahrhaben möchte. Das ist hart und tut ordentlich weh. Wer hingegen für das Neue offen ist, kann auch einmal stolpern, aber indem er darauf vorbereitet ist, kann er sich auf dem Boden des Neuen wie ein Judokämpfer elegant abrollen. Er lernt dabei sogar die Eigenschaften des »neuen Grundes« kennen. Diese Erfahrung wird nicht machen, wer sich dem Neuen aufgrund seiner (politischen) Gesinnung prinzipiell verweigert.

Für einen Umbruch ist in der astrologischen Sprache der Planet Uranus zuständig. Er symbolisiert, wie es der wunderbare Astrologe Thomas Ring einst formulierte, das den Umschwung Bewirkende. Veränderung bedeutet immer, den linearen Weg in seiner Schlussfolgerichtigkeit zu verlassen.

In der Musik gibt es die Improvisation, in der man spielerisch Motive und Themen variiert und neu zusammensetzt. Das Experiment ist ein wesentlicher Bestandteil des Archetyps Uranus. Das Spiel mit dem Neuen bezieht sich auf die vorhandene Struktur, indem es für deren Weiterentwicklung neue Varianten ausprobiert.

Je nach der Größe einer Unternehmung kann ein solches Experimentieren einfach oder hochgradig kompliziert sein. Je starrer die Strukturen sind, vor allem wenn es dabei um wirtschaftliche, administrative und politische geht, desto schwieriger wird es. So braucht es manchmal wahrhaft radikale Umbrüche, bei denen vielleicht sogar wesentliche Bestandteile der vorgegebenen Grundstruktur zerbrechen müssen, weil aus dem Alten nichts Neues mehr geschaffen werden kann. Diese plötzlichen Veränderungen kommen dann schockartig über das individuelle Leben oder über die Welt.

In einer persönlichen Biografie entsprechen dem plötzliche Brüche, Trennungen und daraus folgende überraschende Neuanfänge. Es gibt aber auch Menschen, die nur temporär aus einer Lebensstruktur ausbrechen, sich dann die Haare grün färben und drei Jahre lang Yoga machen, um dann wieder in das alte, gewohnte Leben zurückzukehren. Dann war der Wunsch nach Weiterentwicklung nicht tief und substanziell genug, man hat die Möglichkeiten, sich wirklich zu verändern, überschätzt und bleibt dann doch im Alten hängen. Veränderung ist keine Luxusangelegenheit, sie kostet ihren Preis, den Preis der Bequemlichkeit.

Ein echter Entwicklungsschub besteht nicht so sehr aus einem Ausbruch, sondern aus einer langfristigen und substanziellen Veränderung einer Grundstruktur. Wer über Nacht seine Koffer packt und einfach abhaut und alles Unerledigte hinter sich lässt, läuft lediglich vor sich selbst weg und gibt sich dabei auch noch der Illusion hin, er würde ein neues Leben anfangen. In Wirklichkeit spaltet er sich nur von sich selbst ab, indem er mit einem Teil seiner Geschichte bricht. Das Unerledigte zieht sich vielleicht aus der Sichtbarkeit zurück, es lauert aber im Unterholz des Unbewussten, um dort, unter Umständen in Gestalt einer Fledermaus, zu gegebener Zeit wieder herauszukommen. Das geschieht meistens dann, wenn man damit überhaupt nicht rechnet.

Uranus bringt nie das Erwartete, sondern das, womit man nicht gerechnet hat. Wenn man vorher im Glauben, etwas Unerledigtes hinter sich lassen zu können, weggerannt ist, wird genau das wieder vor einem auftauchen. Diese Art der Abspaltung von einem unerledigten Geschäft gelingt nur dann, wenn man sein Empfinden gegenüber dem Abgespalteten anästhesiert. Das führt zur Illusion, dass es nicht mehr da sei. Beim nächsten Transit von Uranus, wenn er also über einen Planeten im Geburtshoroskop läuft, wirkt das Betäubungsmittel jedoch nicht mehr. Die Zeit ist inzwischen vergangen, man hat vermeintlich Neues in seinem Leben aufgebaut – doch dann bricht es, weil es auf etwas Unerledigtem basiert, in sich zusammen, weil das Fundament dafür eine Illusion war. Die Botschaft von Uranus lautet also unter anderem: Weglaufen lohnt sich nicht.

So kann es für jeden Menschen zu herausfordernden Test- und Bewährungsphasen kommen, in denen man sich fragt, ob gewisse Routinen, Strukturen oder Gewohnheiten mit den Anforderungen der kommenden Zeit vereinbar sind. Man sollte dabei nicht aus Spaß an der Freude Altes kaputt machen oder das Kind mit dem

Bade ausschütten, aber der Mut zu einem notwendigen Bruch wird irgendwann von jedem gefordert. Dabei kann es zu kleineren und größeren Zerreißproben kommen.

Jedem Menschen wird durch das Haus im persönlichen Horoskop, durch welches Uranus läuft, der Lebensbereich aufgezeigt, in dem der Wandel und der Übergang in die neue Zeit stattfinden können und sollen. Die konkreten Lebensbereiche, in denen das stattfinden kann, wurden bereits weiter oben dargestellt.

In der Gesellschaft finden organische Umbrüche meist durch politische Umstürze oder Revolutionen statt. Die Französische Revolution ist ein klassisches Beispiel für eine solche astrologische Konstellation. Das Neue kann sich aber nur dann im Leben verankern, wenn es in irgendeiner Weise eine Beziehung zur Vorgeschichte hat.

Inmitten einer solchen Phase befindet sich die Welt zum Zeitpunkt des Erscheinens dieses Buches. Von Anfang 2021 bis in das Jahr 2022 hinein herrscht eine Hochspannung zwischen dem Strukturbewahrenden und dem Umbruchbewirkenden.

Die neue Epoche hat begonnen, und in ihrer allerersten Phase wird sie für die Dauer von fast einem Jahr durch eine radikale Aufforderung zur Veränderung von fast allen Strukturen an allen Orten der Welt eingeleitet. Wir gleiten also nicht langsam und gemütlich in die neue Zeit hinein, sondern wir werden von Anfang an mit extremen Unvereinbarkeiten zwischen den alten Strukturen und den neuen Anforderungen konfrontiert. Das bezieht sich auf das individuelle Leben genauso wie auf das kollektive Geschehen. Viele Menschen werden das als sehr belastend empfinden, weil zahlreiche Strukturen nicht mehr zukunftsfähig sind. Für viele andere aber, wohl die meisten, dürfte das ein arbeitsintensiver, erfrischender Umbau für die Zukunft werden.

Ein Quadrat ist ein astrologischer Aspekt. Aspekt kommt von *aspectare*, das heißt sich gegenseitig anschauen. Zwei Planeten stehen in einem Winkel von 90° zueinander, sie »schauen« sich gegenseitig aus diesem Winkel an. Es gibt verschiedene Aspekte, sogenannte Spannungsaspekte und sogenannte harmonische. »Harmonisch« bedeutet, dass die beiden Kräfte in einer kooperativen Beziehung zueinander stehen. Eine Spannung bedeutet, dass sie sich gegenseitig zunächst einmal ausschließen oder aber sich herausfordern. Die harmonischen Aspekte entstehen durch eine Drei- oder Sechsteilung des Kreises. Man sagt: Aller guten Dinge sind drei – das entspricht dem Rhythmus der Sonne und des Jupiters.

Die Spannungsaspekte entstehen aus einer Zwei- respektive Vierteilung des Kreises. Man spricht vom verflixten siebten Jahr, das entspricht dem Rhythmus des Mondes und des Saturns. Im Dreierrhythmus fügen sich die Dinge, im Siebenerrhythmus müssen sie erarbeitet werden.

Wenn man es mit zwei sich gegenseitig ausschließenden Kräften zu tun hat, so ist man mit einer wirklich komplexen Ebene der Ambivalenz konfrontiert. Man muss eine Lösung für etwas finden, für das es noch keine gibt. Was den einen in eine ausweglose Situation bringt, kann für den anderen zu einer besonderen Herausforderung werden. Dieser Aspekt stimuliert lebendige Kreativität für den Umgang mit Ambivalenz. Das ist für einen Verwaltertypus schwer, aber ein Geschenk für einen Gestalter.

Innovationen entstehen nicht aus harmonischer Gleichförmigkeit. Ein Problem, das in einem Prozess auftaucht, kann zunächst einmal wahnsinnig anstrengend sein. Es fordert meistens eine Lösung auf einer anderen Ebene heraus als auf der, auf welcher sich das Problem manifestiert. So kommt es zu Innovationen, auf die man ohne diese Schwierigkeiten niemals gestoßen wäre.

Wenn das Schulsystem zerrüttet und untauglich ist, so geht es nicht nur darum, den Unterricht inhaltlich komplett zu erneuern, sondern es erfordert auch einen grundlegenden Wandel in einem statischen Verwaltungsapparat. Eine Veränderung der Politik der

Vereinigten Staaten von Amerika gelingt nicht allein durch neue Amtsinhaber, wenn das Wahlsystem der Zeit vor zweihundert Jahren entspricht und nicht der Gegenwart.

Eine Veränderung, die durch einen astrologischen Quadrataspekt angezeigt wird, bezieht sich immer auf miteinander nicht kompatible Lebensbereiche. Es gibt trotzdem keinen Grund, vor einem Quadrat den Kopf in den Sand zu stecken, zumal man dann nichts mehr sehen kann und dabei noch riskiert, überfahren zu werden.

Wer dem Quadrat ausweichen möchte, der schaut in die falsche Richtung und übersieht den Winkel, aus dem die Gefahr kommt. Eine Vermeidung der Auseinandersetzung führt zum Zusammenbruch. Die Annahme der Herausforderung kann zu einem Quantensprung führen. Das sollte man zu Beginn eines Epochenwandels als Einladung zum Tanz mit dem Neuen begreifen.

Was wird hier unvereinbar? Mit Saturn im Zeichen Wassermann sind es die alten Netzwerkstrukturen mit ihren vom Erdreich geschwängerten Hierarchien, die mit den von Uranus im Zeichen Stier symbolisierten Veränderungen der Wertesysteme nicht mehr vereinbar sind. Technisch gesehen wurden die virtuellen Netze gegen Ende des Erdzeitalters geschaffen, aber lediglich im Rahmen seines ausschließlich materiell ausgerichteten Wertesystems genutzt.

Der Wertewandel von Uranus im Stier bezieht sich auf eine neue Sicht auf das, was vor dem Hintergrund einer aus dem Lot geratenen Beziehung zur Erde in der Zukunft wichtig und richtig sein wird. Das betrifft den Umgang mit den natürlichen Ressourcen und die Reaktion auf die Umweltzerstörung als Konsequenz eines ungebremsten Konsumverhaltens.

Die Pilze machen uns mit ihren produktiven Vernetzungsaktivitäten vor, wie wir mit ihrer Hilfe zukunftsweisende kooperative Strukturen errichten können. Viele Materialien können aus ihnen hergestellt werden, die sich hinterher problemlos wieder abbauen lassen. Diese vernetzende Herangehensweise erfordert ein komplettes Neudenken von Prozessen, entspräche aber in vollem Umfang einer Ökonomie, die mit der Ökologie vereinbar ist, anstatt sie auszuschließen. Natürlich würden die meisten Ökonomen behaupten, dass sie die Natur lieben, aber dass die Produktionsbedingungen des Erdzeitalters eben nur unter solchen Bedingungen funktionierten. Diese Bedingungen entsprechen der kommenden Zeit nicht mehr, und wenn das Umdenken nicht auf einer solch elementaren Ebene gelingen sollte, wird das Erdreich in seinem Übergang an seinem eigenen Müll ersticken. Es gibt zum Glück bereits genügend Kräfte, die an innovativen Vernetzungsstrategien für die Energiegewinnung arbeiten. Ihre Stimmen sind leider nicht so laut wie die derjenigen, die versuchen, ihren eigenen Untergang abzuwenden.

Gesellschaftliche Strukturen jeglicher Art werden infrage gestellt und müssen zum Teil komplett neu definiert werden. Allein durch die Lockdowns wurden viele Bereiche des gesellschaftlichen Lebens so heruntergefahren, dass für viele nicht mehr richtig einsichtig war, sie einfach in der gleichen Form wieder hochzufahren und zum Status quo ante zurückzukehren. Es hat sich herausgestellt, dass für viele Menschen das Arbeiten im Home-Office die Produktivität erheblich gesteigert hat. Die Vorstellung, dass alle Mitarbeiter einer Firma im Großraumbüro sitzen, ähnlich wie die Arbeiter in den Fabriken der industriellen Revolution oder die Kinder auf den Schulbänken der Paukerschule klassischen Typs, gehört definitiv ins Erdreich. Die Arbeitsbedingungen sollten sich Richtung Vernetzung ändern.

Viele Menschen erlebten das Home-Office allerdings mit einer sich gegenseitig auf die Nerven gehenden Kleinfamilie in beengten Verhältnissen als Albtraum und freuten sich auf die Rückkehr an ihren gewohnten Arbeitsplatz. Ein kinderloses Ehepaar in der 4-Zimmer-Altbauwohnung mit 100 Quadratmetern kann natürlich besser Home-Office praktizieren als ein Paar mit drei Kindern in einer 3-Zimmer-Wohnung mit 70 Quadratmetern. Trotzdem könnte die Idee einer Verteilung und teilweisen Auslagerung des Arbeitsplatzes definitiv Potenzial für die Produktivität in der kommenden Zeit haben.

Die Umgebung am Arbeitsplatz hat einen gehörigen Einfluss auf die Produktivität. Ein mit Neonröhren beleuchtetes und mit Teppichboden belegtes Großraumbüro (oder »Open Office«, wie es heute so schön heißt) muss man mögen. Manche Menschen haben während der Pandemie, inspiriert durch das Gefühl der Freiheit beim Campen mit dem VW-Bus am See, ihren alten Job aufgegeben und ganz neue Ideen von Arbeit entwickelt, denen sie dann mit viel Freude nachgingen. Produktivität ist also nicht unbedingt eine Sache der Kontrolle.

Vertrauen stimuliert Vertrauen. Wenn ich einem Menschen Vertrauen schenke, dann ist er meistens eher geneigt, damit verantwortungsvoll umzugehen. Das ist eine Frage der Ehre.

Jeder ist gegenwärtig ein Miterbauer der neuen Epoche. Das ganze Jahr ist für Versuche und Experimente geeignet, es muss nichts im Vorfeld amtlich gemacht werden. Was anfangs als unvereinbar oder unmöglich erscheint, kann sich plötzlich als ein neuer, aufregender Weg herausstellen. Wenn man die Parameter von Erd- und Luftreich im Blick hat, weiß man genau, in welche Richtung eine Entscheidung gehen sollte. Letztendlich wird der Sog der Qualität der Zeit, über die man neu verfügen kann, die meisten Menschen automatisch mitreißen. Was in dieser Dynamik zerfällt, hätte für die folgende Zeit sowieso keinen soliden Unterbau mehr gehabt.

Vielleicht hängt man ja auch mit einer gewissen Melancholie an liebgewonnenen Traditionen, und es erscheint einem deshalb als unvorstellbar, von diesen Dingen Abstand nehmen zu müssen. Wenn die neue Zeit ihr Gewand endlich gänzlich angezogen hat, weht ein neuer Wind. Dann freut man sich an den neuen Ritualen und Abläufen, und schon sind die alten Traditionen vergessen.

Die Komplettsanierung des Schulsystems ist definitiv eines der dringlichsten Themen in unserer Gesellschaft. Wir müssen schon jetzt viel zu viel Zeit und Geld investieren, um die Folgen der Schäden eines desolaten Bildungssystems zu beheben. Wenn das Schulsystem endlich der neuen Zeit angepasst ist, wird es viele Probleme gar nicht mehr geben. Wenn die Wurzel gesund ist, kann aus der Pflanze etwas werden.

Die weitere Großwetterlage – astrologische Konstellationen der kommenden Zeit

Mit der Jupiter-Saturn-Konjunktion zu Beginn des Luftzeitalters ist das Werk noch nicht vollendet, sondern es hat gerade erst begonnen. Wie sehen die ersten astrologischen Konstellationen in der kommenden Zeit aus, und welche Themen können wir erwarten?

Wir wollen einen Blick auf die kommenden Jahre werfen und dann in der Folge die 2020 begonnenen Zyklen betrachten. Der Übergang in die neue Zeit dauert natürlich ein wenig, und so ist die erste Etappe des Wegs in die neue Epoche mit Ungewissheiten und tappenden Orientierungsversuchen gepflastert. Wir wollen einen Blick auf den Saturnzyklus werfen, denn anhand seiner Konstellation machen wir in Siebenjahresschritten die wichtigen Erfahrungen, die uns dann zur Reife bringen. Vorab sei gesagt: Auch wenn sich das Luftzeitalter in seiner Charakteristik definitiv ab dem Jahr 2025 konturieren wird, so braucht es doch bis zum Jahr 2050, bis das neue Zeitalter dann endlich erwachsen geworden ist. Zur Erinnerung: Astrologisch gesehen wird man nicht mit 18 oder 21 Jahren erwachsen, sondern mit 28/29 Jahren, wenn Saturn seine erste Runde vollendet hat.

Wie wird sich denn der Weg bis dahin aus astrologischer Perspektive darstellen?

Das Königreich der Lüfte hat zwar am 21.12.2020 begonnen, aber es braucht natürlich seine Zeit, um sich zu entfalten. Diese Entfaltung wird nicht linear verlaufen, sondern in Zyklen. Und das ist nicht deswegen so, weil das Erdreich vorbei ist und das lineare Zeitkonzept ad acta gelegt wurde, sondern weil es grundsätzlich so ist.

Wir wollen die verschiedenen Phasen des ersten Umlaufs der beiden Planeten Jupiter und Saturn betrachten. Dabei interessieren uns besonders die Phasen, die wir auch beim Sonne-Mond-Zyklus wahrnehmen können:

1. Der Beginn, also die Konjunktion, analog zum Neumond (2020)
2. Das erste zunehmende Quadrat, analog zum zunehmenden Halbmond (2024/25)
3. Die Opposition, analog zum Vollmond (2029–2031)
4. Das abnehmende Quadrat, analog zum abnehmenden Halbmond (2035)
5. Der Beginn des zweiten Umlaufs, analog zum nächsten Neumond (2040)

Wenn ein Zyklus seinen Anfang genommen hat, bedeutet das natürlich nicht, dass die neue Welt auf einmal fertig vor uns steht. Es ist ein Anfang, ein Stöbern in das noch Unbekannte hinein. So wie es vielleicht Einwanderern ergeht, wenn sie nach langer Reise am Ufer eines neuen Landes ankommen und erst einmal Ausschau halten, was sie denn dort erwarten könnte. Noch herrscht absolute Ungewissheit darüber, wie es vor Ort tatsächlich ausschaut. Man betritt Neuland, in dem man sich noch nicht auskennt, und tastet sich vorsichtig in die verschiedenen Richtungen vor. Die Ankömmlinge wissen nicht genau, was dort wächst, wer dort wohnt, was es zu essen gibt oder wo Gefahren lauern. Von einer solchen Grundstimmung werden die ersten Jahre bis etwa 2024/25 geprägt sein.

Das Zeichen, in dem ein Zyklus seinen Anfang nimmt, bestimmt das Thema dessen, wonach man nun suchen sollte. Im gegenwärtigen Fall des Luftreichs ist das Thema des Zyklus der Wassermann.

Der Wassermann symbolisiert die Sicht auf das Geschehen von oben, wodurch man Muster und Netze erkennen kann. Es geht nicht um die Analyse wie bei der Jungfrau oder um die Vermarktung wie bei der Waage, sondern um die Möglichkeiten, das Leben aus den Boxen des Erdreichs zu befreien und neu miteinander zu verbinden.

Also würde in unserem Fall die Aufgabe des Stöberns darin bestehen, nach Gleichgesinnten zu schnuppern, die ab nun, passend zur Zeitqualität dieser Epoche, an unterschiedlichen Orten auftauchen und vorher noch nicht sichtbar waren. Je mehr Menschen sich mit einem ähnlichen Thema beschäftigen, desto mehr werden sich dazu motiviert fühlen, das auch zu tun.

Man kann sich das vorstellen wie ein Stück Wald, der den Zeitgeist repräsentiert und in dem an unterschiedlichen Orten immer mehr Pilze aus dem Boden schießen. Je mehr Pilze dort wachsen, desto stabiler wird das unterirdische Netzwerk. So wird man sich seiner Sache immer gewisser, und das wiederum zieht immer mehr »Pilze« nach sich. Wenn man zu Beginn ein einsamer Pilz im Wald ist, so kann man zwar die innere Gewissheit eines sich weiterentwickelnden Netzes haben, es ist aber noch nicht da. Also steht der erste Pilz noch etwas schüchtern da. Im Jahr 2021 tauchten ab dem Widderneumond am 12.4. immer mehr Pilze auf. Die Themen der alten Zeit kollidierten mit den Anforderungen der neuen Epoche. Jeder, der sich neu vernetzen wollte, traf auf immer mehr Gleichgesinnte. Diese Phase sollte bis etwa 2025 anhalten, dann wäre die »Sturm-und-Drang«-Phase der Luftepoche abgeschlossen.

Die zweite Phase des Zyklus dient der inneren Aufnahme des nun Gefundenen. Das Neue wird mit dem, was man vorher erlebt und gestaltet hat, in Zusammenhang gebracht. Das neu Gefundene soll authentisch zum Alten passen und es sinnvoll weiterführen. Die neuen Netzwerke werden mit den technischen Errungenschaften des Erdzeitalters synchronisiert. Das wird zum Teil schon in der ersten Phase geschehen sein, aber jetzt erst ist der Punkt erreicht, an dem das richtig funktionieren kann. Erst durch eine Übersicht darüber, was es ab jetzt an Neuem gibt, wird erkenntlich, welche Technik wann wofür und mit wem eingesetzt werden soll. Dadurch entsteht eine gewisse Solidität. Das Luftreich schlägt Wurzeln.

Wir erreichen einen Punkt, an dem die ersten Erlebnisse und Erfahrungen des neuen Luftreichs zu einem neuen, vermutlich ganzheitlicheren Verständnis der Wirklichkeit führen. Saturn befindet sich dann im Zeichen der Fische. Die Fische symbolisieren die Verbundenheit von allem Leben, dargestellt am Bild des Ozeans. Das bedeutet, wir können nicht, wie es im Erdreich noch üblich war, so tun, als würden wir auf einer exklusiven Insel leben, die mit dem Rest der Welt nicht verbunden ist.

Saturn steht für die Wirklichkeitsauffassung einer Zeit. Saturn im Steinbock bedeutet, dass nur anerkannt wird, was den Regeln und Normen entspricht. Saturn in den Fischen bedeutet, dass man nicht nur einzelne Ausschnitte der Wirklichkeit zu ihrem Maßstabe erheben kann, sondern alles, was wirkt, mit in Betracht ziehen und somit einschließen soll. »Die ganze Welt ist miteinander vernetzt, und alles wirkt aufeinander«, lautet seine Botschaft. Das Handeln des Einzelnen oder einzelner Länder hat Auswirkung auf die gesamte Welt. Ganzheitlichkeit meint, die Verbundenheit allen Lebens anzuerkennen.

Zu dieser Zeit sind die ersten umsetzbaren größeren Projekte mit dem Pilz zu erwarten. Saturn in den Fischen symbolisiert die Struktur der verborgenen Welten, also des Myzeliums.

Jupiter steht dann in den Zwillingen. Die Zwillinge stehen für die verschiedenen Techniken, die wir zum Überleben und für die Gestaltung unserer Welt brauchen. Diese Zeit wird reich sein an Erkenntnissen über viele sich neu auftuende technische Möglichkeiten. Wir finden immer mehr heraus, was wir an Neuem brauchen, um unser Können für die neue Zeit weiterzuentwickeln. Unter Umständen wird es Innovationen beim Gütertransport und in der Logistik geben. Aus ersten kleinen Pfaden entstehen sich weiter verästelnde Wege.

Am 15.6.2025 steht Saturn im Widder und Jupiter im Krebs. Nun beginnt die Umsetzung der neu gewonnenen Erkenntnisse. Das Wissen, um wie viel mehr alles miteinander vernetzt ist, als man es im Erdreich annahm, soll nun beim Aufbau neuer Strukturen umgesetzt werden. Ab nun zählt die Tat, die Zeit der Vorreflexion ist vorbei.

Jede Handlung schafft eine Identifikation. Unter Jupiter im Krebs sollen die Begriffe »Heimat« und »Zugehörigkeit« eine neue Perspektive bekommen. Im Erdzeitalter war die Heimat das physische Revier, also ein Ort. Im Luftzeitalter ist es die Teilhabe an einem Netz. Mit wem »schwingt« man gegenwärtig und in der Zukunft gemeinsam? In einer Zeit, in der das Bewusstsein für die Allverbundenheit allen Lebens stark ausgeprägt ist, wird der Heimatbegriff anders definiert.

2026 stehen Jupiter und Saturn harmonisch zueinander, das wird eine Phase des stabilisierenden Aufbaus. Neue Aufgaben und Verantwortlichkeiten werden sich herauskristallisieren, andere Charaktere als in der Vergangenheit werden in Führungspositionen drängen. Der Begriff der Führung wird neu definiert: Man ist eine Fachkraft an ihrer Wirkungsstätte, aber nicht der Alleinherrscher über eine Gesamtstruktur. Diese Zeit könnte recht kreativ werden, zumal Uranus dann endgültig in das Zeichen Zwillinge gewechselt ist. Das ist ein Zeichen für eine explosionsartige Entwicklung in der Technik. Endlich sind alle Bereiche so ausgereift, dass man mit dem Wissen um den zeitgemäßen Umgang mit den natürlichen Ressourcen neue »Werkzeuge« für den Zeitgeist erschaffen kann. Vermutlich wird vieles wesentlich einfacher sein, als man es aus dem materialistischen Denken des Erdreichs heraus vermutet hatte. Vielleicht gibt es dann endlich die langersehnte Renaissance der Hand und von all dem, was man mit ihr bewirken kann. Der Pilz wird sich freuen.

Das könnte auch der Moment sein, an dem das alte Schulsystem seinen finalen Zusammenbruch erlebt, weil die Lernanforderungen dieser Zeit mit den Methoden des Erdzeitalters überhaupt nicht mehr kompatibel sind und man den Eindruck gewinnt, dass die Kinder nun gar nichts mehr lernen.

Die YouTube-Tutorials für handwerkliche, praktische Tätigkeiten könnten ein Modell für die Vermittlung von Fähigkeiten und Stimulation für das eigene Ausprobieren sein. Mitmachen und nachmachen statt auswendig lernen. Innovationen könnten sich ab dieser Zeit noch schneller verbreiten und etablieren als zuvor.

Nach anfänglichen Widerständen fügen sich auf einmal die alten Erfahrungen den neu eingeschlagenen Wegen. 2026 kommt sehr viel in Fluss; es ist eine hervorragende Zeit, um die Dinge im Einklang mit seiner Umwelt neu zu gestalten. Es ist definitiv kein Jahr, in dem man auf der faulen Haut liegen sollte. So viele konstruktive, ineinandergreifende Möglichkeiten wie in diesem Jahr werden sich so schnell nicht wieder ergeben. Der Energieeinsatz wird sich auszahlen. Man arbeitet viel, es ist aber nicht anstrengend. Wer dieses Jahr verpasst, könnte hinterher den Anschluss verlieren.

2029–2031 erreicht der erste Königszyklus seinen Höhepunkt. Jupiter und Saturn stehen sich wie beim Vollmond gegenüber. Nun wird sichtbar, um welche Themen es nicht nur bis zur nächsten Konjunktion 2040, sondern auch bis zum Jahr 2219 wirklich geht.

Der Wertewandel, der zu Beginn des Zyklus durch Uranus im Zeichen Stier angeregt wurde, brachte die Menschen zu einem grundsätzlichen Umdenken. Was ist wirklich wertvoll? Wie wichtig sind volle Konten, wenn die Naturressourcen erschöpft sind? Saturn ist dann im Zeichen Stier angekommen. Das fordert einen bewussten Umgang mit den Existenzgrundlagen, also den natürlichen Ressourcen heraus. Es wird sich die Frage stellen, in welche Formen der Energiegewinnung wir investieren wollen. Was auf der globalen Ebene für alle zum Thema wird, gilt auch für jeden Einzelnen.

Wo man 2021 alte Sicherheiten losgelassen hat, ergeben sich nun aus dem Neuen Möglichkeiten der Grundlagenbildung. Wer sie damals nicht losgelassen hat, verliert sie spätestens zu diesem Zeitpunkt. Wer damals in neue Ressourcen investiert hat, bekommt die ersten positiven Resultate zu spüren.

Jupiter im Skorpion bringt die Versuchung von risikoreichen, aber vielversprechenden Investitionen. Hier wird die Aufrichtigkeit der persönlichen Haltung gegenüber dem, was der Begriff »Ressourcen« für einen bedeutet, auf die Probe gestellt.

Ab November 2031 zeigen sich dann die Perspektiven am Horizont. Man erkennt auf der globalen Ebene klar und deutlich, welche Techniken zukunftsfähig sein werden und welche nicht. Auch im persönlichen Bereich gilt es, sich auf die wesentlichen Talente und Fähigkeiten zu beschränken, die der konkreten Umsetzung dienen. Das wahre Können öffnet mehr Türen als ein Universaldilettantismus. Bezogen auf das Schulsystem könnte das die finale Erkenntnis über den stärkeren Nutzen des Praktischen gegenüber der Theorie bringen. Nicht nur lernen, sondern vor allen Dingen begreifen.

Auch das Thema Reise könnte eine neue Richtung bekommen. Entertainment-Trips ohne Bildungsnährwert könnten aus der Mode kommen, allein weil die Menschen eine verantwortungsvollere Beziehung zu den natürlichen Ressourcen haben.

2035 begegnen sich unsere beiden Planeten im abnehmenden Quadrat, analog zum abnehmenden Mond. Die ersten Könige des Luftreiches werden so langsam erwachsen und fangen an zu begreifen, worin ihre Aufgabe und Verantwortung liegen. Je größer die Verantwortlichkeit für das große Ganze, desto üppiger werden die Erträge für den Einzelnen wie auch für alle anderen sein. Fast klingt es so, als wäre die Verantwortung im Luftreich omnipräsent. Das stimmt auch, und das führt zu mehr Anteilnahme jedes Einzelnen am Geschehen. Das wiederum bringt mehr Freiheit. Man kann von einer luftig-leichten Verantwortung sprechen.

Am 1.11.2040 beginnt der zweite kleine 20-jährige Königszyklus im großen 200-jährigen. Er findet im Zeichen Waage statt. Das bedeutet: Es geht um ein neues Gleichgewicht zwischen lokaler Einflussnahme und dem Aufrechterhalten nicht-hierarchischer Grundstrukturen. Die Machtspiele vergangener Könige aus dem Erdreich werfen noch einmal lange Schatten in diese Zeit. Sie dienen als Erinnerung daran, einer Verführung zur Kontrolle nicht nachzugeben. Hier würde aus einem kurzfristigen Gewinn ein langfristiger Kollateralschaden entstehen.

Ab dem dritten kleinen Zyklus, am 8.4.2060, wird das Luftreich vollends Fuß gefasst haben. Die Errungenschaften der ersten vierzig Jahre führen zu einer Konsolidierung der Technik, die das Kollektiv genauso betrifft wie jeden Einzelnen.

Jupiter und Saturn treffen sich bis zum Beginn des Königreichs des Wassermanns 2159 mit einer Unterbrechung noch sechsmal im Element Luft.

Am 15.3.2080 findet die Konjunktion das erste Mal nach 2020 wieder im Zeichen Wassermann statt. Dieses Mal ist Uranus in seinem eigenen Zeichen und »beherrscht« die Konjunktion. Dieser Begriff klingt etwas anachronistisch, weshalb wir ihn anders umschreiben: Er gibt die Anweisungen zur nächsten Phase der Vernetzung. Die neuen biobasierten Technologien werden dann so ausgereift sein, dass man aus ihnen Waffen gegen außerirdische Eindringlinge schmieden kann. Es könnten neomystische Erlöser als Könige auftreten wollen, sie werden jedoch eher als eine romantische Erinnerung an »Star Wars« in die Geschichte eingehen, statt Wirklichkeitsanteile zu ergattern.

Die nächste Konjunktion findet am 19.9.2100 im Zeichen Waage statt. Die Könige dieser Phase werden nicht diejenigen sein, die man zuvor erwartet hätte. Es könnte eine Zeit beschleunigter technischer Innovationen rund um das Thema »Verdauung der Welt« werden. Diese Phase wäre mehr von vernünftigen als von romantischen Motiven geprägt. Das wiederum könnte die Sehnsucht der Menschen nach poetischen Dingen stimulieren.

Diese kämen dann in der Folgephase wieder mehr zum Tragen. Am 16.7.2119 treffen sich Jupiter und Saturn im Zeichen Zwillinge. Ab dieser Zeit stehen die Talente des Einzelnen im Rahmen seines Beitrags zur Weiterentwicklung der Netze im Fokus. Uranus steht dann im Krebs, und das spricht für Experimente mit dem Thema Rudel. Quantitative Anteile an Netzwerken werden zu einem Machtfaktor, was wie eine kleine Reminiszenz an bestimmte territoriale Ansprüche aus dem Erdreich wirken könnte.

Die nächste Phase des Königreichs der Lüfte beginnt am 14.1.2140. Die große Konjunktion findet zum dritten Mal im Wassermann statt. Auch in einem Luftreich können die Dinge aus dem Gleichgewicht geraten. Nun wird es Zeit, die letzten 180 Jahre mit ihren Entwicklungen Revue passieren zu lassen, um sich darüber schlau zu machen, was man vor dem Übergang in die später beginnende Wasserepoche in Harmonie zu bringen hat.

Am 21.12.2159 gibt es eine Zwischenkonjunktion im Wasserzeichen Skorpion. Man beachte das Datum! Das Königreich der Lüfte begann am 21.12.2020. Zu diesem Zeitpunkt werden die Menschen aufgrund der vielen Innovationen emotional ausgehungert sein und sich nach tiefen Verbindungen zu anderen sehnen. Das Königreich des Wassers kündigt sich schon an, aber es ist nur eine Art Präludium, ein Vorspiel, damit die ersten Elemente der darauffolgenden Ära langsam vorbereitet werden können.

Am 27.5.2179 begegnen sich der alte und der neue König auf 23° Zwillinge. Das Thema Talent wird seinen Stellenwert endgültig zurückerobern. Der Planet Neptun ist zu dieser Zeit wieder im Zeichen Fische, das Bedürfnis nach der Erforschung verborgener Welten erfährt eine weitere Renaissance. Diese 20 Jahre könnten insgesamt etwas spannungsgeladener werden als andere vergleichbare Zeiträume.

Am 8.4.2199 treffen sich Jupiter und Saturn das letzte Mal innerhalb des Königreichs der Lüfte auf den letzten Graden des Zeichens Wassermann. Die letzten 20 Jahre dieser Epoche brechen an. Die gesamte Ära nahm mit der ersten Konjunktion ihren Anfang auf 1°, die letzte findet auf den letzten Graden des Wassermanns statt. Die Reise durch dieses Zeichen ist dann fürs Erste abgeschlossen, und die Menschen sind für die kommenden 620 Jahre Vernetzungskönige geworden. In dieser letzten Phase werden die Vorbereitungen auf die Wasserepoche beginnen.

Am 31.10.2219 ist das Königreich der Lüfte vorbei.

Zweihundert Jahre lang Luft – das bedeutet zwar Vernetzung und Kooperation, aber auch viele Ideen, Konzepte und Pläne. Am Ende des Luftzeitalters werden sich die Menschen wieder mehr Unmittelbarkeit und Einfachheit im Gefühlsleben wünschen, und schon ist die Aufgabe der nun beginnenden Ära aus der Dynamik der vorherigen entstanden.

2022

Im zweiten Jahr des Luftzeitalters findet ein sehr interessantes Phänomen statt: Die fünf äußeren Planeten Pluto, Jupiter, Saturn, Uranus und Neptun befinden sich in fünf aufeinanderfolgenden Zeichen. Sie sind sozusagen Nachbarn. Eine solche Aufreihung von Planeten am Himmel geschieht sehr selten; ihre Umlaufzeiten sind so unterschiedlich, dass sie sich meistens an sehr unterschiedlichen Positionen auf der Ekliptik befinden. Pluto steht dann im Steinbock, Saturn im Wassermann, Neptun in seinem eigenen Zeichen Fische, Jupiter im Widder und Uranus im Stier.

Wenn die Kräfte im Tierkreis verteilt sitzen, kann einer von ihnen ab und an einen Ball in die Mitte zwischen die anderen auf der gegenüberliegenden Seite werfen und auf diese Weise Reaktionen provozieren. Wenn alle nebeneinandersitzen, sitzt man Schulter an Schulter; jeder merkt genau, wann und wie der andere sich neben ihm bewegt. Somit beobachten sich die Wesenskräfte, was auch dazu führen kann, dass sie sich gegenseitig ein wenig lähmen. Es ist eine Art »Stasi-Situation«. Der eine möchte vielleicht Schritte in neue Richtungen unternehmen und fühlt sich auf Schritt und Tritt durch seinen Nachbarn beobachtet.

Nun kann man diese Situation auf seinen Alltag übertragen und sich fragen, wie sehr und warum man sich in welchen Momenten durch eine gefühlte Beobachtung in seiner Wirksamkeit einschränken lässt. Daraus erwächst eine zentrale Aufgabe für jeden Einzelnen. Neue Impulse müssen natürlich auch mit den Bedürfnissen der Nachbarn abgestimmt werden; insofern lädt diese besondere Konstellation auch dazu ein, ein neues Gleichgewicht zwischen Rücksichtnahme und ungestörtem Handeln zu entwickeln. Das ist in einer Zeit der politischen Überkorrektheit eine nicht zu unterschätzende Aufgabe. Wenn jeder Impuls aufgrund einer potenziellen Verletzung des Selbstwertgefühls einer Minderheit überdacht werden muss und das solche Dimensionen wie in der jüngsten Vergangenheit annimmt, dann führt das zu einer intellektuellen Kontrolle, die auch naturfern sein kann. Ein respektvoller Umgang miteinander sollte in einer heterogenen Gesellschaft zum guten Ton gehören.

Jupiter, der eher freundliche Kandidat, wirft in diesem Jahr drei anderen »Kollegen« einen Ball, also eine Botschaft zu. Das ist eine Art Entspannung in der nachbarschaftlichen Bedrängnis. Jupiters Themen sind Wachstum und Zukunftsperspektiven. Wenn er vorbeikommt, dann tun sich neue Wege auf, und man sieht die Welt aus einem frischen Blickwinkel.

Saturn sagt, was noch getan werden muss, Jupiter zeigt auf, was noch möglich ist. Banal gesagt ist Saturn eher miesepetrig und Jupiter optimistisch.

Jupiter-Uranus-Sextil

Zunächst winkt Jupiter Mitte Februar Uranus zu und gibt dem Wertewandler Einblick in alternative oder verborgene Möglichkeiten bei Energiegewinnung und Recycling. Das gilt auch für jeden einzelnen Menschen. Man könnte Vergessenes wiederentdecken, was einem dabei helfen kann, sich neue Einkommensquellen zu erarbeiten. Bei dieser Konstellation darf man sich ganz und gar auf seine Intuition verlassen, auf linear-logischem Wege gewinnt man dabei keine spektakulären Einsichten. Vielleicht sieht man auch, wie man mit einem bereits vorhandenen Thema nur anders umgehen muss als bisher – und schon ist eine neue Lösung da. Wichtig: Es darf nicht kompliziert werden! Für die Weiterentwicklung der Arbeit mit den Pilzen ist die Konstellation hervorragend geeignet.

Jupiter-Neptun-Konjunktion

Am 12.4.2022 findet eine Konjunktion zwischen Jupiter und Neptun statt. Es beginnt ein neuer Zyklus zwischen diesen beiden Himmelskörpern. Der vorherige Zyklus begann am 28.5.2009. Träume und Sehnsüchte begegnen der Hoffnung auf eine neue Perspektive. Eine womöglich alte Vision könnte oder möchte ihren Weg aus dem Reich des Unmöglichen in das Reich des Möglichen antreten. Diese Konstellation kann bei vielen Menschen eine stärkere Berührbarkeit auslösen. Es gibt einen himmelweiten Unterschied zwischen naiver Begeisterung und der Fähigkeit, sich tief ergreifen zu lassen. Die Ergriffenheit führt zur Demut und die wiederum zur Empathie.

Da es sich nicht um eine temporäre Konstellation, sondern den Beginn eines circa 13 Jahre andauernden Zyklus handelt, kann die Sensibilisierung eine größere Welle auslösen. Immer mehr Menschen können den Zusammenhang zwischen den wichtigen Lebensthemen sehen und merken, wie wichtig die Empathie im Umgang mit dem Leben und der Welt ist. Die Demut ist eine der stärksten Charaktereigenschaften, die ein Mensch haben kann. Sie zeigt seine Verbundenheit mit allem Sein und führt zu respektvollem Handeln als Konsequenz der Empathie. Demut und Empathie waren gegen Ende des Erdzeitalters definitiv keine Quotenrenner; Hochmut und Gefühlskälte sind der Gegenpol zu diesen Eigenschaften.

Es stellt sich die Frage, welche visionären Projekte man im Dienst des Zusammenhalts und der Gesundheit der Welt in seinem Herzen trägt. Nun beginnt eine Zeit, in der sie für alle relevant werden könnten. Daher darf man sich in den folgenden Jahren damit befassen, sie umzusetzen. Die Konstellation von 2009 fand noch am Ende des Erdzeitalters statt, in dem diese Themen nicht so dringlich erschienen. Zusätzlich war Neptun im Zeichen Wassermann, in dem er nicht stark steht, was bedeutet, dass das mit ihm assoziierte Thema der Verbundenheit nicht wirklich zum Ausdruck kommen konnte. Seine Energie wurde eher zur Perfektionierung virtueller Simulationen, also zur Kreation von Scheinwelten und damit einhergehenden Scheinverbindlichkeiten im Netz genutzt, anstatt damit ein substanzielles Gefühl zu erschaffen. Die Technik kann man weiterhin nutzen, der Inhalt entsteht erst ab diesem Zeitpunkt.

Auch für die bildenden Künste und die Musik kann diese Konstellation eine Rückbesinnung auf den spirituellen Ursprung des Kulturschaffens bringen. Die Kultur wird wieder mehr inhaltsbezogen und lebensverbunden statt intellektuell, strukturalistisch und selbstbezogen. Dieser Paradigmenwechsel sollte substanzieller Natur sein, also keine Flut von pseudoesoterischem Kitsch hervorbringen. Letzterer war der schattenhafte Ausdruck der Verdrängung der Spiritualität im Erdreich. Vielleicht erfährt die Kirche noch einmal eine kleine Renaissance, die dann aber eher Ausdruck einer neoromantischen Sehnsucht als der Beginn einer konkreten Wiederetablierung dieser Institution wäre.

Das spirituelle ganzheitliche Bewusstsein müsste sich auch auf die Art des Denkens niederschlagen. Das logische Denken wird um das Bewusstsein der Verbundenheit erweitert, was das Analytische in seiner Dominanz, die es in der Vergangenheit ausgeübt hat, relativiert. Es wird dann dort angewendet, wo man es auch wirklich braucht, aber eben nur dort. Das könnte in der Medizin zu einer längst überfälligen Allianz zwischen Schulmedizin und Naturheilkunde führen.

Jupiter-Pluto-Sextil

Ab dem 4.5.2022 »verrät« Jupiter seinem Geschäftspartner Pluto, wo man in Zukunft gemeinsam fette Beute machen könnte – nämlich da, wo im Erdreich keiner richtig hingeschaut hat: alternative und ganzheitliche Themen oder Methoden der Energiegewinnung oder des Wirtschaftens. Da Pluto immer noch im Steinbock ist, könnten diese Aufgaben teilweise auch zur Staatsangelegenheit werden. Wer ab diesem Zeitpunkt den Naturschutz und somit ein ökologisches Bewusstsein weiterhin ausblendet, entspricht dann nicht mehr dem Geist der Zeit. Das ist dem aber egal.

Diese Konstellation kann aus dem Bewusstsein der Verbundenheit das soziale Mitgefühl und die Verantwortlichkeit verstärken, was dazu führen kann, dass Menschen und Gruppen sich gegenseitig mehr unterstützen wollen. Das würde auf persönliche wie auch projektbezogene Förderung rekurrieren.

Jupiter im Widder

Im Mai 2022 wechselt Jupiter das erste Mal in das Zeichen Widder. Widder symbolisiert den Neuanfang und Jupiter die Perspektiven. Die Welt braucht einerseits neue Perspektiven, andererseits wollen die ersten Visionen der neuen Epoche die ersten Schritte auf dem

Weg zu ihrer Verwirklichung machen. Zum Neuanfang gehört auch ein gewisser Pioniergeist, also Menschen, die mutig ins Unbekannte vorstoßen. Jetzt geht es nicht mehr um Träume, sondern um Taten. Damit man nicht allzu impulsiv und unbedacht ans Werk geht, wandert Jupiter in seiner Rückläufigkeitsphase ab Oktober noch einmal kurz zurück in die Fische, um dann ab Dezember einen zweiten Anlauf in die Zukunft zu nehmen. Und das sollten wir ab dann auch mit unseren inspirierten Projekten tun. Der Widder kann kraft seines Temperaments vor lauter Freude am blinden Aktionismus vergessen, warum er überhaupt angefangen hat, für etwas zu kämpfen. Aber das kennen wir ja schon von ihm.

Das Horoskop der USA

Am 28.12.2022 kehrt Pluto im Horoskop der Vereinigten Staaten von Amerika wieder an den Ort zurück, an dem er am 4.7.1776, zum Zeitpunkt der Unabhängigkeitserklärung, stand. Pluto symbolisiert die Art und Weise, wie wir andere an uns binden, uns einlassen oder versuchen, den Partner zu beherrschen. Das machen Menschen genauso wie Familien, Kulturen oder die USA. Die Wiederkehr eines Planeten ist auch immer ein Übergang zwischen dem Ende des Alten und dem noch ungewissen Beginn des Neuen. Diese Konstellation ist so mächtig, dass den USA erst ab diesem Zeitpunkt der Übergang in das 2020 begonnene Luftzeitalter gelingen kann. Es geht nicht mehr weiter wie zuvor, und es stellt sich die Frage, wie diese Kultur ihre Allianzen in der Zukunft schmieden wird. Die USA leben auch von Fremdressourcen. Sollte man dort auch am Übergang von einer erdölbasierten zu einer biologisch basierten Welt arbeiten, kann sich das System erneuern. Hält man zu diesem Zeitpunkt an der alten Wirtschafts- und Energiepolitik fest, kann es zu einer tiefgreifenden Krise kommen, die zu einem radikalen Umdenken zwingen würde.

Wenn etwas vereinigt ist, dann wurde es von außen zusammengefügt, unter Umständen unfreiwillig. Wenn etwas vereint ist, dann ist es das von innen heraus.

Die Uneinigkeit der verschiedenen Bewohner und Gruppen dieses Kontinents wurde gegen Ende des Erdzeitalters auf schmerzhafte Weise sichtbar. Die Probleme der nun vergangenen Ära sind weder gelöst noch ist das Land vereinigt oder gar vereint.

2023

Saturn in den Fischen

Am 7.3.2023 wechselt Saturn das erste Mal im neuen Königreich das Zeichen. Er wandert in die Fische, die irdischen Strukturen wollen um die himmlischen erweitert werden. Wenn er in seinem eigenen Zeichen Steinbock steht, dann leiten sich die Maßstäbe der Wirklichkeit aus dem greifbar und manifest Gewordenen ab. Was in der Zeit entstanden ist, hat Bestand.

Im Wassermann beziehen sich die Strukturen auf die Stabilisierung der Netzwerke. In den Fischen wollen weitere, zuvor unsichtbare Anteile des Lebens Bestandteil der Wirklichkeit werden. Das praktisch Greifbare allein reicht nicht aus, um das Wesen der Welt zu erfassen. Es gibt das logisch-kausale Wirken, und es gibt das vernetzte Wirken aus den Schwingungen der Frequenzen. Beides muss sich nicht ausschließen, sondern kann sich ergänzen. Diese Konstellation bringt das Bewusstsein dafür mit sich, wann und wo das zu geschehen hat. Die Menschen haben dann auch das Bedürfnis, einen besseren Zugang zu den physisch nicht fassbaren Welten zu bekommen. Diese Konstellation begünstigt eine Etablierung neuer Energiegewinnungsmethoden aus dem Myzelium.

Pluto im Wassermann

Sechzehn Tage später schnuppert Pluto das erste Mal in das Zeichen Wassermann, in dem die große Konjunktion stattgefunden hat. Er bleibt dort nur bis Mitte Juni, um dann im Folgejahr richtig reinzugehen. Es gibt kleinere und größere Vorahnungen, wie in Zukunft die relevanten Positionen in den Netzwerken von wem und aus welchen Gründen besetzt werden. Man sollte die Zeit nutzen, vorab zu sondieren, mit welchen Menschen und Gruppen man ab 2024 engere und zukunftsträchtige Verbindungen eingehen möchte. Die Zeit des Beschnupperns ist nämlich irgendwann vorüber, und dann geht es um verbindliche Entscheidungen.

Auf der Ebene der gesellschaftlichen Netzwerke kann es zu Angriffen von »Parasiten«, systemfeindlichen Kräften, kommen. Das Netzwerk muss sich das erste Mal einer Belastungsprobe aussetzen. Das schärft das Vermögen, Feinde der Zukunft abzuwehren.

Jupiter im Stier

Ab dem 16.5.2023 befindet sich Jupiter für etwa ein Jahr im Zeichen Stier. Die Euphorie für neue Ziele entflammt dann, wenn sie konkret umsetzbar sind. Das ist keine Zeit für Utopisten ohne Bodenhaftung. Man möchte physisch miterleben, wie das Neue wächst und gedeiht. Prinzipiell ist diese Konstellation günstig für Investitionen in Dinge oder Themen, die langfristig lukrativ sein können. Da wir uns aber nicht mehr im Erdreich befinden, sollte es nicht um den materiellen Gewinn um seiner selbst willen gehen. Gerade in einer Zeit, in der so viel Neues im Begriff ist zu entstehen, braucht es zwischendurch pragmatische Kurskorrekturen, damit die großartigen Ideen und Konzepte auch greifbar gemacht werden können.

Auf der ökologischen Ebene könnte das bedeuten, dass man neue Nährstoffe entdeckt oder so weiterentwickelt, dass für die Nutzung des Bodens neue Wachstumsperspektiven entstehen. Ein Beispiel dafür wäre eine Pilzart, die in der Wüste an die Wurzeln der Pflanzen gebracht wird, was dazu führt, dass die Wurzeln sich verlängern und ganz tief in die Erde bis zum Grundwasser gelangen. Somit könnte dort der Anbau von Pflanzen ermöglicht werden.

Jupiter-Saturn-Sextil

Am 19.6.2023 stehen Jupiter und Saturn am Himmel harmonisch zueinander. Es ist der erste Aspekt, die erste Winkelbeziehung, den die beiden Planeten seit ihrer Konjunktion bilden, mit der am 21.12.2020 ein Zyklus zwischen ihnen und dem Luftreich begann. Der neue König sucht Material und findet Wege; jeder sucht und findet etwas für sein ganz persönliches Königreich. Wo gibt es eine neu zu entdeckende und vielleicht dennoch alte Brücke zwischen materiellen Substanzen und einer ganzheitlichen Zusammenführung, wie es soeben am Beispiel der Pilze an den Wurzeln beschrieben wurde? Die Umwertung der Grundwerte beginnt Form anzunehmen und führt zu einer neuen Nutzung alter Ressourcen im Geist der Zeit. Die Konstellation hat sowohl etwas Innovatives als auch etwas Konservierendes. Ein neuer Blick auf ein bekanntes Geschehen kann auf leise Weise bahnbrechende Entwicklungen einleiten. So soll es dann auch im Leben eines jeden Menschen zugehen; eine neue Anwendung einer alten Substanz bringt Wiederverwertbares und Nachhaltiges.

2024

Pluto im Wassermann

Im vierten Jahr des Luftzeitalters wird es das erste Mal ernster. Pluto wandert wieder in das Zeichen Wassermann und überläuft dreimal, nämlich im Februar, August und Dezember, den Ort am Himmel, an dem die große Jupiter-Saturn-Konjunktion vom 21.12.2020 stattgefunden hat. Dadurch wird die Energie der Konstellation auf diesem Tierkreisgrad wiederbelebt. Er ist der erste der langsamen Himmelskörper, der sie erreicht. Man kann sagen: Pluto löst das Thema der großen Konjunktion neu aus. Das Neue ist seine Perspektive auf das Thema.

Das Thema der Konjunktion zwischen Jupiter und Saturn ist der Beginn einer neuen Epoche, in der es um Vernetzungen und Kooperationen geht. Der Fokus liegt auf Solidarität und gemeinschaftlichen Projekten und nicht mehr auf der Vermehrung des individuellen Wohlstandes. Wohlstand wird nicht mehr durch Häufchenbildung erreicht, sondern durch Vernetzung.

Mit dieser Konjunktion im Dezember 2020 wurde ein Thema in die Welt geworfen, dem sich, gemäß der Forderung eines neuen Königs, nun die anderen Kräfte zu unterwerfen haben. Man könnte es folgendermaßen formulieren: Pluto besucht den König und erhält ein Briefing über die Themen der kommenden Epoche. Seine Aufgabe ist es, grundsätzlich dafür zu sorgen, dass Verbindlichkeiten entstehen. Jede Verbindlichkeit fordert den Preis einer Investition. Jede Investition ist mit einem Risiko verbunden. Ohne Risiko gibt es aber auch keine Aussicht auf Gewinn oder Wachstum.

Nun soll Pluto die Knotenpunkte für Verbindlichkeiten im Netz ausfindig machen. Welche Punkte müssen besetzt werden, damit man von dort aus etwas bewirken kann oder sogar eine gewisse Macht oder Kontrolle über weitere Netze erhält?

Pluto kann wie ein Parasit über ein System herfallen, sich dort seine Nährstoffe besorgen und es ausgesaugt hinter sich lassen. Er kann gleichberechtigte Partnerschaften zur gegenseitigen Unterstützung initiieren. Die wechselseitige Unterstützung kann auf unterschiedlichen Ebenen stattfinden. Der eine könnte beispielsweise programmieren, der andere kümmert sich um das Design. Man ergänzt sich. Der parasitäre Befall zwingt den Wirt zur Veränderung seiner Lebensgewohnheiten. Insofern dient der Parasit der evolutionären Weiterentwicklung einer Spezies.

Zu dieser Zeit können die Netze optimiert werden, um sich vor »parasitären Attacken« zu schützen oder um einen verbindlicheren Zugriff auf Inhalte zu gewinnen. Es entscheidet sich, wer Zugriff auf welche zentralen Punkte im Netz bekommt. Es gilt, wachsam zu sein und darauf zu achten, an welchen Orten (im Netz) man im Vorfeld falsche Machtübernahmen verhindern kann, um die richtigen zu stärken.

Dieser Konstellation entspräche auch eine Weiterentwicklung der Fähigkeit des Pilzes, Müll auf natürliche Weise zu entsorgen.

Jupiter-Uranus-Konjunktion

Am 21.4.2024 begegnen sich Jupiter und Uranus auf 22° Stier am Himmel. Das ist die verrückteste Konstellation, die es gibt. Auf dem Weg nach vorn (in die Zukunft) begegnet einem das Unerwartete; die unverhofften Wendungen bereiten den weiteren Weg. Wo man es mit seinem Verstand zunächst nicht vermutet, findet man überraschende Lösungen. Die Konstellation ist nichts für Verwaltertypen, denn sie erfordert eine permanente Wachheit gegenüber sich ständig verändernden Situationen.

Der Geist kann nicht ruhen, ehe er zuvor nicht Erkennbares zusammengebracht hat. Wenn man denn von Genialität sprechen möchte: Dieser Aspekt wäre die Entsprechung davon.

Für schöpferische Menschen kann das ein Geschenk sein, denn durch eine grundsätzliche Offenheit für das Unerwartete kann man großartige Einsichten gewinnen. Es verwundert wenig, dass Albert Einstein einen Aspekt dieser beiden Planeten in seinem Geburtshoroskop aufwies.

Die Innovationen beziehen sich wieder auf Materialien aus der Erde, weil die Konjunktion im Zeichen Stier stattfindet. Es kann auch zu einer finalen Umwertung aller Werte bezüglich des Finanzsystems kommen.

Mit welchen Themen kann jeder Einzelne den Wertewandel begleiten? Aus welcher alten oder neuen Substanz kann man persönlich etwas Neues zaubern, das in den Zeitgeist passt? Da es sich bei dieser Konjunktion um den Beginn eines Zyklus handelt, werden derartige Erneuerungen oder gar Erfindungen in den kommenden 13 Jahren für die Gesellschaft relevant sein. Die nächste Begegnung dieser beiden Planeten findet Mitte Oktober 2037 im Zeichen Krebs statt. Dann geht es um völlig neue Konzepte von Heimat. Wer meint, dafür unseren Planeten verlassen zu müssen, könnte zu dieser Zeit ein hoffnungsloser Erdreichromantiker sein. Wer hingegen hinsichtlich der Energiegewinnung seine Aufmerksamkeit dem Pilz schenkt, könnte irdisch besser verwertbare Resultate entdecken.

Jupiter-Neptun-Sextil

Am 23.5.2024 stehen Jupiter und Neptun in einem harmonischen Winkel zueinander. Das ist ein erster Aufbauaspekt in dem Zyklus zwischen den beiden, der 2022 begonnen hat. Es tun sich Möglichkeiten der ganzheitlichen und lukrativen Verwertung von natürlichen Ressourcen auf. Die Gier könnte versuchen, ein Wörtchen mitzureden; das ist aber eher eine Versuchung, der man auch in seinem privaten Leben nicht nachgeben sollte. Das Kleine sollte stets im

Einklang mit den großen, überpersönlichen Notwendigkeiten und Bedürfnissen stehen.

Für kulturelle Aktivitäten kann das ein wunderbarer Aspekt sein, wenn es darum geht, neuen (alten) Materialien einen zauberhaften neuen (alten) Klang abzugewinnen.

Jupiter in den Zwillingen

Ab dem 25.5.2024 wandert Jupiter für etwa ein Jahr in das Zeichen Zwillinge. Jupiter steht für das Verstehen, Zwillinge für das Begreifen. Die großen Erkenntnisse gewinnt man für die Dauer eines Jahres aus den kleinen Dingen. Das kann einen Schub für das Handwerk mit sich bringen. Die Zeit ist ideal, um seine Fertigkeiten zu verbessern, indem man sie weiterentwickelt. Leider ist diese Konstellation auch eine Art Einladung für Dampfplauderer.

Auch dieses Jahr 2024 kann bestens dazu genutzt werden, am großen Umbau des Schulsystems zu arbeiten und sich zu überlegen, welche technischen Möglichkeiten das Lernvermögen unterstützen könnten. In Bezug auf das Thema Reisen kann diese Jupiterposition die Freude an nahen Zielen begünstigen. Wenn man meint, in seiner Umwelt schon alles zu kennen, kann sich das in solchen Zeiten als Irrtum herausstellen.

Jupiter-Pluto-Trigon

Perspektive und Risikobereitschaft stehen Anfang Juni harmonisch zueinander. Es scheinen sich neue Möglichkeiten geschäftlicher Vernetzungen aufzutun. Unter Umständen werden in dieser Zeit weitere Kommunikationstechnologien entwickelt.

Für den Einzelnen birgt diese Konstellation enorme Entwicklungsmöglichkeiten in den Bereichen Kommunikation und Netzwerke. Sie stabilisiert solide Beziehungen und bringt Optionen für neue Netzwerkpartnerschaften ins Spiel. Dieser Aspekt markiert ein Drittel der Wegstrecke des Zyklus dieser beiden Planeten, der am 12.11.2020 begonnen hatte.

Der folgende Zyklus beginnt im Februar 2033 im Zeichen Wassermann, dann werden die strategischen Bündnisse in den Netzwerken geschlossen. Ab dieser Zeit muss man darauf achten, dass die Schwingungen, das heißt die Frequenzen der Netze, mit denen der Natur vereinbar bleiben. Ein Zuviel kann einen Kollaps mit sich bringen. Jupiter und Pluto symbolisieren gemeinsam auch die Gier, die sich im Luftreich auf eine hemmungslose Ausweitung der mobilen Datennetze beziehen kann. Es empfiehlt sich, das zu verbessern, was gut funktioniert, anstatt blindwütig auf Quantität zu setzen. Das gilt auch für den Privatgebrauch.

Jupiter-Saturn-Quadrat

Dieser Aspekt ist für die Entfaltung des Königreichs von höchster Bedeutung. Er findet am 19.8.2024 und am 24.12.2024 sowie am 15.6.2025 statt. Das zunehmende Quadrat entspricht vom Zyklus her der Phase des zunehmenden Halbmondes. Das Neue, mit dem man sich in den zurückliegenden vier Jahren beschäftigt hat, will nun in Einklang mit den Errungenschaften des Erdzeitalters gebracht werden. Das wird sich insbesondere auf den Umgang mit der Technik beziehen. Welche Techniken des Erdreichs müssen nach dieser Zeit auf welche Weise verändert werden, damit sie den neuen Anforderungen an Funktion, Effektivität und ganzheitliche Verantwortlichkeit entsprechen?

Für den Einzelnen stellt sich die Frage: Was braucht es nun, um den neuen Visionen und Vorhaben eine längerfristige Verankerung zu geben, damit sie Wurzeln schlagen können? Eine Gefahr des Luftreichs bleibt ja die Tendenz zur Theorie und zur schönen Idee ohne Verankerung. Diese Zeit kann einen Wendepunkt mit sich bringen, an dem man erkennt, was von dem Neuen welche weiteren Bedingungen braucht, um in der Zukunft richtig schön aufblühen zu können.

Man kann sagen, dass die ersten vier Jahre des Luftzeitalters eine Phase des Stöberns und Suchens waren. Doch nun soll die erste Synthese aus dem Neuen entstehen.

2025

2025 beginnt das Luftreich endlich seine Konturen so zu entwickeln, dass für die Welt langsam erkennbar wird, dass wir es nicht mit einer zu überwindenden Krise, sondern mit einem Umbruch zu tun haben. Man darf ja nicht vergessen, dass viele Menschen den astrologischen Zugang zu diesem Epochenwandel nicht kennen und daher vielleicht noch im alten linearen Zeit- und Geschichtsverständnis verhaftet sind. Ab dieser Zeit dürfte der Beginn einer neuen Ära auch ohne das astrologische Wissen sichtbar werden.

Neptun im Widder

Neptun symbolisiert die verborgenen Wirklichkeiten oder auch die Geheimnisse des Lebens. Ein Geheimnis ist meistens etwas Faszinierendes, dessen Enthüllung mitunter bahnbrechende neue Sichtweisen erlaubt. Es gibt natürlich auch banale Geheimnisse – das sind Dinge oder Themen, die Menschen oder Organisationen deshalb geheim halten wollen, um heimlich etwas durchführen zu können, was keiner mitbekommen darf. Hierbei sind unterschiedliche Intentionen im Spiel. In manchen Situationen mag es vorteilhaft sein, dass Menschen bestimmte Aktionen im Verborgenen umsetzen, denn so können sie unter Umständen etwas gegen unzumutbare Verhältnisse ausrichten. Wären sie mit offenem Visier vorgegangen, hätte das Vorhaben vielleicht vereitelt werden können.

Der Widder symbolisiert den Neuanfang, dessen ursprünglichster Ausdruck die Geburt ist. Wenn Neptun in den Widder geht, werden die Trüffelschweine auf die verborgenen Wirklichkeiten angesetzt, um sie zu entschleiern. Es ist an der Zeit, dass Dinge in die Sichtbarkeit kommen, die zuvor verborgen waren oder verborgen werden mussten. Das kann auch bedeuten, dass auf einmal viele Menschen mithilfe des Myzeliums Zusammenhänge erkennen, die ihnen zuvor verborgen waren, entweder weil die Zeit das nicht anders zugelassen hat oder weil sie selbst noch nicht so weit waren. Wenn man sich mit dem Pilz befasst, so wirkt sein Myzelium auch in das persönliche Empfinden, Denken und Handeln hinein.

Natürlich können zu dieser Zeit auch manche unangemessenen Machenschaften ans Licht gelangen. Diese Enttarnung dient aber nur einer überfälligen Desillusionierung. Der Verlust einer Illusion ist stets ein Gewinn an Wirklichkeit.

Saturn im Widder

Die Fakten wollen an die Front – mit dieser Konstellation beginnt eine weitere Phase der Manifestation des neuen Zeitgeistes. Saturn symbolisiert die greifbaren Strukturen der Wirklichkeit und Widder den Neuanfang; die neuen Strukturen des Luftzeitalters wollen geboren werden. Eine strukturelle Ungeduld setzt ein. Vielleicht haben manche Menschen das Gefühl, dass man zu lange gewartet hat, um die neuen Strukturen umzusetzen. Der Widder braucht immer eine Spannkraft, um in Aktion zu treten. In diesem Fall könnte die Spannung durch das Gefühl, der Zeit nun ein wenig hinterherzuhinken, angetrieben werden.

Überall wollen Menschen etwas beginnen, etwas hinstellen, etwas aufbauen. Diese Energie kann sich jeder Einzelne zunutze machen, um ganz konkret mit etwas anzufangen, das darauf gewartet hat, realisiert zu werden.

Der Widder kann in seinem ungehaltenen Vorwärtsdrang manchmal das Motiv seines Antritts vergessen. Damit das nicht geschieht, verschwindet Saturn von September 2025 bis Februar 2026 noch einmal in das Schattenreich der Fische. So kann Saturn sich daran erinnern, was der Hintergrund seines gegenwärtigen und zukünftigen Wollens ist.

Jupiter im Krebs

Das expansive Streben des Jupiters ist naturgemäß ein wenig nach außen gerichtet. Sein Optimismus wirft seine Hoffnungsschleier nach vorn in ein noch nicht besetztes Areal, er ist davon überzeugt, es eines Tages einzunehmen. An diesem Ort kommt man mit introvertiertem Verhalten niemals an. Der Weg wäre entweder zu lang, oder man schlägt ihn gar nicht erst ein.

Jupiter im Krebs symbolisiert eine rückwärtsgewandte Reise. Sinn ergibt das, was eine Geschichte ergibt. Eine Geschichte ist wie ein Zyklus, also ein Kreis: Man startet an einem gewissen Punkt und »zieht seinen Kreis«. Dabei kann es immer wieder Momente der absoluten Ungewissheit über die Richtigkeit des eingeschlagenen Wegs geben. Die Rückkehr am Ende des Kreislaufs ist kein langweiliges Nach-Hause-Kommen, wo es immer noch so ist, wie es immer schon war – es ist die Wiederentdeckung des Ursprungs in sich selbst.

Dieser Ursprung ist neu und anders als der, von dem aus man gestartet ist. Da man aber bei sich angekommen ist, ist es wie eine neue Rückkehr. Unter Umständen findet man erst im Augenblick dieser Rückkehr heraus, wer man wirklich ist.

Der Sinn der Reise in die Ferne ist die Entdeckung des eigenen Ursprungs. Den kann man nicht erkennen, wenn man da bleibt, wo man herkommt. Diese Konstellation kann einen gehörigen Einfluss auf das Reise- und Urlaubsverhalten der Erdenbürger haben. In der

Vergangenheit war man der Meinung, eine Reise auf die Malediven oder nach Mallorca sei die einzig mögliche Entlohnung für die mangelnde Attraktivität des Alltags. Das kann sich nun ändern; man kann sich die Frage stellen, was man eigentlich sucht. Allein diese Frage kann alternative Möglichkeiten hervorbringen. Vielleicht merkt man, dass manche Arten von Reisen nur zu oberflächlichem Entertainment führten, aber die Seele nicht substanziell nährten. Wohin möchte man reisen, um etwas zu finden oder etwas zu erleben? Das Reiseverhalten gegen Ende des Erdzeitalters war unbewusst und konsumorientiert. Dieser Zeitpunkt 2025 ist ideal, um aus diesem Thema einen tieferen Sinn zu gewinnen. Die Natur würde sich darüber freuen, was ein Bestandteil dieses Sinnes sein könnte.

Uranus in den Zwillingen

Der Herrscher des Beginns des Luftreichs betritt ein Zeichen, in dem er kraft seines Naturells sehr wirksam werden kann. Vom 8.11.2025 bis zum 26.4. des Folgejahrs wandert er nochmals zurück in den Stier, um an die Innovationen der Wertesysteme zu erinnern. Die Substanz, mit der man arbeiten möchte, bestimmt die Technik im Umgang mit ihr. Das Instrument, das ich zum Musizieren auswähle, gibt sprichwörtlich den Ton bezüglich der Technik vor, mit welcher es am besten zum Klingen gebracht werden kann.

Aus diesem Bild kann man ableiten, dass diese Konstellation ganz viel mit Techniken der Umsetzung zu tun hat. Der Autor dieser Zeilen erinnert sich daran, wie er in seiner Schulzeit im Tennis unterrichtet wurde: Es gab sehr präzise Vorgaben darüber, wie man bei den unterschiedlichen Schlägen den Tennisschläger zu halten hatte. Das System war recht starr. Als der Autor viele Jahre später einen weiteren Versuch unternahm, sich in dieser Sportart fortzubilden, durfte er die Erfahrung machen, dass zwischenzeitlich der Umgang mit der »einzig richtigen Haltung des Tennisschlägers« ganz anders und viel entspannter war. Man hatte einen gewissen Spielraum, der sich aus der individuellen Anlage heraus ableitete. Auf einmal war das Spiel viel unkomplizierter. Nun geht es hier nicht so sehr um die irrelevanten sportlichen Aktivitäten des Sternendeuters als vielmehr um einen veränderten Umgang mit dem Thema Technik. Je flexibler man mit der Technik umgeht, umso vieldimensionaler können die Resultate sein.

Uranus verweilt für etwa sieben Jahre in einem Zeichen. Diese Zeit ist auch hervorragend dafür geeignet, weitere wichtige Neuerungen im Schulsystem einzuführen.

Saturn-Neptun-Konjunktion

Traum und Wirklichkeit: Die Wirklichkeit verpflichtet sich, einen Traum aufzunehmen. Zuletzt fand diese Konstellation 1989 statt, als der »Eiserne Vorhang« fiel und die Grenze zwischen Ost- und Westdeutschland geöffnet wurde. Zu jener Zeit trafen sich die beiden Planeten im Zeichen Steinbock, also ging es um Mauern und Systeme. Ein Traum wurde wahr – viel später erst zeigte sich, inwieweit er doch eine Illusion war, eine Desillusionierung über die Wirklichkeit. Nun, am Ende dieses Zyklus, lässt sich erkennen, welche Strukturbefreiungsträume wahr wurden und welche sich als Illusion entpuppten. Was können wir daraus für den nun beginnenden Zyklus lernen?

Realität und Vision befinden sich so haarscharf beieinander, dass es schwerfällt einzuschätzen, was nun wirklich möglich sein wird. De facto ist beides möglich – Unglaubliches kann gelingen, es kann sich aber auch als Chimäre herausstellen.

Dieses Mal findet die Konjunktion im Widder statt, was das subjektive Wollen und die dazugehörige persönliche Ungeduld mit hineinbringt. Wird der Neubeginn fantastisch, oder zerplatzt er wie eine Seifenblase? Werden unter Umständen neue Methoden der Energiegewinnung umsetzbar, oder versinken die Ideen wie im Treibsand?

Saturn/Neptun gehört zu den schwierigsten Herausforderungen überhaupt, besonders wenn es um den Neuaufbau von realitätstauglichen Strukturen gehen soll. Bei den schweren Erdbeben in der Türkei 1999 stellte sich heraus, dass bei einem Großteil der zerstörten Gebäude bei der Konstruktion aus finanziellen Gründen gespart worden war. Sonst wären sie unter Umständen gar nicht eingestürzt. Damals fand das erste Quadrat aus dem zurückliegenden Zyklus statt. Materielle Strukturen sollten unter solchen Anfangskonstellationen gründlich auf ihre Tragfähigkeit geprüft werden.

Viel ungefährlicher zeigen sich die Folgen einer solchen Konstellation in der musischen Welt. Bei vorhandenem und echtem Können und Wissen können wahrhaftige Zauberwerke von himmlischer Schönheit entstehen. Den Minderbegabten verführt diese Konstellation zur Produktion von unerträglichem, waberndem Stimmungskitsch; er durchdringt nicht das Werk, sondern illustriert seine Vorstellungen.

Das Gleichnis, als Symbol für ein poetisches Werk, braucht keine gravitätischen Grundstrukturen, stattdessen aber die absolute Durchdringung des Gedankens.

Diese Konjunktion findet zweimal statt, am 29.6.2025 und am 20.2.2026.

Uranus-Neptun-Sextil

Der Zyklus zwischen Uranus und Neptun dauert fast zweihundert Jahre. Der gegenwärtige nahm 1993 seinen Anfang im Zeichen Steinbock. Steinbock ist die Realität, Uranus symbolisiert die Netze und Neptun die unsichtbaren Welten. Das Internet, eine unsichtbare Netzstruktur, wurde für die Öffentlichkeit bereitgestellt. Dieser Aspekt findet insgesamt dreimal statt: am 29.8. und 20.11.2025 sowie am 16.7.2026.

Wenn Uranus und Neptun zusammenkommen – in diesem Fall stehen sie in einem harmonischen Winkel zueinander –, dann gelangen Innovationen in die Welt. Da am Ursprung dieses Zyklus das Internet stand, wird es um weitere Möglichkeiten der Vernetzungen gehen. Welche Ressourcen werden gebraucht, um das Netz auszuweiten?

Dieser Aspekt stimuliert auch im persönlichen Leben außerordentliche kreative Prozesse. Man muss keine Oper komponieren, um diesen Energien einen adäquaten Ausdruck zu verleihen, sondern man kann in fast jedem Lebensbereich schöpferisch werden.

Vielleicht wird jetzt klar, wie das Internet eine Spiegelung des Myzeliums sein muss, um zeitgemäß zu sein.

2026

2026 greifen alle Zahnräder ineinander, und das Luftreich kann sich richtig zu entfalten beginnen. Gemessen an zweihundert Jahren sind diese ersten sechs Jahre nur ein kurzer Zeitraum. Selbst wenn dieser Zeitpunkt erst nach zehn oder zwölf Jahren käme, wäre das im Sinne eines zyklischen Verständnisses der Zeit auch noch ganz normal. 2022 saßen die äußeren Planeten Sitz an Sitz nebeneinander. Jeder bekam des anderen »Regung« zu spüren.

2026 ist immer ein Platz dazwischen. Das ist wie im Kino oder im Konzert: Wenn man neben sich einen Platz frei hat, dann kann man sich mehr ausbreiten, fühlt sich entspannter und kann den Film oder die Musik besser für sich genießen. So ergeht es den Planeten im Jahr 2026. Sie haben Platz, sie treten sich gegenseitig nicht auf die Füße, und somit kann sich jeder kraft seines Naturells besser entfalten, und sie unterstützen sich dabei noch. Das ist ein Jahr, in dem die Energien des Aufbaus so konstruktiv sind, dass jeder sie nutzen sollte.

Saturn-Uranus-Sextil

Der Saturn/Uranus-Zyklus begann im Jahr 1988 auf den letzten Bogenminuten des Zeichens Schütze, genau zwischen Schütze und Steinbock. Der Bereich zwischen zwei Zeichen ist ein Übergang; es ist nicht mehr ganz das Alte, aber auch noch nicht das Neue. Das ist spannungsreich, weil Saturn die traditionellen Strukturen symbolisiert und Uranus den Fortschritt. In der Beziehung zwischen Tradition und Fortschritt beginnt ein neuer Zyklus im Niemandsland zwischen Wachstum (Schütze) und Ordnung (Steinbock).

Wie viel Struktur braucht Wachstum? Was muss erhalten, was erneuert werden? Wie sollte Wachstum reglementiert werden? Die Rosen wachsen definitiv besser, wenn sie geschnitten werden. Dieser Zyklus hat es in sich.

In dieser Phase stehen Saturn und Uranus Ende Januar harmonisch zueinander. Es zeigt sich, welche Materialien wie verändert werden müssen, damit sie in das neue komplexe System der Vernetzung eingeflochten werden können. Wie kann ein weiterer Wandel der Wertesysteme einerseits zu einem veränderten Umgang mit den natürlichen Ressourcen führen und andererseits ein Bewusstsein dafür schaffen, auf welche Weise alles miteinander verbunden ist? Beim Einstieg in den Wertewandel gelingt die Erneuerung alter Strukturen relativ reibungslos, die Evolution geht leichtfüßig weiter.

Saturn-Pluto-Sextil

Ende März begegnen sich Saturn und Pluto seit ihrer Konjunktion am 12.1.2020 das erste Mal in einem harmonischen Winkel. Hier geht es um die Verantwortung des Einzelnen für seine individuelle Aufgabe in den Netzwerken. Man kann in dieser Zeit sehr gut Profil zeigen. Es beginnt eine Phase, in der die einzelnen Menschen vermehrt in die Gestaltung des sozialen Umfelds mit eingreifen. Das fördert das Bewusstsein für die Notwendigkeit einer grundsätzlich solidarischen Haltung. Dadurch verlagert sich die Kontrolle über die gesellschaftlichen Prozesse immer mehr von den staatlichen Institutionen auf die Bevölkerung. Jeder kann sich fragen, an welchen Orten und in welchen Situationen er sich bei der Gestaltung einbringen kann und will. Das kann von Reinigungsinitiativen über Altenbetreuung bis hin zum Naturschutz gehen.

Jupiter im Löwen

Am 30.6.2026 wandert Jupiter in das Zeichen Löwe. Das passt zur vorherigen Konstellation. Jupiter im Löwen belebt den eigenschöpferischen Anteil im Einzelnen, was dazu führen kann, dass die Freude über die Möglichkeit zur Mitgestaltung ein Gefühl der Sinnhaftigkeit mit sich bringt. Jupiter im Löwen symbolisiert entweder den eitlen, aufgeblasenen Gockel, der sich für »zu geil für diese Welt« hält. Oder er stimuliert die Freude des individuellen Beitrags zur Schönheit des Lebens. Bei der ersten Variante trägt das Ego allein den Nutzen, und es bleibt nichts übrig außer der Langeweile, die ein eitler Vogel in seiner Umwelt auszulösen vermag. Bei der zweiten Variante wird die Lebensfreude des Egos in den Dienst der Lebendigkeit gestellt, und das trägt Früchte für alle.

Dieser Aspekt ist hervorragend geeignet für die Entwicklung und Entfaltung der eigenen Schöpferkraft. Man hat Freude an der Produktivität und an einem spielerischen Umgang bei den Aktivitäten. Die Lebensfreude kann ausufernd werden, bis an die Grenze des Hedonismus. Wer um seine Grenzen weiß, der wird diese Zeit als äußerst fruchtbar erleben.

Uranus-Pluto-Trigon

Uranus und Pluto wissen um ihre gegenseitige Bedeutung, obgleich sie sich als Störfaktor wahrnehmen. Der eine sucht die Freiheit der Weitervernetzung, der andere will sichere Verbindlichkeit. Das bedeutet: Man muss um jeden Millimeter des eigenen Anliegens mit dem anderen verhandeln. Uranus mag sich nicht binden, weil er seine Freiheit eingeschränkt sieht; Pluto hat Sorge, dass der Davonlaufende seine Steuern nicht zahlt. So kann man bei diesen Kräften davon ausgehen, dass es bei ihren »Verhandlungen« immer nur in Millimetereinheiten weitergeht, so wie in der Politik.

Dieser Zyklus begann Mitte der 60er-Jahre des letzten Jahrhunderts im Zeichen der Jungfrau. Der Titel dieses Zyklus könnte »Der Preis der Entwicklung« sein. Dessen Währung ist die Gesundheit der Erde, die dann aus dem Gleichgewicht gerät, wenn ihre einzelnen Organe überlastet oder unterfordert sind. Dann können sie dem Ganzen kraft ihrer Funktion nicht mehr dienen.

2026 können sie sich einigen; die technischen Innovationen unterstützen alle Arten von Vernetzungen, ohne dass dabei Raubbau an den natürlichen Ressourcen stattfinden muss wie in der Vergangenheit. Das Ziel dieses Zyklus ist eine ökologische, also organische Weiterentwicklung. Im Erdreich ging die technische Entwicklung rasant voran, aber oft auf Kosten des natürlichen Gleichgewichts. Man erkaufte sich etwas mit Geld und nahm sich aus der Natur, was man brauchte. Die Erkrankung der Natur ist mit finanziellen Mitteln nicht heilbar.

Jupiter-Neptun-Trigon

Ob ein Traum Wirklichkeit werden kann, hat in dieser Phase des Zyklus jeder selbst in seiner Hand. Die Verantwortung für das Gelingen kann man nun auch keinen überirdischen Mächten mehr in die

Schuhe schieben. Insofern ist dieser angenehme Aspekt auch eine Herausforderung an die Eigeninitiative und das Selbstvertrauen. Nun zeigt sich, ob man als Visionär ein Stammtischstratege bleiben will oder ob man bereit ist, kühn zur Tat zu schreiten.

Wie weit sind wir seit dem Beginn des Zyklus im Jahr 2022 gekommen? Was damals noch den Charakter einer Utopie hatte, ist nun in das Bewusstsein vieler Menschen gesickert. Visionen und Perspektiven werden miteinander kompatibel. Auf einmal ist das Verständnis für die ganz großen Zusammenhänge und Querverbindungen weit verbreitet und populär, und man muss seine Vision nicht mehr rechtfertigen. Wer da nicht mitmacht, verpasst eine einzigartige Chance.

Jupiter-Pluto-Opposition

Diese beiden »Kollegen« sind in ihrer Kombination so etwas wie Pokerspieler. Man findet diesen Aspekt in den Geburtshoroskopen vieler erfolgreicher Großunternehmer. Er schenkt den Mut zum Risiko und verleiht eine ausgeprägte Investitionsbereitschaft. Dieser Aspekt findet sich aber auch in den Horoskopen von Hochstaplern und Gaunern. Das moralische Gewissen zieht nur eine hauchzarte Trennlinie zwischen Effizienz und Gier.

Diese Konstellation bietet einerseits einzigartige lukrative Investitionsmöglichkeiten, andererseits verführt sie die Übelgesinnten zum Größenwahn. Man hat das Gefühl, das Ego ist so groß wie der Erdball, und nichts kann einen aufhalten. Eine solche Einstellung führt zur Degeneration des eigenen Wesens, aber das ist den Betroffenen meist egal.

Alternativ zur Verfettung des Egos kann man die Kraft seiner Persönlichkeit großzügig und verantwortlich einsetzen und so als positives Vorbild voranschreiten, um etwas zum Wohl des Ganzen beizusteuern. Wenn es der Welt gut geht, dann geht es allen gut. Wenn es der Welt schlecht geht, aber einem selber nicht, dann hat man auch nicht viel von seiner Gier.

Jupiter-Uranus-Sextil

Mit diesem Aspekt beginnt die zweite Phase des Zyklus, der Ende April 2024 begann. Es geht um die neuen »Währungen«. Was definiert die Grundwerte? Wo ist man selbst davon betroffen? Was kann man aus Eigeninitiative heraus an Wertschöpfung hervorbringen? Dieser Aspekt kann viele Menschen dazu bewegen, selbst zu Gärtnern der Pilzwelten zu werden. Das ist sowohl konkret als auch im übertragenen Sinne gemeint. Was für ein eigenes originelles Revier kann man sich erschaffen, um darin seine neuen Ideen zu verwirklichen? Der Winkel zwischen beiden Planeten ist harmonisch, was bedeutet, dass die innovativen Prozesse leicht und intuitiv geschehen können. Man kommt nicht durch Arbeit zum Ziel, sondern durch das Spiel. Dieser Aspekt erzwingt keine Aktion durch Druck, doch er ermöglicht gleichwohl vieles – und eine solche Gelegenheit kann man intelligent nutzen oder dämlich verschlafen.

Neptun-Pluto-Sextil

Die Kombination dieser beiden Planeten symbolisiert den Okkultismus. Der Zyklus zwischen beiden Kräften ist unregelmäßig und dauert etwa 500 Jahre. Der letzte begann 1891 auf 9° Zwillinge. Unter einer solchen Konstellation möchte man verborgene Wirklichkeiten durchdringen. Wenn man versucht, das mit dem Verstand zu tun, wird man scheitern; der Intellekt ist ein Abstandshalter zwischen dem zu Erkennenden und der Person. In der Welt der Magie geht es um Schwingungsfrequenzen und deren Energien. Die kann man spüren und dann begreifen – das geht aber nur, indem man sich mit ihnen verbindet. Dem Verstand, der trennen muss, um zu verstehen, erschließen sie sich nicht. Somit stellt sich die Frage, ob man dem Geheimnisvollen wirklich nachspüren möchte, um es kennenzulernen und dadurch besser mit ihm umgehen zu können. Das Sextil ist ein freundlicher Begegnungsaspekt, man fühlt sich eingeladen, ein Thema kennenzulernen.

Das Unbekannte kann Angst machen. Wenn man sich in einem dunklen Raum befindet und es in der Ecke raschelt, kann die Vorstellung über die Größe des unsichtbaren Monsters weitaus dämonischer sein, als es die arme kleine Maus, die sich nur verlaufen hat, in Wirklichkeit ist.

Diese Konstellation kann dazu führen, dass das kollektive Interesse am Okkulten wächst und selbstverständlicher wird. Wenn wir mit dem Ungreifbaren leben, anstatt es in die Höhlen des Glaubens zu verbannen, kann das viel Heilung mit sich bringen.

Leider verführt ein solcher Aspekt auch zum Missbrauch okkulter Kräfte, was aber dem Geist der Vernetzung des Luftzeitalters nicht wirklich entspricht. Man sollte ein wenig auf selbsternannte Gurus achten und ihre Spuren im Netz neutralisieren.

Die letzten vier Aspekte finden alle Ende Juli 2026 innerhalb einer Woche statt. Dadurch wirken die Themen ineinander. Der selbsternannte Guru könnte sich durch die Größenwahnkonstellation von Jupiter und Pluto zum Erlöser der vernetzten Welt erklären. Die Kombination der Aspekte kann aber genauso gut und besser die Demut fördern, die sich angesichts der Erkenntnis der verschlungenen Verbundenheit des Lebens einstellen kann. Die Verführung zum Größenwahn zeitigt kurzfristige Scheinerfolge ohne Nachhaltigkeit. Diese verschwinden durch die unendlich vielen Löcher der unendlich vielen Netze.

Jupiter-Saturn-Trigon

Ende August 2026 findet ein harmonischer Aspekt zwischen Jupiter und Saturn statt. Er wiederholt sich Anfang April und Anfang Juli 2027. Das ist der große und wichtige Zyklus des Luftzeitalters. Es kommt zu einer Phase der Stabilisierung. Eigenverantwortung und Lebensfreude kooperieren miteinander. Unter Umständen wird das die Zeit, in der das vom Pilz erlernte Prinzip der Kooperation zu einer wesentlichen Handlungsmaxime geworden ist. Wie bereits erwähnt, dauert es seine Zeit, bis eine Epoche ihre Charakteristik so richtig zur Entfaltung bringen kann. Diese Phase ist besonders wichtig, weil in ihr das Geschehen vom großen Ganzen auf jeden Einzelnen in seiner Eigenverantwortlichkeit herunterbricht. Die Zeit braucht keine Heilsverkünder, sondern Initiative und Mitgestaltung.

Nach diesem Ausblick auf die ersten Phasen des Luftkönigreichs wollen wir uns ansehen, wie sich die Konstellationen des Überganges konkret im Leben einzelner Menschen manifestieren – ein aufschlussreiches Spektrum der unterschiedlichen persönlichen Entsprechungen der astrologischen Themen!

Das echte Leben

Joachim »Jogi« Löw

Der ehemalige Trainer der deutschen Fußballnationalmannschaft, Jogi Löw, seines Zeichens Wassermann, gehört eindeutig zu den Königen, die zur Zeit des Epochenwandels zunächst einmal nicht bereit waren, ihren alten Thron zu räumen. Wenn ein Wassermann sich etwas in seinen Kopf gesetzt hat, so wird das zu einer Vorstellung hinter den Wolken am Himmel seiner Ideen. Diese Wolke ist da oben, sie hat natürlich zunächst keine Bodenhaftung. Somit verwundert es nicht, dass Jogi Löw Ideen und Konzepte zur Erneuerung der Nationalmannschaft hatte, die sich jedoch schlicht nicht umsetzen ließen. Von außen gesehen wäre es dafür entweder viel zu früh oder viel zu spät gewesen – am Ende eines zweihundertjährigen Erdreichs ein Team konzeptionell zu erneuern, das passt irgendwie nicht. Die Endzeit einer Ära ist auf Abwicklung des Alten und noch nicht auf Neubeginn abgestellt.

Als waschechter Wassermann war Löw jedoch von seinem Konzept überzeugt, egal wie sich die Wirklichkeit dazu verhielt. Obwohl er für sein Team wirklich hervorragende Spieler zur Verfügung hatte, scheiterte er mit seinen Plänen. Sucht man nach rationalen Ursachen und Argumenten für dieses Scheitern, wird man nicht richtig fündig.

Wenn eine Phase eines Zyklus einen bestimmten Inhalt nicht hergibt, dann kann er auch nicht verwirklicht werden. Eine Frau ist auch nur fruchtbar, wenn sie den Eisprung hat, aber nicht während der Blutungen. Die letzten Jahre vor dem Epochenwandel würden hier den Blutungen, der Ausblutung des Erdreichzyklus, entsprechen.

Der Uranus, der zum Loslassen auffordert, wanderte bei Löw durch das zwölfte Haus; hier geht es um die verborgene Wirklichkeit und die unter Umständen unbewussten Persönlichkeitsanteile. Beim Bundestrainer saß die Tendenz zum Festhalten sehr tief, was ihm aber nicht bewusst war, obwohl er ein sogenannter Kopfmensch ist, also einer, der viel nachdenkt. Diese Art des Denkens ist für bestimmte analytische Erkenntnisse hilfreich, auf den Grund der Seele kann sie jedoch nicht führen.

Es war im Laufe seiner Karriere immer wieder zu beobachten, dass er an vertrauten Spielern festhielt, weil er die Idee hatte, dass sie für seine Aufgaben die angemessenen Umsetzer seien. Aufgrund solcher Entscheidungen ist die deutsche Nationalmannschaft in diversen Wettbewerben jedoch immer wieder gescheitert. Löw schien eine Idee vom Team in seinem Kopf zu haben, die dem real Möglichen nicht entsprach.

Eines Tages schien bei Löw nun doch der Groschen gefallen zu sein (oder es hat sein Mobiltelefon geklingelt). Sein Unterbewusstsein oder ein Verbandsfunktionär werden ihm wohl suggeriert haben, dass es nun doch endlich an der Zeit sei loszulassen. In diesem Moment ergab sich für ihn eine neue Zukunftsperspektive. Die Jupiter-Saturn-Konjunktion, also das neue Königreich, fiel in sein neuntes Haus, in dem es um die Zukunft und seinen weiteren Weg geht. Seine Zukunft lag aber nicht mehr in der Weiterführung des Alten.

Ursprünglich war die letzte Europameisterschaft für das Jahr 2020 angesetzt, das letzte Jahr des zweihundertjährigen Erdreichs. Wegen der Corona-Pandemie wurde sie in das Folgejahr 2021 verschoben. Eine Abschlussveranstaltung des Erdreichs wurde dadurch in den Beginn des Luftreichs verschoben. Somit war sie eine skurrile Übergangsveranstaltung, denn sie gehörte ja von ihrem Ursprung her nicht ins Luftzeitalter. Man kann also von einer verschobenen Vollendung oder einem verschobenen Abschluss auf einer Zeitinsel in der neuen Epoche sprechen.

Es war dann klug von Jogi Löw zu annoncieren, dass er nach der Europameisterschaft offiziell zurücktreten würde. Somit hatte er die Möglichkeit, das Alte zum Abschluss zu bringen, ohne die Verantwortung für das Neue tragen zu müssen. Da spielte dem Wassermann in die Karten, dass er selbst die Initiative ergriff und einräumte, nicht die Möglichkeiten zu haben, diese Mannschaft in die Zukunft zu führen. Somit konnte er sich auch als Wohltäter für seinen Nachfolger profilieren, indem er dem Verband durch seine frühzeitige Entscheidung genügend Zeit gab, sich um eine adäquate Nachfolge zu kümmern. Er machte die Zukunft frei, zu der er selbst nicht mehr gehört. Eine geschickte Wende am Ende einer Geschichte, die sehr bitter hätte ausgehen können.

Kathie Kleff

Als Skorpion möchte Kathie immer alles ganz genau wissen. Mit einem rückläufigen Merkur im Geburtshoroskop nimmt ihr Verstand mitunter andere Wege, als man das landläufig kennt. Sie wusste schon früh, dass man nicht allen Ursachen allein mit dem linearen Denken auf den Grund gehen kann. Als Skorpion interessiert sie sich für die tiefenpsychologischen Antriebsmomente der Menschen, mit dem Aszendenten im Wassermann geht ihre Suche auch über das individualpsychologische Anliegen hinaus und bezieht sich auf Themen, die nicht nur den Einzelnen, sondern alle Menschen betreffen.

Sie ist in ihrem Beruf als Moderatorin sehr beliebt und erfolgreich. Tief in ihr gab es eine nicht wirklich zu verortende Sehnsucht nach etwas, von dem sie gar nicht wusste, was es ist, geschweige denn, wo es zu finden ist. Vielleicht war ihr unbewusst auch klar, dass es schwierig sein könnte, sich mit einem Thema auseinanderzusetzen, für das der Zeitgeist noch nicht wirklich empfänglich ist.

Die Konjunktion des Luftkönigreiches fiel auf ihren Jupiter, der in ihrem Horoskop in dem Bereich steht, der das Verborgene symbolisiert. Jupiter wiederum symbolisiert die Beziehung zwischen dem eigenen Weg und dem Lebenssinn; somit gab es in ihrem Leben noch keine aktive Verbindung zwischen dem Beruf und einer möglichen Berufung. Aber sie wusste, dass sie neue Wege gehen müsste, um einen neuen, »königlichen« Sinn zu entdecken. Durch scheinbare Zufälle entdeckte sie das Thema der Traumatherapie. Das faszinierte sie so sehr, dass sie sofort eine entsprechende Ausbildung begann. Zunächst hatte sie keinerlei übergeordnete Ziele im Sinn; sie fing einfach an, und als sie immer tiefer in die Materie eingedrungen war, wusste sie, dass sich hier eine aufregende neue Fährte auftat. Sie hatte das Gefühl, in diesem Thema eine Berufung entdeckt zu haben. Je tiefer sie sich darauf einließ, desto mehr neue Türen taten sich ihr auf.

Ihre alten unbewussten Sehnsüchte nahmen eine neue Gestalt an, und sie entwickelte stetig neue Visionen von Orten, an denen Menschen mit unterschiedlichsten Geschichten in ihrem eigenen Tempo innerhalb von Gruppen heilen können.

Es ist nie zu spät für eine schöne Vision, aber der Geist der Zeit muss sie tragen können. Das wurde erst mit dem Beginn der neuen Ära möglich. Die Geschichtsschreibung des Erdkönigreichs hatte noch keinen Sinn für die morphogenetischen Felder.

Georg Baselitz

Georg Baselitz ist Wassermann. Der Wassermann lebt an der Peripherie des Geschehens, von dort aus hat er einen angemessenen Überblick über das Leben. Nur mit Abstand kann er die Muster erkennen, die ihn interessieren. Wäre er mittendrin, so fehlte ihm der Überblick. So definiert er seine Identität daraus, anders zu sein als die anderen, nämlich diejenigen, die mittendrin im System sind. Also fühlt man sich immer ein wenig als Außenseiter, als jemand, der außerhalb bleibt.

So gibt es bei Baselitz einen Stachel im Fleisch, das er, zumindest in seinem Frühwerk, auch gern gemalt hat. Er fühlt sich gern als anders gesehen oder behandelt als seine Artgenossen. Aus dieser Andersartigkeit bezieht der Wassermann gerade seine Identität. Das, was ihm missfällt, betont gleichzeitig seine Eigenart.

So fühlte er sich im Kontext der deutschen Nachkriegsmalerei trotz großer Erfolge gern als Antipode, als derjenige, der es schwerer als die anderen hatte und der von der Welt weniger verstanden wurde. Die Psychologie der astrologischen Archetypen zeigt sich natürlich auch in den Werken und der Geschichte von Kulturschaffenden.

Nun ergab es sich, dass die große Konjunktion auf der Geburtssonne des Malers stattfand. Also geht es für ihn darum, ein neues Königreich für sich und seine Identität zu betreten. Ausgerechnet für das Jahr 2021 wurde ihm die ruhmreiche Präsentation seiner Werke ermöglicht, die so etwas wie eine Krönung seines Werkes sein könnte.

Somit könnte er einen Thron besteigen, der einerseits seine Einzigartigkeit manifestieren würde, ihm aber andererseits seine psychologische Motivation raubt. Gegen wen oder was kann man dann überhaupt noch seine Identität behaupten?

Wenn Baselitz 84 Jahre alt ist, kehrt der Planet Uranus an die Stelle zurück, an der er bei der Geburt des Malers im Horoskop stand. Der Uranus beherrscht das Zeichen Wassermann. Das kann dazu führen, dass man seine Definition von Identität oder besser Anti-Identität erneuern möchte. Entweder man setzt sich endlich die Krone auf und begreift sich nicht mehr als den anderen, oder man lehnt die Krone ab und relativiert alles, was man getan hat, um die Krone auf sein Haupt zu bekommen. Ob es einem Wassermann je gelingt, von der Wolke ins Tal der menschlichen Niederungen zu fliegen?

Mimi Fiedler

Mimi Fiedler und ich lernten uns im Jahr des Epochenübergangs kennen. Sie lud mich zu ihrem »Soul Circle« ein, einer Plattform, die Mimi zum Austausch über die sich wandelnde Zeit und deren spirituelle und ganzheitliche Themen gegründet hatte. Mimi ist ausgesprochen engagiert und eine humorvolle, geistreiche, inspirierende Gesprächspartnerin, mit der ich mich rege über Astrologie und die Bedeutung des Epochenwandels für das Verständnis der scheinbaren Krise unterhielt. Mit ihrem natürlichen Charme gelingt es ihr immer wieder, die Menschen mitzureißen und für neue Themen zu begeistern. Schnell wurde sie zu einer Türöffnerin für die Themen der neuen Zeit.

Laut ihres Geburtshoroskops hätte sie eine doppelte Jungfrau sein sollen. Das passt aber so gar nicht zu ihrer flamboyanten Art, mit der sie im Netz die Menschen zu verzaubern und zusammenzubringen vermag. Die doppelte Jungfrau stolpert gern über ihre eigenen Füße, obwohl diese von Natur aus eher klein sein sollten; sie ist sehr auf die Unpässlichkeiten des Lebens bezogen und damit beschäftigt, die Umstände stetig so nachzukorrigieren, dass es sich endlich besser für sie anfühlt. Aufgrund dieses besonderen Bezugs zum Leben wäre Mimi als vermeintliche doppelte Jungfrau vor allen Dingen nicht so offenherzig und an tiefen Verbindungen interessiert. Da ihr Jungfrauaszendent ohnehin auf den letzten Graden des Zeichens wandelte, war es für das astrologische Auge des Planetendeuters naheliegend, ihr zu empfehlen, ihren Aszendenten in die Waage zu korrigieren.

Sie selbst freute sich außerordentlich über diese Empfehlung und konnte sich bestens damit identifizieren. Und obwohl solche Korrekturen im täglichen Geschäft eines Astrologen nicht an der Tagesordnung sind, war es glasklar, dass dies keine doppelte Jungfrau sein konnte.

Mimi, im kommunistischen Jugoslawien der 70er-Jahre des letzten Jahrhunderts geboren, fand nach der Korrektur in die Waage heraus, dass im Jahr ihrer Geburt nur halbstündliche Geburtsuhrzeiten aufgeschrieben wurden. Ihre Geburtszeit wurde auf 6:30 Uhr gerundet, hinein in den Jungfrauaszendenten. Geboren wurde sie aber um 6:38 Uhr – und war somit eigentlich eine Waage. Eine Waage, die im späteren Verlauf ihres Lebens mit aller Kraft versuchte, sich an den stolpernden Jungfrauaszendenten anzupassen. Die Waage ergibt bei ihr viel mehr Sinn.

Sie liebt es, Brücken zwischen Menschen und Themen zu bauen, wenngleich sie sich auch immer wieder gerne zurückzieht. Ihre

Sonne steht im zwölften Haus und braucht regelmäßigen Rückzug, denn im zwölften Haus geht es um die verborgenen Wirklichkeiten des Lebens, und da muss nicht jeder dabei sein.

Einige Monde später sagte sie mir: »Ich frage mich, wie mein Leben wohl weitergegangen wäre, wenn ich nicht erfahren hätte, dass ich einen Waageaszendenten habe? Ob ich weiterhin so krampfhaft versucht hätte, die doppelte Jungfrau zu bedienen? Die neue Erkenntnis war wie ein Befreiungsschlag, ich konnte mich auf einmal ganz einfach zurücklehnen und sagen: Natürlich, ich bin eine Waage.«

Da sie vom Sonnenzeichen her Jungfrau ist, hatte sie das Gefühl, sich an der falschen Stelle anpassen zu müssen. Bei der Jungfrau geht es um die Anpassung, bei der Waage jedoch nicht. »Bei mir war die Anpassung an die Anpassung kein natürlicher Vorgang, sondern ein Mich-Hineinzwingen. Oft fühlte es sich so an, als ob ich in einem falschen Leben geboren wäre. Immer wenn ich in der Vergangenheit ein Gespräch mit einem Astrologen über mein Sternenbild hatte, dachte ich so oft: Aber das bin doch nicht wirklich ich!«

Wie sollte es denn auch anders sein, wenn man in einer falschen Anlage steckt? Wie machte sich das in Mimis Alltag bemerkbar? »Wenn ich an meine Vergangenheit denke, dann ist da viel Leid und Missverständnis. Das hat sicher auch mit meiner Biografie zu tun. Die ich jetzt, mit meiner echten Birth Chart, aber viel besser begreifen und verstehen kann. So durfte ich mich im letzten Jahr vollständig wandeln, und zwar von Leid in Freud. Wie ein Phönix aus der Asche! Und da ich ja jetzt auch weiß, dass meine Venus im Löwen ist, vielleicht sogar wie die Venus aus der Muschel. Als Bild für den Übergang vom Jungfrau- zum Waageaszendenten, meine kleine Wiedergeburt.«

Die Königskonstellation fällt in Mimis fünftes Haus, in dem es um die Rolle der Persönlichkeit im Leben und auch im unmittelbaren Umfeld geht. Diese Konstellation fordert mehr Eigenes heraus, mehr Authentizität und mehr Mut, sich so zu zeigen, wie man es kraft seines vitalen Naturells wirklich ist. Es geht nicht um die Rolle, die man spielt, um zu gefallen.

»Als Schauspielerin musst du dich permanent zeigen, dich einem äußeren Wettbewerb stellen und damit ein männliches Dogma bedienen. Dabei ist es ein ungerechter Wettbewerb, denn der Beruf ist wenig selbstbestimmt. Ob und wer dir eine Rolle gibt, liegt nicht in deiner Hand. So ein Verhalten passt für mich als Frau auf dem neuen Weg der Emanzipation, der einhergeht mit dem großen Epochenwandel, nicht mehr in das Bild der neuen Zeit. Ich möchte, wie viele meiner Weggefährtinnen, noch selbstbestimmter sein und mich nicht mehr bewerten lassen. Deswegen wird dieser Beruf für mich auch immer uninteressanter.«

Könnte man(n) also sagen, dass die Frauen endlich vom königlichen Objekt zur Königin werden? »Oh ja, das kann man! Wir Frauen sind in Siebenmeilenstiefeln unterwegs, und im Gegensatz zur männlich dominierten alten Welt der vergangenen Epoche trampeln wir damit nicht alles kaputt, sondern schweben immer ein klitzekleines bisschen in der Luft. Und greifen nach den Sternen. Immer mehr Frauen lösen sich aus der Rolle des königlichen Objekts und übernehmen autonome Verantwortung für ihre Weiblichkeit, die sich aus sich selbst heraus behauptet. Angekommen im Zeitalter der Luft – zu der ja auch meine neue Waage zählt –, möchte ich ein Brückenmensch für Frauen, also für die ganzen Venusse da draußen sein, die eine helfende Hand beim Übergang in die neue Zeit brauchen. Damit wir alle zu würdevollen Königinnen des Luftreichs werden können. Von Puppen zu Schmetterlingen!«

Schlusswort

Mit diesem Buch sollte den geneigten Leserinnen und Lesern eine andere und hoffentlich inspirierende Sicht auf die großen Veränderungen, die seit 2020 die Welt in Atem hielten, vermittelt werden. Der astrologische Blick auf das Zeitgeschehen deutet die Zeit nicht aus der kausalen Schlussfolgerichtigkeit der Ereignisse, sondern ihm liegt die Betrachtung und Deutung der kosmischen Zyklen zugrunde. Das Besondere an unserer Gegenwart ist, dass 2020 nicht nur drei bedeutende astrologische Zyklen einen Neuanfang nahmen – was nur äußerst selten vorkommt –, sondern dass gleichzeitig auch ein Übergang von der etwa zweihundert Jahre andauernden Epoche, die vom Element Erde geprägt war, zu einem neuen Zeitalter stattfindet, die vom Element Luft bestimmt wird.

Ein wesentliches Charakteristikum des Königreichs der Erde ist die Dominanz des Denkens in faktizistischen Ursache-Wirkung-Mechanismen. Dabei war es vor allem der quantitative Wert der Zahl, der bestimmte, was als Wirklichkeit galt. Alles, was sich nicht mit dieser Methodik darstellen ließ, fiel durch das Raster der Realität.

Aus dieser Perspektive lässt sich die gemeinhin als Krise bezeichnete Corona-Pandemie als die Überleitung in eine ganz neue Zeit, das Luftzeitalter, interpretieren. Somit ist es auch verständlich, dass man in dieser Zeit des Übergangs weiterhin an der Lufthoheit der Zahl festzuhalten versuchte. Wer die astrologische Perspektive auf das Geschehen nicht kannte, konnte sich die globale Situation nur aus der Schlussfolgerichtigkeit des linearen Denkens erklären.

Mit dem vorliegenden Buch wird ein Angebot für eine ganz andere Interpretation unserer Zeit gemacht. Die Charakterisierung sowohl der gerade zu Ende gehenden als auch der nun beginnenden Epoche mit all ihren Besonderheiten soll vor allem herausstellen, welche Werte die eine wie die andere Ära bestimmen. Dabei geht es weniger um konkrete Ratschläge oder prognostische Festlegungen als vielmehr um eine Einladung dazu, den Epochenwandel vom Erdzeitalter zum Luftzeitalter als eine besondere Chance für neue Gestaltungen zu begreifen.

Die Interpretation der astrologischen Konstellation einiger prominenter Persönlichkeiten am Ende des Buches soll aufzeigen, wie sich die gewaltigen Konstellationen eines Epochenumbruchs im persönlichen Leben widerspiegeln können. In einer solchen Zeit geht es nie nur um die Belange einer einzelnen Person, sondern die persönlichen Motive verbinden sich mit den großen Veränderungen in der Welt:

- Vor welche Herausforderungen wird man gestellt?
- Wovon gilt es loszulassen?
- Worin besteht der Mut, den Schritt in das Neue und noch Unbekannte zu wagen?

Erst mit dem Wissen darum, dass wir es nicht so sehr mit einer akuten Krise, sondern vielmehr mit einem wichtigen Epochenwandel zu tun haben, kann man den Mut gewinnen, sich auf das Abenteuer einer neuen Zeit und ihre Möglichkeiten einzulassen. Die Geschichte ist nicht vorherbestimmt, sie gestaltet sich durch das Mitwirken aller. Dazu einen Beitrag zu leisten und als Inspirationsquelle zu dienen, ist das Anliegen dieses Buches.

Tabelle: Erdreich vs. Luftreich

Die Gegenüberstellung zentraler Begriffe und Kategorien der beiden Epochen zeigt auf einen Blick, welche Änderungen für uns im Übergang vom Erdreich zum Luftreich anstehen.

Königreich der Erde	Königreich der Luft
Ausbeutung der Naturressourcen	Recycling mithilfe von Pilzen
Klimakatastrophe	Bewusster Umgang mit der Natur
Energie aus der Erde	Bioenergie
Rauchende Fabrikschlote	Windräder
Kohlekraftwerke	Solarenergie
Konkurrenz	Kooperation
Verstand	Intuition
Lineares Denken	Zyklisches Denken
Lineares Fühlen	Zyklisches Fühlen
Lineares Handeln	Zyklisches Handeln
Vermarktungskultur	Vernetzungskultur
Alleine für sich	Gemeinsam für alle
Frau als Objekt	Die Königinnen
Kaufen	Tauschen
Patriarchat	Gleichberechtigung
Exakte Naturwissenschaften	Vernetztes Wissen

Königreich der Erde	**Königreich der Luft**
Fleisch (Ernährung)	Pilz (Ernährung)
Abgrenzung	Gemeinschaft
Materiell	Geistig
Kleinfamilie	Freundschaftshaus
Besitzen	Teilen
Klassenräume mit Stühlen	Begegnungsstätten
Geistiges Lernen	Praktisches Begreifen
Realismus	Idealismus
Physische Krankheiten	Psychische Krankheiten
Psychoanalyse	Körpertherapie
Getrennte Fachbereiche	Vernetzte Fachbereiche
Physische Begegnung	Virtuelle Begegnung
Physische Kontrolle	Virtuelle Kontrolle
Physische Kriege	Virtuelle Kriege
Theoretisches Wissen	Praktisches Wissen
Abgerodete Wälder	Aufgeforstete Wälder
Regeln	Eigenverantwortung
Kreuz	Pilz

Dank

Ohne Mimi Fiedler gäbe es dieses Buch nicht. Sie inspirierte mich mit ihrer einzigartigen Begeisterungsfähigkeit dazu, ein Buch zu schreiben über all die Themen, über die wir miteinander gesprochen haben. Sie kümmerte sich auch um einen Verlag und brachte das Projekt damit ins Rollen.

Für seine visionäre und freundschaftliche Unterstützung möchte ich besonders John Ruhrmann, dem Vater des AstroPod, und seinem Team danken.

Mein besonderer Dank gilt Esther Evers für ihren fantastischen und leidenschaftlichen Einsatz für das Buch sowie das parallel erscheinende Hörbuch.

Ohne Andrea Lange, die viele Jahre lang die Produktion von Hörbüchern im Headroom Verlag begleitet hat, und ihr freundschaftliches Vertrauen wäre dieses Buch nicht entstanden.

Ich danke ferner dem Goldmann Verlag und seinen charmanten und zuvorkommenden Mitarbeiterinnen und Mitarbeitern für das Vertrauen, das sie Autor und Werk entgegengebracht haben.